Academic Writing and Presentation

学术写作与表达

孙华 等 ◎ 编著

北京大学出版社
PEKING UNIVERSITY PRESS

图书在版编目(CIP)数据

学术写作与表达 / 孙华等编著. -- 北京：北京大学出版社，2025.1. -- ISBN 978-7-301-35784-2

I. H152.3

中国国家版本馆 CIP 数据核字第 2024ZK3449 号

书　　　名	学术写作与表达 XUESHU XIEZUO YU BIAODA
著作责任者	孙　华　等　编著
责任编辑	韩月明
标准书号	ISBN 978-7-301-35784-2
出版发行	北京大学出版社
地　　　址	北京市海淀区成府路 205 号　100871
网　　　址	http://www.pup.cn
新浪微博	@北京大学出版社　　@未名社科-北大图书
微信公众号	北京大学出版社　　北大出版社社科图书
电子邮箱	编辑部 ss@pup.cn　　总编室 zpup@pup.cn
电　　　话	邮购部 010-62752015　　发行部 010-62750672 编辑部 010-62753121
印　刷　者	河北博文科技印务有限公司
经　销　者	新华书店 650 毫米×980 毫米　16 开本　22.5 印张　313 千字 2025 年 1 月第 1 版　2025 年 7 月第 2 次印刷
定　　　价	69.00 元

未经许可，不得以任何方式复制或抄袭本书之部分或全部内容。
版权所有，侵权必究
举报电话：010-62752024　电子邮箱：fd@pup.cn
图书如有印装质量问题，请与出版部联系，电话：010-62756370

前　言

《学术写作与表达》是基于北京大学通识教育核心课程"学术写作与表达"的授课内容编写的配套教材，聚焦学术论文撰写和学术演讲的基础问题，与高等教育阶段学生的学习及科研活动息息相关。

学术写作需要严谨地分析问题，精准地表达观点，并通过逻辑严密的论证来支撑观点。正如叶圣陶先生在《谈文章的修改》中所言："学习写作不单是在空白的稿纸上涂上一些字句，重要的还在乎学习思想。"学术写作与表达不仅是大学期间的重要学习内容，更是深化思考、激发创新的有效途径。进入大学，同学们随即面临各式各样的论文写作挑战，更有不少课程还要求学生完成课堂报告。随着年级的提升，撰写学年论文和毕业论文、参加学术会议也成为学习和科研的重要环节。可以说，学术写作与表达贯穿本科生和研究生的学习生涯，是通往科研工作的必经之路。

文献综述怎么写？图书馆资源如何检索？论证需要怎样的逻辑？语言表达如何避免病句？学术演讲怎样吸引听众？诸如此类的问题对于提升论文的严谨性和可读性至关重要。当前，许多高校学生缺乏系统的学术写作训练，在面对论文撰写时往往感到无所适从。因此，亟需一本规范化、基础性的教材，让学术写作与表达"有法可依"。

本书旨在通过学术规范、论文结构、文献检索、语法修辞、逻辑思维和高效表达等方面的内容，提升学生的学术写作素养和表达能力，为他们的终身学习打下坚实基础。全书共十三章，整体内容循序渐进，深入浅出，从横向和纵向两个维度全面覆盖学术写作与表达的主要内容。

第一章至第五章对学术写作的基本要点、论文各部分的写作规范，以及文献检索的方法展开介绍。一篇论文如何选题？怎样引用参考文献？如何避免学术不端？这些关于学术写作的基础和关键性问题，将在前五章中得到解答。这一部分将一篇学术论文依线性顺序拆解，规范明确，便于读者写作时参考与借鉴。

第六章至第八章聚焦写作中的逻辑推理与论证，分别探讨了"思维四律与澄清概念""常用的逻辑推理形式"以及"建构好论证与反驳坏论证"。这部分的举例、图解妙趣横生，学术论文的内在逻辑被拆分、打通，旨在引发读者的深入思考。

第九章至第十一章详述语法、词汇、修辞三方面的规则，适当引用北京大学"学术写作与表达"课程学生作业，从同学们写作时常见的语法词汇错误入手进行阐述。这部分内容从语言学的专业角度出发，致力于提升一篇学术论文的可读性。

第十二章细致讲解文字以外的表格、公式和插图，帮助读者学会用表格和图示来呈现研究发现和重要观点，打造形式美观的学术论文。

第十三章重点介绍学术演示的知识，辅以大量实物图片，使读者对学术演示的场地、机器、准备工作有所了解。

本教材不仅梳理了学术写作与表达的逻辑框架，还提供了相应的规范与参考示例。读者在使用过程中，不仅可以内化所学知识，还可以将其视作一本"标准手册"，参考其中的规范、引例和工作流程来开展学术写作。

最后，我们衷心希望这本教材能够帮助各位读者在高等教育阶段的学习中从容地应对各种学术挑战，更顺畅地踏上学术研究之路。同时，我们也诚挚地欢迎读者在阅读和使用过程中对教材中存在的不足之处提出批评与建议。

"学术写作与表达"课程团队

2024 年 12 月

有关学术写作的两个话题：术语与归纳哲学的危机（代序）

曹文轩*

术语是对概念的浓缩，是学术写作中不可或缺的符号，这种抽象出来的思维名词使文章传递的信息更加缜密。归纳哲学与经验主义密切相关，曾一度在西方击败演绎主义而占据统治地位，但因其自身的缺陷依然面临着危机。在学术写作中，应当如何使用术语，又如何构建思维体系呢？

今天谈谈学术写作的两个话题，一是术语，二是归纳哲学的危机。

一、术　语

撰写学术著作和论文都要使用大量术语。要了解使用术语的原因，就必须知道术语的概念。所谓概念是众多现象中抽象出的一般观点，足以高度概括同一等级中众成员的共同属性，或者用最简短的言辞揭示事物的本质特征。术语与其他普通词相同，它们都是符号，但术语是一种特殊符号，具有简洁性、客观性、精确性等特征。

另外一个更重要的区别是，术语与哲学本体一致，术语代表概念，

---

* 曹文轩，北京大学博雅讲席教授，中文系博士生导师，研究领域为中国当代文学、文艺理论、小说艺术、文学创作，现担任中国作家协会全国委员会委员、北京作家协会副主席、鲁迅文学院兼职教授。代表作有《草房子》《青铜葵花》《火印》《根鸟》。曾获国际安徒生奖、影响世界华人大奖、吴承恩长篇小说奖等重要奖项。

而概念是与存在相对应的。从这个意义上讲，术语与哲学本体论是一致的。柏拉图曾提出，理念和概念是最高的实证，我认为这个说法是完全正确的。术语的形成与普通词的形成不同。我们的认识规律是从术语的名称所指代的实体出发来研究这个名称，而不是从名称来发现上述实体。

（一）术语与思维

没有术语的思维是一种简单的思维，没有术语的语言照样可以进行思维。比如"天冷了我们应该多穿点""吃饭吧"，这种缺乏术语的思维是简单思维，只有更为深刻的思维才是理性思维，而这种理性思维中必将有术语出现。只有如此，才能体现出哲学认识，实现从具体到抽象的认识论升华。

包含术语的理性思维是更高级的思维，写学术文章和著作就是这种思维活动之一。一个人要将自己对一个复杂事情的判断或对某一问题研究后的结论告诉人们，并让人们感受到他的思考是深刻的，不用术语几乎是不可能的。因为如果没有术语就意味着还没有做出判断和结论；既然不能作出判断和结论，那就意味着对事情和问题没有认识到其实质。比如，一旦把马克思《资本论》中关于剩余价值的数个术语论述去掉，这套理论体系的完整性和科学性就将受到根本性的影响。因为术语是对客观存在的抽象认识，抽掉了术语就等于抽掉了客观存在的一切。那么由此引申，术语的密度和思维的丰富性密切相关。判断一个人的思维是否丰富，要以言论中术语密度的大小作为判断依据，虽然它不是唯一的依据，但一定是非常重要的依据。

我在阅读康德的《判断力批判》时，需要借助人类学理论和胡塞尔那本晦涩的《现象学的观念》来帮助理解。之所以阅读如此困难，是因为术语的密度太大了。作者加满了黑色的小圆点（重点号），我要把术语的内涵意义搞清楚，就不得不花很多的时间，甚至进行关联文献的阅读。但正是在对众多术语的理解中，我感到了一种思维的紧张感、升华感。我也看过另外一些著作，水分太大、干货很少、架子很大、内容空洞,我常有一种"古怪"的念头:随便砍掉这本书的哪一部分,照样不影响这本书的阅读和理解。与之相反的是,阅读康德的著作,无论如何都不可能产生上述念头,因为康德著作的术语、观点密布,且彼此关联,无法割裂。

值得注意的是,概念并不总是要浓缩为术语,固然术语总是代表概念,有一个术语就有一个概念,但概念并不总是等于术语。很多概念最终并没有浓缩为术语,但这些概念同样非常深刻。但在多数情况下,特别是在学术研究中,思想既丰富又深刻的结论,一定建立在概念的丰富和深刻之上。

伟大的思想家的过人之处往往在于使用和选择术语,这些术语会使概念变得更加凝练,主题更加突出,并且更容易使人形成深刻的印象。

术语固然重要,但术语的独立存在没有意义。术语必须出现在具体的语境中,体现在由其他词素组成的语法关系中,否则就是在故意卖弄"术语"。所以,我们必须知道术语所代表的概念,并且是在理解这些概念的基础上使用术语。术语对思维精确性的呈现具有重要作用。随着人的理性思维、精确思维水平的不断提高,术语量也会增加。虽然由于各种各样的限制,人的思维实际上非常粗糙,世界的复杂性远远超出人类的认识水平,但人的意志很坚定,一定要将世界的全部复杂性清清楚楚地加以梳理和纪实,这是人类根深蒂固的欲望。随着探究的深入,人类几乎每时每刻都在发现过去思维的笼统、含混和错误,他们看到过去以某一个术语所指的某一个层次实际上并不是一个层次,还可以再分两个、三个乃至更多的层次。这些区分是极细微的,细微得很难看出来,而发现这种细微是人的思维趋向精深的表现。这种细微区别的发现,自然要求有新的符号、新的名词、新的术语与之对应。

同学们,为什么哲学经过那么漫长的恩恩怨怨、激烈的争吵,突然在一天早晨全部停下来,全部回到一个问题——语言问题?为什么后来语言哲学成为全部哲学的代名词?因为哲学家们突然发现词、句和这个世界的根本性的关系。那些哲学家们发现,首先要把这些词、句、语法搞清楚,只有在搞清楚之后,我们才有可能对这个世界有准确的认识,有了准确的认识后才可能有准确的表达。

术语的重要性还体现在与不同学科的交流、互鉴之中。人文科学向自然科学大量借用名词术语,即反映了人类思维逐步精确的趋势。自然科学的术语往往具有严密性、明确性和可检性。人文科学就不可避免地向自然科学借用术语,这种借用会因为思维精确性的不断增强而日趋频繁。

(二) 依赖术语的抽象思维

所有的思维都要术语吗?答案是否定的。简单的思维不需要术语,进行文学创作可能也不需要术语,但抽象思维必须依赖术语。诗人写诗、小说家写小说可以不用术语,文学创作甚至非常忌讳用术语,以免破坏其艺术性。

文学创作之所以不能有术语,源于其公众性。文学的核心目的在于把事实告诉读者,而把对事实的理性判断留给读者去承担,并在自我的理性建构中获得一种精神上的满足。试想一下,在读者没有来得及做出理性判断之前,如果有一个人自以为是地说出这部小说暗含的意思,可能会让这位读者非常失望,因为这使他失去了一次由自己做出判断以显示自己某种能力的机会。相应地,作家们如果在自己的作品中过分地显示自己的理性,甚至将自己对事情的判断上升到观念继而落实到某些术语上,这肯定是一件吃力不讨好的事情。我是一个从事学术研究的人,同时我又是一位作家,我写作几十年都在避免一件事的发生——概念化。我一直在提醒自己,文学作品的创作绝对要跟概念分道扬镳,只需要反映事实即可,而且这个事实是非常丰富的事实,解读事实是读者要完成的事。

问题随之而来:为什么哲学思维又需要术语呢?因为人们从哲学中需要得到理性,人们学哲学是希望直接得到对世界的真实认识,使思维升华,如果哲学只提供了形象事实,就像文学只提供了概念一样,是失败的。最高的哲学恰恰是离开具体事物的哲学。文学是叙述、哲学是判断,判断必须使用术语。一部哲学著作抽象性程度越高、形象性程度越低,著作的质量往往越高。例如,黑格尔、康德的哲学著作都是比较纯粹的理论,在高度思辨的哲学里,偶然事实不重要,更为关键的是抽象思辨,而这种高度抽象的思维需要术语来体现,甚至形成术语链。

与康德、黑格尔相比,尼采更倾向于用诗的语言进行哲学表达,但他同样表达了深刻的哲学,这使得他同样成为伟大的哲学家。正如前文所述,术语是对概念的浓缩,也是概念最后的浓缩。从这个意义上讲,尼采的名言"上帝已经死亡"看似普通语言,其实已经具有了术语的性质,看似形象化的表述,实则高度浓缩。这个道理也可以解释中国古代的老庄哲学,所谓的"道"就是一个术语。当然,对于大多数同学来说,目前还很难用非常形象的普通语言来取代术语,在学术论文写作尤其是学位论文写作过程中,必须较为规范地使用术语。

(三)术语与真理的发现

我曾看过《丑八怪》《暗》这两部苏联电影。其中,《丑八怪》里经常出现的一个镜头让我印象深刻:河岸旁一片绿色的森林,一片空地,一支庞大的军乐队在演奏,军乐队的服装随着季节变了好几次颜色,色调极其庄严。演奏者一个个面部表情肃穆,动作整齐如一,曲调节奏分明、铿锵有力、震撼人心。我非常喜欢这个场面。看完以后我想到一个问题:为什么导演要在镜头中反复设计出现这样一支军乐队呢?它与整个作品在情节上不发生任何关系,如果剪掉,作品似乎也是非常完整的。

无独有偶,另外一部影片《暗》中有类似的画面,这部影片中几次回闪一个充满诗意、童话色彩浓郁的场面:大水淹没了一座教堂,一个少年潜到清澈的水下,然后敲响了深水处教堂的钟声。而那时候这块土地上的战火正在燃烧,敲钟的时候,他心爱的女孩就躺在船底,把耳朵贴在船底,听来自大水深处的教堂的钟声。和《丑八怪》一样,如果把这个场面剪掉,作品的情节丝毫不受任何影响,但一旦去掉就会使作品大为减色,甚至变得平庸。我能感受到这一点,但我当时说不清这个道理。直至后来,我脑海中跳出两个术语。在文学作品、艺术作品中,存在两个关系,分别是情景关系和情调关系。许多具体场景在情节上也许是没有关系的,但是在整个作品笼罩下的情调里一定是有关系的,而情调关系是一种比情景关系更高级的关系,当一个作家、艺术家知道情调关系的时候,才是一个真正的作家、艺术家。只有懂得捕捉情景关系和情调关系这两个术语,才能实现对文学问题的终极性思考。

通过上述论述也可以看出,一个新的观念包含着一个新的符号,一个真理被发现一定会导致一个新的术语的问世。反过来说,新术语如果还没有找到,也就证明这个真理的发现还在进程之中,术语一旦找到,思维的最后一丝混乱也就消失了。思维是复杂的,真理是简单的,世界上没有复杂的真理,智识上的突破往往需要一个术语的帮助。

二、 归纳哲学

从表面来看,人类的思维方式五花八门、千变万化,但实际上只有两种:归纳、演绎。最早看到这一点并进行理性分析的是亚里士多德。对两者,他更偏爱演绎,将演绎看成高级知识生产的重要方式。他指出了演绎的数学性质,又用数学性质手段细致入微地剖析了演绎方式。他把本已存在的演绎方式向人们揭示出来并上升到理论高度,使其逐渐成为指导西方人思维的认识论基础。自此以后,演绎不仅成为西方学者进行理论构造的固定手段,久而久之还成为西方人主要的思维方式,几乎成为一种习惯。转折点在于,19世纪英国哲学家培根发表了《新工具》。《新工具》反思演绎主义,把归纳哲学引入人们的思维。他强调经验,强调从经验中归纳出知识,并像亚里士多德一样,也建立了归纳法的诸多公式。这种反思对西方人思想发展的进程具有历史意义,因为当时的演绎主义已经深入骨髓,使人们陷入了经验的教条主义,人们居然认为世界上的一切都可以关在屋里推算出来。一群饱学之士完全不顾实际,陷在一大堆劳而无益的理论争执中。他们有许多深奥而伟大的命题,比如一个针尖上到底可以站多少个天使,上帝能不能创造出连他本人也搬不动的石头,等等。这些思考完全脱离了生活实际。思想深邃的培根看出了走向极端的演绎主义的迂腐,看出了它把人们的思维引向了黑暗的绝无出路的死胡同,所以他竭尽全力,对演绎主义做了理论上的清算。在相当漫长的历史时期,归纳哲学、经验主义理论一直在西方占据统治地位。后来休谟的主观经验主义、马赫的经济思维(非经济学,指很实用的思维)、逻辑实证(经验)主义将培根的模式发展到极致。到20世纪60年代,作为逻辑实证主义的对立,批判理性主义出台,中枢人物就是科学哲学大家波普尔。他建立了严密的新演绎主义理论,这就是所谓猜想与反驳的方法论。

(一) 构建体系的必要工具——演绎

1. 观念的繁衍

我曾经在《思维论》中提出体系是思想完美者的自然形式的观点。演绎是体系构建的必要工具,体系是演绎思维的必然产物,无演绎也就无体系。这样断言是因为演绎有生殖机制,而体系的形成必将依赖观念的无限繁衍。

费希特的《全部知识学的基础》鲜明地揭示了采用什么样的工具完美完成了学术生产。首先要找到一个问题作为推演前进的出发点,"他认为这个出发点只能是自我"。从自我出发,他推演出知识学的三条基本原理:自我设定自身,自我设定非我,自我既是自我又是非我(矛盾);自我是自我就不可能是非我;自我是非我就不可能是自我。这个矛盾必须解决,于是自然要对自我和非我加以限制。通过这番演绎,他又从第三个理论中区别出实践自我和理论自我,把实践和理论作为知识学的两个基础,推演出知识的八条定理,从而完成了知识学体系的建构。这个体系具有逻辑上的严密性。

正是基于这种生殖机制,数学从少数公理出发演绎为完整的数学体系。欧氏几何凭借五条公理、七个定义和一些公式,演绎推断出整个平面结构的体系。所谓的演绎就是从点走向无限的面,而归纳是从无限的面走向有限的点。归纳只能从若干个别上升为一个一般的观念,如果这也算生产的话,那么它只能被称为一次性生产,因为当你回到一个点,整个工作就都完成了。从一个面开始,最后回到一个点,不能继续前进。而演绎是从一个点向面拓展,这个面可以无限扩大,没有终了的时候。演绎的喇叭口可以无限大,而归纳却是从无限大的喇叭口趋向再也不能前进一步的顶点。

当我们抽象出一般时,一个思维过程已经结束了。很清楚的是,归纳法只产生观点,很难产生体系。这个话容易被批评绝对化,如果我们进行若干次归纳,而将若干次归纳起来的若干观念结合到一起,似乎也有若干数量的观念,似乎也能形成体系。但是,在这种模式下归纳出来的观点都是彼此独立的,无数独立的观念结合在一起呈现并列关系,很难有机结合在一起,并不能凑成一个塔型体系,而是一座座独立的塔,有各自的观念。所谓的"体系",必须嵌入同一个结构,里面有无数观点,但这些观点都不是自生而是他生。从这个角度来说,演绎的观念有血缘关系,而归纳出来的一个个点没有血缘关系,很难形成枝繁叶茂的逻辑体系。西方学者能创造出许多庞大的经典理论体系,就与演绎法的运用有着紧密的联系。例如,《列宁全集》多达60卷,《马克思恩格斯全集》多达50卷,强烈的逻辑意识使西方学者可以从一个点出发而建构良好的学说体系。我们主要的思维模式是归纳法,形象地说,西方人的本领是可以把一句话写成一本书,而我们的本领是可以把一本书总结成一句话。我们善于用最简短的语句来概括纷纭复杂的现象,而不太擅长像西方学者那样将极简短的命题和句子演绎成一本书乃至一个庞大的体系。

2. 什么也没说,什么也没多说,什么都是多说

人们使用演绎法无非是想利用自己已有的知识推导出未知的知

识,特别是推导出经验感觉不到的知识,但许多哲学家认为演绎重演并无新的智识创造。培根认为,演绎主义丝毫不能帮助人们发现新的知识,理由是演绎法中的结论已经包括在大前提里,是一种同义反复。

举个例子,文学是语言的艺术,小说是文学的一种,所以小说也是语言的艺术。按照培根的说法,这种推演毫无意义,他认为你什么也没说。可我认为还是说了。小说也是语言的艺术,固然包含在"文学是语言的艺术"里,你可以说这是赘述,因为你已经说了"文学是语言的艺术",那小说肯定是语言的艺术。培根的看法也是这样,结论已经包含在大前提里了。但是,人们毕竟不能从"文学是语言的艺术"这个大前提中同时直接看到"小说也是语言的艺术"。所以,重言命题是我们将隐藏着的判断变为明显的判断,我们只能说演绎得出的结论确实什么也没多说,因为你的结论没有超出大前提。大前提已经讲了"文学是语言的艺术",你说"小说也是语言的艺术",确实没有多说,因为这个命题已经包含在大前提里。

3. 必要的通货膨胀

实证主义提出保持金本位,也就是说对世界的陈述与世界相等,世界是多少,我说的就是多少,多少纸币就可以兑换多少黄金。W. 詹姆斯称这是一种"兑现价值"。然而,这只不过是哲学与人们的良好愿望,黄金是固定的,但纸币是可以随便印的。由一群鱼龙混杂的理论家组成的哲学政府是一个腐败无能的政府,滥印纸币早已经造成通货膨胀。站在科学认识论的角度,我们要抵制并设法消除通货膨胀。但我这里要说的是,如果站在人类精神的角度,通货膨胀是必要的。我曾经在20多年前写的《第二世界》中阐述过类似的观点,在此我将再次阐发我的观点。

在所有的理论中,一部分理论仅仅是一种理论。这种理论不是从实际存在中抽象出来并与实际存在相对应的,它不负责解释实际存在,只是为人这一个特定的实际存在构造出来的理论,它甚至连人这一特定存在都不足以解释,只是给人一个又一个主义、一个又一个观点,以丰富人的精神世界,使人不断获得新的精神方向,产生新的精神享受。它根本不能直接帮助人去认识客观世界,反而是把客观世界看成各种样子。由于它不断出现,人这一特定存在实际上在不断地变成非我。它使人从原初只是物质性的存在,变得越来越有精神性,而物质性不断趋向次要位置。这部分精神哲学的功劳极其巨大。黑格尔的哲学在很大程度上就是这样一种理论,尼采的哲学更是一种精神哲学。这种精神哲学还不是那种对已有的精神世界做总结的哲学,而是干脆为人类创造新的精神世界的哲学。许多美学理论自然也是这样一种理论,它培养出许多新的审美趣味。大家可以看看美学史,观念不停地繁衍增加,从而使我们在审美上具有各种各样的取向,营造出今天这样一个丰富、立体的审美世界。在这个过程中,那个被创造出来的理论一直在引导我们。

罗素将黑格尔的哲学贬为愚蠢的幻想,也正是因为他要求一切理论都是实用的,所以我认为罗素的批评并不理性。过于现实和生活化的人类需要一个似乎离开地面的精神世界,姑且不说这个精神世界的实际作用,即使永远不能有实际作用它也是有意义的,至少在培养人的想象力、宣传人的思维方面有所作用。这种理论的产生必须依赖演绎,归纳永远只能面对实际存在,而演绎可以背对存在去创造一个世界,这个世界就是我们所说的第二世界。与之相对的是,所谓的"归纳"必须面对这个已经存在的世界。所以,归纳思维永远只能停留在发现的水平上,而不能到达发明的水平。只有演绎才能有所发明,这也是我们看重演绎的重要原因之一。

(二) 归纳哲学的危机

1. 归纳哲学的困境

我不赞成波普尔"归纳是一种神话"的观点,他反对归纳,认为归纳是不可能的。我相信归纳是存在的,也是一个必要的方式。理性主义尖锐地嘲笑了归纳主义者,称他们为"归纳法的火鸡"。关在笼子里的火鸡根据主人每天给它喂食归纳出一个深信不疑的结论——主人每天要喂我。可是圣诞节到了,主人不但没有喂它,还把它从笼中取出来一刀给宰了。所以他们嘲笑归纳,认为归纳是无效的,归纳得出的结论是不可靠的。为了弥补归纳法的缺陷,归纳法一派就提出了概率论。真的概率大,结论的真实性就大,可是现在看来真的概率大,又有谁能保证以后若干新的发现还能是真的概率大呢?这就容易陷入困境。

2. 经验主义的脆弱

归纳哲学把知识的全部希望寄托于经验,把实践奉为通向知识的唯一通途。培根创造了实验方法论,他认为一切理论现象假设都毫无用处,但事实上,实验方法论有很多缺陷。首先,实验方法如果要行之有效,就要有一个闭合系统,也就是说暂时将实验对象从各种关系中解放出来。比如我们要知道血液的成分,就要从人的躯体里抽出一些血液放置在某种配制了化学成分的容器里。这种系统显然是闭合的,用于自然科学尚可,可在人类社会里就很难运用。人类社会很难进行这样的实验,因为人类社会很难做到抽取一部分社会生活或者社会事件置于闭合的系统。当然,自然科学可以进行一次又一次的实验,并保证不介入实验者的主观感情。这些实验在社会科学中几乎是不可能的,一旦实验进入社会,实验者就必然被包含其中,必定要有主观感情的介入。即使上面的限制不存在,人类社会的经验也不可能重复。人类社会由于永远变化,不可逆转,重复实验便是不可能的。所以,归纳哲学的重要特点就是相信历史经验,只要是被历史否定过的,现在再出现一定是不行的。过去的经验事实成为唯一的论证。人们把曾起到历史作用的理论变成了永远的精神准则,不管生活发生了多大的变化,一次历史检验就获得了永恒的指导权,对历史的尊敬就变成了对时代绝对的认可。

在这里我们可以看到一个荒唐的事实:对对象性质的判断,不是来自对对象本身的考察,而是来自与对象好恶关系的重复现象。因为原来有了一次,现在又来了一次,那显然是不行的。我们得出的结论是因为它重复了,而不是我们对这个现象本身的考察。我们的文学批评,一直很习惯于这样的否定,比如针对感觉主义、意识流的否定,但是,被历史经验否认过的东西真的可以被不假思索地认定为不行吗?

历史并不都是公正的,若干历史行动带有很大的盲目性,而且应当注意到这一点:那些行动在当时不行,是因为当时的特定社会原因,而在已经变化了的、失去历史限制的今天,它的再次出现未必是不合理的。在归纳哲学这里,我们看到了一些问题。我们经常提倡让事实讲话,把事实看成衡量真理和谬误的终极标准。可是事实到底有没有这么大的力量呢?首先,很少有人能证明所谓的"事实"肯定不是假象。其次,最新到来的事实未必可以证明一切。这样的例子太多了,在下一个事实出现之前,如果我们坚持一下就很有可能看到急转直下的情况发生,下一个事实与上一个事实可能完全相反。

不久前我写了一篇小说,写一个小孩儿在芦苇荡里迷路了,他一直向前走都出不来,后来怎么办呢?他把那些芦苇割下来,一捆捆叠起来爬上去眺望远方。你们知道发生了什么?他再往前走几步就出了芦苇荡。我用这个例子告诉大家,你以为走错了,其实可能没有错,你以为走错了是因为你走了这么长时间没出去,于是得出了错误的结论。对事实的判断有赖于主观的判断能力,事实出现的时候并没有明确地显示它一定是什么。历史把事实一一呈现给我们,我们在同一个历史事实面前得出的结论是千差万别的。历史是无穷无尽的改写,永远没有定稿的时候,只不过越改写人们越有可能接近事实罢了。

3. 证伪——演绎主义的现代形式

波普尔等人出现了,他们否定了归纳法,建立了严密的证伪论。古老的演绎主义又获得了一个现代形式。问题—假说—否认,不是来证明它,而是来否认它,证明它是假的,证明它是错的。当我们没办法证明它是假的、错的之时,就可能认为它是对的。

目 录

第一章 学术写作入门 / 1
　　一、什么是学术写作与表达 / 1
　　二、学术写作的基本要点 / 3
　　三、把写作融入终身学习 / 6

第二章 学术伦理与学术规范 / 12
　　一、学术伦理 / 12
　　二、学术规范 / 16
　　三、学术不端的类型和反思 / 22

第三章 论文选题与文献综述 / 30
　　一、论文选题 / 30
　　二、学术写作 / 37
　　三、文献综述 / 41

第四章 参考文献与文献利用的学术规范 / 51
　　一、参考文献 / 51
　　二、参考文献著录规则 / 53

三、参考文献管理软件 / 66
四、论文相似性检测系统 / 71

第五章 图书馆与文献信息资源检索利用 / 77
一、认识图书馆 / 77
二、掌握图书馆馆藏 / 79
三、了解图书馆服务 / 84
四、文献资源的类型与分布 / 87
五、新型参考信息源 / 89
六、文献信息检索的基本知识与技能 / 92

第六章 思维四律与澄清概念 / 101
一、学术性写作与逻辑 / 101
二、坚守正确思维的底线——逻辑基本规律 / 105
三、澄清关键性概念——定义理论 / 120

第七章 常用的逻辑推理形式 / 129
一、推理与推理形式 / 129
二、复合命题及其推理 / 131
三、直言命题及其推理 / 145
四、归纳推理与归纳方法 / 159

第八章 建构好论证与反驳坏论证 / 169
一、建构好论证——论证理论 / 169
二、反驳坏论证——谬误理论 / 183

第九章 语法与学术写作 / 199
一、现代汉语语法的若干特点 / 199

二、语法相关的若干错误 / 205

三、做到文从字顺的若干方法 / 219

第十章　词汇与学术写作 / 226

一、博大精深的汉语词汇 / 226

二、形形色色的词汇问题 / 233

三、形式多样的词汇积累方法 / 246

第十一章　修辞与学术写作 / 255

一、修辞立其诚 / 256

二、修辞知多少 / 261

三、修辞步步高 / 275

第十二章　表格、公式与插图 / 286

一、表格 / 286

二、公式 / 288

三、插图 / 290

四、图文混排 / 300

第十三章　学术演示 / 303

一、演示的概念 / 303

二、演示的形式与工具 / 306

三、演示文档的编排 / 316

四、演示中的动画 / 325

五、演示前的自检清单 / 332

后　记 / 337

第一章　学术写作入门

📖 开场白

在现在的大学教育中,学术论文是众多课程的主要考核形式。同学们在进行学术写作之前,有必要了解其基本要点:从话题中提炼具体问题、基于主题检索合适文献、立足观点发展逻辑结构、通过表达优化学术作品。想要培养学术写作和表达的能力,还要不断地训练,终身学习,将心中的热爱变成实际的能力。面对ChatGPT等人工智能工具对学术道德的挑战,我们又应当如何看待、怎么做呢?

一、 什么是学术写作与表达

学术写作与表达是学术思想呈现的主要方式,在大学学习中具有枢纽性地位。其中,"学术写作是一种致力于表达观点,并对观点进行清晰的、有逻辑性的论证的写作体裁。学术写作就像是作者和读者之间的一场学术对话,会就某个问题的看法和观点进行交流,在这个过程中构建了一个学术共同体。作者需要在论文中把自己的观点讲清楚,让读者能够接受,这就是学术论文的核心"①。成功的学术写作意

---

① 葛剑雄.通识写作:怎样进行学术表达[M].上海:上海人民出版社,2020:5.

味着与其他人对相关问题的看法进行交流,优秀的论文在开篇时并不急于表达自己的观点,而是先梳理他人的意见,与持不同想法的人进行换位思考:"经验丰富的写作老师早已认识到,成功的写作意味着要与其他人展开对话交流。学术写作尤其要求作者不仅要表达自己的想法,而且同时要对其他人已阐述的内容作出回应。"①

学术表达中的"表达"不但指文字表达,而且包括通过展示来进行的自我呈现:通过课堂汇报、学术演讲等方式来说明自己的观点,说服他人来认可自己的观点,与他人进行学术交流和辩论,等等。表达的形式包括:演讲和汇报、论文投稿及发表、学术出版,以及学术交流活动。这种表达具有专业性和系统性,要运用专业术语和专业名词科学、准确地反映客观事物的本质规律,要严谨、系统地表达学术观点的创造性价值。一个有说服力的观点离不开完备的知识体系、理性的逻辑推理和准确的语言表达。

好的表达是观点输出的利器。用逻辑形式来组织和呈现自己的想法,用准确、优雅的语言表达自我思想和情感,是学术写作不可或缺的基本素质。当你开始思考一个问题的症结所在和破局方法时,就会自然而然地调动批判性思维能力,并倒逼自己输入更多增量信息,积累新的思考模型,锤炼表达的文字功底。

在现在的大学教育中,学术论文是众多课程的主要考核形式,但是大一新生往往在第一个学期就会面临课程论文的写作,这就如同让一个没有经历过对抗训练甚至不懂羽毛球规则的学生直接参加羽毛球比赛。在高校中,越来越多的大学生在尚未接受系统、规范的写作基础训练时就要面临专业性论文写作的要求,这显然有悖写作能力训练的阶段性和过程性要求。综合类论文写作课程建设亟待加强,尤其是要推动基础课程教学资源的统筹协调,还要适时组织各类学术写作课的教师进行学生写作能力培养的主题研讨,把基础写作课程与各个院系开设的专业学术写作课进行有机衔接和整合。

---

① 杰拉尔德·格拉夫、凯茜·比肯施泰因.学术写作要领[M].王宇丹,译.北京:新华出版社,2012:1.

二、学术写作的基本要点

论文的基本结构包括标题、署名、摘要、关键词（主要为了检索方便）、分类号（图书馆信息编辑管理需要）、引言（前言）、正文、结论、参考文献等。

这里有几个基本要点需要注意，可以概括为：从话题中提炼具体问题；基于主题检索合适文献；立足观点发展逻辑结构；通过表达优化学术作品。

（一）从话题中提炼具体问题

论文写作一定要有明确的问题意识，从最初关注的话题中提炼出具体的研究问题，这才是真正意义上的选题。论文写作切忌泛泛而论，过于宏观。论文研究的核心问题最好直观地体现在论文的标题、摘要以及首段之中，以便让读者或者评阅者第一时间了解研究目的与研究意义。

问题意识的明确与否，直接影响到论文标题、摘要以及开篇的写作质量。比如，论文题目通常要求直接、具体、醒目，能够恰当总结核心问题，一般是简明的词语组合，通常要求 25 个字或者 20 个字以内。如果难以囊括全部内容，可以采取正副标题的方式，主标题必须体现核心问题，副标题可以作必要说明。再如，摘要和关键词需要涵盖论文的核心内容，特别是提出的问题和得出的观点。摘要通常需要包含四个要素：目的、方法、结果和结论。表述中通常用第三人称，避免使用"本人""我们"等主语。论文摘要后面一般会紧跟关键词部分。通常要求列出 3—5 个反映主题的词或词组，这些词或词组能够直接揭示研究问题，具有检索意义。此外，正文之前的引言往往被同学们忽视，引言的使用可以帮助我们提出研究问题、交代研究背景或意义、综述既有研究成果等。由此可见，标题、摘要、关键词和引言都与研究问题密不可分，明确的问题意识往往是一篇好文章的基础。

（二）基于主题检索合适文献

在做研究之前需要做好文献调研，在充分了解前人成果的基础上做研究才能事半功倍。文献调研一方面要求充分了解各种类型的信息源，包括专著、期刊、书目、年鉴、数据库、数据集、其他网络资源等。要注意不能只查找某一种信息源，而是应具备"全源文献"意识，全面收集与研究主题相关的信息。另一方面，要学会检索信息，在海量资源中迅速找出所需信息。检索涉及三方面：（1）知识，即了解各种信息源的使用方法，比如数据库检索规则、书目的排列方式等；（2）技能，包括制定检索策略（根据研究主题，确定检索词以及检索词的上下位词、同义词等）、使用各种检索方法（直接法、顺查法、倒查法、抽查法、追溯法、循环法等）、构建检索式（包括检索词、逻辑算符和通配符）等；（3）素养，即学习信息资源的免费、开放、共享、普遍获取等理念及其重要意义，以及一些信息利用的规范等。

收集文献之后，要对文献进行甄别和整理，对前人研究的脉络和成就做系统的把握。在文献甄别方面，目前有很多文献评价标准，比如按照期刊的等级评价文献，以及按照文献的被引量等指标评价文献。这些评价标准为我们甄别文献提供了帮助，但是它们也有自身的局限性，不应盲目崇拜文献评价指标，在选择和利用文献时应该综合考虑文献的质量和对自己研究的价值。文献整理方面，可以使用NoteExpress、Endnote、Zotero等文献管理软件，对文献以及文献中的信息进行序化。在论文中引用文献时，需要特别注意学术规范，避免过度引用，不宜大段引用原文，最好用自己的话对文献的主要内容和观点进行总结。

学术写作必须恪守学术伦理与学术规范，尤其在标注参考文献方面需要注意。在文章中对已有研究成果任何形式的引用都必须注明出处，这常常以参考文献的形式呈现。引用参考文献的规范程度往往是判断学术训练成熟度的重要标志之一。在正文中对文献的引用还有自引和转引的问题需要大家注意。引用自己已经发表的研究成果同样要标注清楚,这也是引用的一种。如果不是引用原文,即引用资料非来自原始出处,需要注明"转引自",以示一手文献和二手文献的区分;如果将转引自其他文献的引文标注为直引,同样属于学术不规范的情形。

(三)立足观点发展逻辑结构

学术写作是一个提出问题和解决问题的整体过程,逻辑是研究方法的核心精神,是把研究对象、研究步骤、研究数据进行科学分析的方法;逻辑也是一种语言组织能力,应当在写作过程中思考如何更好地安排论文的层次结构,以更好地表达自己的学术观点。所以,学术论文写作不能乱堆材料,而是要学会逻辑表达,尤其是学会论证过程,这就是所谓的"说理""讲道理"。论证的过程需要方法,大体分为"演绎"和"归纳",要学会在每个因为(材料)——所以(观点)之间接上"论证"这个桥梁,变为前提——论证过程——结论。

在学术写作中,还需要通过批判性思维体现逻辑性,但批判性思维不是单纯的批判。从这个角度来看,把"Critical Thinking"翻译成"审慎性思维",对其内涵的理解会更全面。这种思维要求我们能够全面、系统、客观、理性地分析事物的本质,不受外在表象或者既有观点的束缚,且这种思考不是自娱自乐,而是能够引起学术共同体的讨论,能够融入既有的学术话题脉络。学术论文有别于其他文体的重要特点就在于逻辑性,不能人云亦云。文章的风格可以因人而异,好比人的性格不能强求一律,但学术论文写作的重点在于逻辑,在于说理。本书将在后面的章节中系统介绍逻辑学的一般原理及其在学术写作中的运用。

(四)通过表达优化学术作品

学术写作与表达密不可分,良好的学术表达有助于更好地呈现学术写作的内容,表达可以分为文字表达与语言表达(如学术报告)。

文字表达主要涉及论文语言的组织与使用。论文语言最重要的特点就是准确,要做到言简意赅,避免枝蔓复杂,尽量删减不必要的形容词。其次是简洁,这一点比较难做到,需要大家精雕细琢、反复打磨,最终达到"清水出芙蓉,天然去雕饰"的境界。"简单"是最高层次的语言技巧。在准确、简洁的基础上,我们还可以追求更高的境界——生动。当然,如果没有准确或简洁,再生动也只能是炫技和哗众取宠。

学术写作另一个重要的表达方式就是口头表达,最常见的是学术报告。学术报告有许多重要作用:第一,学术报告的直接目的是进行学术交流;第二是树立"学术人设",向外界展示自己作为学术研究者的形象;第三是积累资历,与相关领域高水平的研究者进行交流。因此,应明确学术交流的目的,例如,为了展示开阔的思路、树立活泼幽默的人设,可考虑相应增加趣味性表达。本书将在后面的章节中系统介绍学术表达的注意事项以及操作技巧。

三、把写作融入终身学习

学术写作是开启智慧和启迪思想的过程,写作可以帮助任何人用逻辑形式来组织和呈现自己的学术观点。可以说,写作是学习研究任何一门学科的开始。但学术写作的能力不是一蹴而就的,要经过基础训练并通过不断的应用去发展,对于高校和学生个人来说都是一门必修课。

(一)把写作融入学习的全过程

良好的写作习惯需要在学生时代养成,并融入学习、工作和生活的全过程。

随着科技的发展和社会的进步,可以获取的资源和学校提供的条件都非常丰富,但把握住这些资源和条件,并将其转化为自己的写作能力则实属不易。日常写作习惯的培养最大的障碍是拖延和怯场,以及由此带来的常见的低效率。只有克服拖延和惰性,善思勤写,才能真正培养学术写作与表达的能力。

很多人认为学习是从基础教育开始,到高等教育结束,将学习与工作相对区分开来。这种想法是错误的。每一个人都应当树立终身学习的理念。正如季羡林先生所说:"人的一生是一个学习过程。大学或研究院毕业,只是这个过程的一个阶段的结束,而决不是学习的终结。我们还要继续学习下去的,一直到不能学习的那一天。我们毕生的座右铭应该是:锲而不舍,持之以恒,老而不已,学习终生。"① 写作能力的培养同样是终身课程。因为,写作技能不仅直接决定了个人观点和思想的输出,还会影响我们对信息和知识的思考、吸收、处理和加工能力。表达会帮助你与其他人沟通,获得资源,连接资源,实现人际合作,并在合作中受益。所以,在这个时代,表达能力决定了你的沟通能力,成为你最需要也最重要的生存技能之一。

(二)学术写作类课程最新的挑战:如何看待 ChatGPT 等人工智能工具

时至信息时代,随着数字化技术的发展和互联网的普及,个人获取信息的渠道日益多样,炮制一篇似是而非的论文或著作的门槛大大降低了。因此,剽窃抄袭、代写代发、捏造数据、一稿多投等学术不端现象也日趋严重,学术生态环境不断恶化。如何有效预防和最大限度地遏止学术不端行为的蔓延已成为社会各界普遍关注的问题。② 为了检测、判断、制止和预防这些传统的学术不端行为,学术界也付出了不懈的努力。而到了 2022 年秋季,随着 ChatGPT 的问世,学术写作伦理又迎来最新的挑战:具有自然语言能力的人工智能(AI)工具。这些工具具有丰富的语料库、足以比拟普通人的推理能力、跨语言的理解能力、非常接近常人的语言表达能力,让全世界为之震惊。

随着 ChatGPT 及其衍生工具的面世,人们开始担忧它可能会给学术界带来破坏性冲击,涉及回答问题、生成摘要、翻译文档、信息分类、写代码、编剧本、做作业、写论文、写作课教学等。出于对人工智能颠

---

① 季羡林.季羡林说写作[M].北京:中国书店,2007:83.
② 王兴全,杨丽贤.学术写作与出版规范研究[M].成都:四川大学出版社,2018:49.

覆教育系统的担忧,《科学》《自然》等顶级学刊禁止将ChatGPT列为合著者,许多大学禁止学生在写作中使用ChatGPT。

学术写作的基本要求体现在三个方面:问题意识、创新精神、学术规范。禁止学生在学术论文的写作中使用ChatGPT也让我们反思:一是人工智能技术的强大功能将对写作本身产生革命性的影响,即在文字处理的基础上加强了对图像处理和视频处理的能力,实现了对文字快速、精准的翻译等。二是很多大学认为禁止AI工具侵犯"学术自由",那么将智能工具应用于学术研究过程是否属于"学术自由"的范畴,如何界定这种行为的性质和边界值得研究。三是如果无法禁止利用人工智能技术进行剽窃,该如何对学生的表现采取更恰当的评价标准,以便维护良好的学术风气。

我们应当认识到,人工智能技术的革命性发展,给学术写作教学带来了新的挑战和机会。我们既应该警惕它可能带来的风险和造成的负面影响,又应该积极探索它可能带来的优势和价值。一是人工智能相关工具可以帮助学生快速地生成一些初步的想法和问题,激发他们对主题、资料等写作基础素材的兴趣和好奇心。二是人工智能相关工具可以协助学生完成文献搜索、摘要生成、参考文献格式化等烦琐但必要的工作,让他们有更多的时间专注于内容和逻辑。三是人工智能相关工具可以提供一些语言上的建议和反馈,帮助学生改进他们的表达和语法,甚至可以成为创造性和批判性思维的一种训练工具,让学生通过与之交流和质疑,提高自己的对话、辩论和评价的能力。

当然,学生使用人工智能工具需要遵循一定的原则和规范。一是要明确自己的写作目的和任务,不要滥用人工智能工具来替代自己的思考和创造。二是要保持对人工智能工具生成的文本的批判性,不要盲目地接受或复制它的内容,而是要进行验证和修改。三是要遵守学术诚信的原则,不要把人工智能工具生成的文本当作自己的原创成果,而是要标明来源和引用。四是要关注人工智能工具的伦理和社会影响,不要利用它来传播虚假或有害的信息,而要促进知识的交流和进步。

坚持学术规范和伦理,也要注重创新和变革,培养学生与人工智能工具的合作性学习能力。只有这样,我们才能在人工智能时代,提高我们的学术写作水平和素养。人工智能技术给学术写作以及写作教学带来的风险与机遇具有不确定性,对这种风险与机遇的思想认识也处于不断交锋的跌宕期。时间会告诉我们后续人工智能技术的发展将如何对学术写作与表达产生影响,当下的我们则需要秉持更加包容和审慎的态度。

(三) 成功写作的捷径是经典阅读

不当利用技术手段或者尝试通过学术不端行为进行写作会滑向危险和错误的深渊。但是,学术写作与表达并非没有"捷径",其中的"捷径"就是读书,读经典。季羡林先生是学术大师,也是写作大师,饶宗颐先生评价他是"一位笃实敦厚,人们乐于亲近的博大长者,摇起笔来却娓娓动听,光华四射"[1]。但是他小时候的写作也和一般人一样,碰到过很多头痛的时候。季羡林先生的经验是:要把文章写好,最可靠的还是要多看书。一个小孩起码要背 200 首诗,50 篇古文,这是最起码的要求;可以从《古文观止》里选一些文章,加以注释和理解,小时候就开始背,大了也忘不了。季羡林先生后来由写文言文改写白话文非常顺手,就与看"闲书"多有关。"想要写好文章,只能从多读多念中来。清代的《古文观止》或《古文辞类纂》一类的书,大概就是为了这个目的而编选的。结果是流传数百年,成为家喻户晓的书,我们至今尚蒙其利。"[2]对于学术写作,季羡林先生建议我们应当经常不断地阅读中外杂志,结合经常出现的新问题和新情况,一心一意地"从杂志缝里找文章"。在阅读中,认为观点正确,则心领神会。认为不正确,则必须有自己的想法。"中外历史都证明,只有在真正'百家争鸣'的时代,学术才真能发展。……从来不看学术杂志,从来也写不出有新

---

[1] 季羡林.季羡林说写作[M].北京:中国书店,2007:1.
[2] 同上书:9.

见解的文章,只能奉命唯谨,代圣人立言。"①

　　问题随之而来:什么著作可以称为经典?其共同的特点是通俗易懂,深入浅出,不卖弄学问。无论是哲学或者科学,历史或者诗歌,经典所论述的都是人类共同感兴趣的题材,而不是学究式的空谈。人类的基本问题代代相同,阅读经典时你会发现:人们对于幸福和正义,美德和真理,甚至对于安定与变幻本身是何等的笃信不疑,人类为其目标而奋斗的道路看来是从来没有改变的。蔡元培先生在担任北大校长时曾说:"做学生的第一件事就是读书。读书从浅近方面说,是要增加个人的知识和能力,预备在社会上做一个有用的人材;从远大的方面说,是要精研学理,对于社会国家和人类作最有价值的贡献。"②正如当年他对学生希望的那样:"在中国四万万同胞中,各人所负责任的重大,恐怕要算青年学生首屈一指了!就中国现时所处的可怜地位和可悲的命运而论,我们几乎可以说:凡是可摆脱这种地位、挽回这种命运的事情和责任,直接或间接都是要落在学生们的双肩上。"③青年学生如何才能担此大任?第一是对于学术上的责任:"试问在现代的学术界,我们中国人对于人类幸福有贡献的究竟有几个人呢?无怪人家渐渐地看不起我们了。我们以后要想雪去被人轻视的耻辱,恢复我们固有的光荣;只有从学术方面努力,提高我们的科学知识,更进一步对世界为一种新的贡献,这些都是不能不首先属望于一般青年学子的。"④第二是对于国家的责任:"今后想摆脱列强的羁绊,则非急图取消不平等条约不可。想把国民经济现状改良,使一般国能享独立、自由、富厚的生活,则非使国内政治能上轨道不可。昔范仲淹为秀才时,便以天下为己任,果然有志竟成。现在的学生们,又安可不以国家为己任。"⑤第三是对于社会的责任:"我们中国的社会,是一个很老的社会,一切组织形式及风俗习惯,大都陈旧不堪,违反现代精神而应当改

---

① 季羡林.季羡林说写作[M].北京:中国书店,2007:16.
② 蔡元培.大学教育[M].北京:北京出版社,2018:73-74.
③ 同上书:73.
④ 同上书:74.
⑤ 同上书:75.

良。这也是要希望学生们努力实行的。因为一般年纪大一点的旧人物,有时纵然看得出,想得到,而以濡染太久的缘故,很少能彻底改革的。所以关于改良未来的社会一层,青年所负的责任也是很大的。"①

希望同学们通过这本书的学习,能够很快地开启对写作的热爱与兴趣,尽快地找到适合自己的写作发展之路。写作要持之以恒并且要适度,要把短暂的日常写作拓展为有规律的工作习惯。在写作中,我们会不断有成功感或挫败感,无论是成功还是失败,对我们的写作之路而言都是一种成长。因此,我们要热爱写作,寻找时间去写作,积极地得到读者的回应,克服对失败的恐惧,培养自己的问题意识、逻辑思维和表达能力。人们喜欢上事物总是容易的,但长期的坚持和付出却不是每个人都能轻易做到的。热爱不等于擅长,最初的尝试源于热爱,努力把热爱变成能力,才能让这份热爱得到延续和坚持。

结束语

学术写作就像是作者和读者之间的一场学术对话,学会形成有价值的观点并清晰地表达出来,并且遵守学术规范,是成功写作的基本要求。在人工智能工具对写作的辅助日益精进的背景下,我们要明确自己的写作目的和任务,适当地利用人工智能帮助写作,但不能用它代替自己的思考,更不能违反学术道德。本章初窥门径,在接下来的章节中,我们将深入学术写作的各环节,具体地讲解学术写作的规范。

---

① 蔡元培.大学教育[M].北京:北京出版社,2018:75.

第二章 学术伦理与学术规范

📖 开场白

  人在社会中生活,需要遵守伦理法则;在进行学术写作时,也要遵循相应的学术伦理守则。学术研究的"伦理法则"可以分为两个层面:一个是为善,另一个是求真。我们要负起对人与自然的责任、对科学的责任,远离学术不端。具体而言,有哪些情况是需要我们警觉并避免的呢?如何预防违反学术伦理与规范呢?
  学术伦理与学术规范是学术研究和写作的基础,任何学术研究者或者共同体成员都应该了解这些内容。本章主要讨论学术伦理和学术规范的具体内容,并涉及学术不端的类型及其预防。

一、学术伦理

  伦理是对"好"与"坏"以及不同社会中的普遍道德原则的研究。学术伦理是学术研究中需要遵循的基本准则,既具有价值判断的主观性,也具有学术规范的客观性。

(一)伦理法则

  伦理法则存在于学术研究中的方方面面,但面对许多伦理法则的判断时，未必有标准答案，甚至有时会遇到矛盾和困境，基于不同伦理标准作出的判断往往具有差异性甚至冲突性。

下面是一道典型的道德难题，可以说明这种主观选择分歧：假设在一个电车轨道上被绑了5个人，而它的备用轨道上被绑了1个人，这时有一辆失控的电车飞速驶来，而你身边正好有一个摇杆。你可以推动摇杆来让电车驶入备用轨道，杀死那1个人，救下5个人。你也可以什么也不做，杀死5个人，救下1个人。这是特别经典的一个道德难题。2018年，与之类似的一项研究成果①发表在《自然》(Nature)杂志上，讲的是一辆无人驾驶的汽车，如果在道路上遇到一些不可避免的两难困境（是伤害乘客还是伤害行人）时应该如何做决策。例如，在交通指示灯是红色的时候，有的行人没有按照规则停下来，这辆无人驾驶的汽车可能会轧到行人，但如果选择不轧这位行人则可能对乘客造成伤害。这辆无人驾驶汽车该如何选择？我们应该给无人驾驶汽车设定何种伦理法则？这里的"伦理法则"，就是指在做决策的时候如何确定一个解决问题的方案。来自不同国家、地区以及文化背景的个体可能会作出不同的选择。

从日常生活中的伦理困境回到科学研究上，一般来说，科学研究不仅是一种技术理性的操作，同时还受到价值理性的约束，也就是一定的伦理标准。众所周知，伦理审查制度对学术研究的覆盖是全方位的，包括选题、研究、应用、开发、决策、执行的整个过程。学术共同体中的不同个体固然可能在政治信仰、经济基础、文化背景等方面存在不同，但还是应当遵守一些底线性的、最具共识性的行为准则。例如，在学术研究中，尊重政治但区分学术和政治、具备精益求精的意识、反对抄袭和剽窃等。这些行为准则并不因政治信仰、经济基础、文化背景的差异而发生改变。

学术研究的"伦理法则"可以分为两个层面：一个是为善，另一个

---

① Awad E, Dsouza S, Kim R, et al. The moral machine experiment[J]. Nature, 2018, 563(7729): 59-64.

是求真。①

为善的部分往往被称为"人本道德",强调我们要对生命、自然、人类负责。还有一个层次是求真的过程,就是要去还原事物本来的发展过程,揭示其中的规律。这两个层次的伦理道德都需要在学术研究中高度重视。

(二)人本道德:研究主体对人与自然的责任

之所以要强调人本道德,主要是因为我们的学术研究活动乃至转化成果不能对人类或自然造成伤害,这一点很重要。总体来说,就是要尊重我们的研究对象,要公平、公正地对待他们。

在涉及人本道德时,由于要对伦理问题进行审查,因此需要建立伦理委员会,这在很多生物学研究领域比较普遍。研究开展之前应当通过伦理委员会的批准。相应地,伦理委员会需要做各种各样的评估,例如,你该不该做这件事、为什么要以人类或者以动物作为研究对象、为什么需要特定的被试者和被试数量等。

在伦理审查的各项标准中,对于研究者资质的审查尤为重要。一个研究者的资质应该包括了解相应的伦理规范和伦理道德,因此许多高校陆续开设了学术写作类课程,授课内容包括学术伦理方面的教育。尽管课程学习者的专业方向或者研究领域各不相同,但只要是学术共同体成员,就有必要了解相应的学术伦理规则。

人本道德中的"不伤害原则"非常重要,应当尊重研究对象的自愿性,需要植入知情同意的程序。比如,在药物治疗的试验中,治疗可能有用也可能没用,或者可能有副作用,医疗人员或药物试验人员要将研究进展和可能的影响告诉被试,以便被试决定是否参与。相反,决不允许在被试毫不知情的情况下进行研究活动。

---

① 韩跃红.科技伦理:从学术道德到人本道德[J].科学技术与辩证法,2005,22(1):27-29,50.

(三)学术道德:研究主体对科学的责任

学术道德不仅贯穿于所有学科领域和专业类别,而且在学术活动的不同阶段也有不同的规定,例如,选题阶段、资料搜集阶段、写作阶段、发表阶段等。

在学术道德当中,我们要尊重学术活动的客观性,只有这样才能确保学术规律的可重复性。如果你的规律性认识不能得到重复性验证,就预示着很大的风险。例如,某些论文被撤稿的原因之一就是其他实验室都无法重复原论文发表的结果。学术活动的客观性及其规律性认识的可重复性在学术道德中非常重要。在具体的学科研究中,此类原则往往会细化成一些具体规定。

学术道德需要尊重学术活动的客观性,但在利益权衡之间这种道德就会面临考验,涉及是否以及如何表达观点。比如,学术研究中会出现许多数据和事实,这些数据和事实未必有利于学术成果的最终呈现,那么究竟是忽视这些数据或事实发表文章,还是将这些内容完整而客观地呈现出来,这些选择都面临利益权衡,影响到能否坚守学术道德。

在做学术研究的时候,应该有一种责任感,精益求精、追求真理。同时,必须反对抄袭和剽窃,这就是我们通常说的"学术诚信",它是与客观性相互呼应的。康德在《实践理性批判》第二部分的结束语中提到:有两种东西,我对它们的思考越是深沉和持久,它们在我心灵中唤起的惊奇和敬畏就会日新月异,不断增长,这就是我头上的星空和心中的道德法则。① 所谓的"道德法则",也是我们在做学术工作时非常重要的一个前提。

事实上,学术道德的范围比较宽泛,如果你从事的是一项很糟糕的研究,其实也是有悖学术道德的。如果选题、设计、方法等存在缺陷,得到的结果难以解释,那么就意味着浪费了很多资源,包括人力、

---

① 康德.实践理性批判:注释本[M].李秋零,译.北京:中国人民大学出版社,2011:151.

财力以及实验者和参与者的时间,这些资源浪费都涉嫌违背学术道德。作为学术研究者,如果把这些糟糕研究的结果写出来也是无用的。所以说,写作本身也包含伦理判断的成分,不能够任意浪费资源。

研究的各个阶段、各个层次都会涉及一些伦理道德的规定。如果任意而为,就可能破坏科学过程,阻碍知识进步,最终侵蚀公众对学术共同体的尊重。选题、研究、写作、发表等各个环节若出现伦理问题,都是有违学术道德的。

二、学术规范

学术规范是学术共同体内形成的有关学术活动的基本行为准则。相比而言,学术道德或学术伦理更加强调内在标准,而学术规范则是一种外在的、强制性的约束机制。学术规范是学术道德或学术伦理的规则化表达,具有强制约束力。

(一)学术责任

学术工作参与者面临继承、创新和传播等重要的学术积累和发展职责。

追求真理是学术工作者的理想。对学术的尊重和敬畏会鼓励学术工作者沉下心来从事研究,不仅要探寻客观世界和主观世界的本质及其规律,还要坚守必要的社会责任和使命。

学术工作者应当学会培养学术思维,要突出问题意识,切忌人云亦云。换言之,问题意识尤其包括批判性(审慎性)思维。批判性思维是一种判断的能力,即在良好判断的基础上,使用恰当的评估标准对事物的真实价值进行判断和思考。在生活中,我们经常面临相信什么和做什么的选择,大到宗教信仰、政治立场,小到日常琐事。在众多选择项中择一,需要给出理由:为什么如此?如此选择好在哪里?为什么这个选择比那个选择更好?化解这些疑问需要理解、评价、分析、论证。这需要我们掌握一些技术方法,而这又体现为一种能力——面对相信什么或做什么的问题时作出合理决定的思维能力。同时,批判性思维和判断能力的实践意义也不容忽视,如实际推理或论证的技能(常见于政治演说、法律诉讼、社会评论、商业谈判等场合)。恰当的提问与合理的论证是批判性思维的两个重要组成部分。其中,学会提出问题是进行合理论证的基础与前提。

一方面,应当学会提出好问题。做到这一点需要激发批判性思维。如果只是从自己的角度思考和理解问题,就会丢失很多可以改进和完善问题的机会。发现知识就要善于提问,并且提出的问题应该适合我们去做研究,换言之,提出的问题可以通过相应的方法加以解决。

另一方面,应当厘清论题和结论。"是什么"和"应不应该"有所不同,在学术对话中我们要关注对方在说什么,对方想让我们接受的结论是什么,梳理出为了得到结论所要经历的过程和掌握的线索。还应当练习并学会区分观点和事实。事实往往是我们得出观点、论证观点、验证观点的素材。事实具有客观性,但观点具有主观性,正是这种主观性,给学术研究者搜集事实、选择事实、理解事实预留了自主空间。

(二)学术思维

学术思维的三种主要成分包括:情绪情感成分、行为行动成分和认知思维成分。①

1. 情绪情感成分

思维的基础在于同理心和共情。去论证的时候,你不能只是从自己的角度出发,还常常要从其他人的角度考虑:别人会有什么疑问?如果要去解决他的疑问,我要提供哪些能说服他的理由?这叫作同理心,即以别人的眼光对待自己的研究对象和研究材料,从别人的角度加以分析和挖掘,类似于生活中的"换位思考",或者称之为"预设读

---

① Huffman K R, Dowdell K, Sanderson C A. Psychology in action [M]. 12th ed. New York, NY: John Wiley & Sons, 2018: xx-xxiii.

者"意识。无论对于支持自己、与自己观点一致的人还是反对自己的人，我们都要持有相同的理性标准。然而，基于自利偏差，我们都倾向于迎合我们自身的需求而忽略与我们自身愿望相冲突的信息。

别人的眼光或角度可能与你原定的论证与分析有区别，这恰恰是一件好事，学术共同体思维的同质化反而不利于知识增量的形成。在心理学中有个名词叫"团体思维"，即当一个高度团结的团体努力寻求一致而避免不一致信息的时候，就可能出现不完美的决策。我们在学术研究中要避免团体思维，应当通过不同观点的碰撞、不同角度的对话来加强论证的说服力。有时别人的反对意见可能并不具体，但我们需要包容这种模糊性，这是因为往往很多问题没有确定的结论或答案，但理性对待别人的反对意见有利于学术研究的科学化。苏格拉底式的质疑就是一种重要的批判性对话。

现实中，在面对模糊性时，为了消除模糊状态给自己带来的压力和焦虑，认知闭合程度较高的个体会有很强烈的动机去寻找确定性、给出答案。但相反，我们建议忍受模糊。在任何研究乃至现实问题的解决过程中，模糊性都是一个不可忽略的变量。它事实上也具有许多正面效应，如提升对话题的包容性和适应性等。对于清晰性和精准性的追求本身也有一个度的问题，这一点在培养批判性思维的过程中尤其需要重视。传统教育往往强调标准答案，对既定答案的苛求会抹杀新鲜感和成就感，僵化思维方式。在大多数时候，解决一个问题的方法通常是多种多样的。每种方法各有利弊，最终的解决方案并不是绝对和唯一的，只不过是在权衡各方利益后取得的折中方案。同时，许多问题都是复杂而微妙的，复杂的问题可能拥有不止一个"正确"答案。

传统教育经常训练我们寻找一个单一的"正确"答案，当然寻找标准答案并不总是有害的训练。在创造性思维中就包含两种思维形式，即发散思维和聚合思维。发散思维表现为我们常常在头脑风暴活动中提出各种新异的想法，而聚合思维指向一个解决问题的方案。二者在创造性思维中相辅相成，缺一不可。但是，批判性思维者明白许多问题都要求我们承认并重视类似"可能""高度可能"以及"不是很可能"等修饰词。特别是在创造性活动中，必须能够接受问题解决的不确定性，并且考虑多种可能的解决途径。

2. 行为行动成分

应当积极倾听，培养信任。同时，使用精确的概念来正确地界定问题。精确的概念帮助批判性思维者清晰而具体地确定问题，使他们能够客观地定义并且进行实证检验。在日常生活中，当两个人争论一个问题时，他们常常没有意识到彼此可能对这个问题有不同的定义。例如，亲密关系中的两个人对一些词，如"爱"和"承诺"会有不同的定义，能否在定义上达成一致对交流的成功与否非常关键。当然，做出判断还有赖于收集到的信息和数据。一个批判性思维者不会突然做出判断，这是因为冲动会阻碍批判性思维的形成。

判断形成后也并非一成不变，我们需要培养开放的心态，基于新的信息更正判断。如果后来的证据、经验和之前的判断相冲突，批判性思维者往往愿意改变或是放弃自己的判断。非批判性思维者则会顽固地坚持自己的信念，并且常常更看重自己的兴趣而不是真实情况。因此，我们要学会接受自己的改变，在整个学术生涯中保持对观点进行调整与适应的开明态度。

3. 认知思维成分

为了更好地积极倾听、培养开放的心态、接受自己的改变，我们应当识别个人偏见，并超越自身利益来进行评价。在这里我们需要区分事实和观点，同时也要避免泛化，即避免把事实或经验应用到仅为表面相似的情境中。

一方面，事实是可以被证实的论断，而观点是一个人表达的自己对于问题的看法或是被一个人视作真实的论断。对于任何主题都很容易出现不清晰的观点，但是批判性思维者在形成他们的观点之前会找出事实。例如，同样是形容天气，观点形式的表述是"今天天气很热"，而事实形式的表述则是"今天的温度是35度"。前者是一种表达信念、感觉、看法的陈述，无须证明；后者则是一种可证明真伪的陈述。

另一方面，要避免把事实或经验应用到仅为表面相似的情境中。举个例子，与一个人相处得到恶劣的体验，进而形成的负性判断，容易被应用到那个人所在团体中的所有成员身上。无法抵抗泛化通常就是"偏见"的核心。在学术研究中，既要有论点，又要有论据，因为论据往往涉及事实，可以进行激烈的辩论，如果仅停留于观点陈述，则学术交流会缺乏有效性。

当然，在对观点尤其是论据进行反驳时，不要忽视相反观点中的合理证据。看似对立的观念其实往往是有一些共同点的，在论证中指出这些合理的因素，会加强你的论证。否则读者就会疑惑：为何你对某些方面绝口不提？同时，对很多被视为"铁证"的证据，往往明显存在另外的解释，如果从来不提可能有其他的解释，反而会削弱你所持观点的说服力。

例如，通过仔细地评估证据的本质和数据、文献等资源的可信度，批判性思维者可以识别那些不合逻辑的对情绪倾向的迎合、不被支持的假设和有缺陷的逻辑。再如，不信任这类数据、文献等资源往往出于以下原因：缺少诚信记录；在关键问题上自相矛盾；对于所兜售的产品、思想或只提供部分正确（"半正确"）的观点，或涉及既定利益。又如，当批判性思维者掌握了一项新的技能或是体验到一种顿悟时，他们会把这些信息应用到新的情境中。非批判性思维者虽能给出正确答案、复述定义或执行计算，但在更深层次的理解与综合分析能力上往往有所欠缺，难以将看似孤立的知识点串联成网，形成全面而深刻的认识。

简言之，学术研究与写作者应当保持独立思考，其中尤为重要的就是批判性思维，并且不被动地接受他人的理念，也不轻易被操纵。他们会保持适当的怀疑，尤其对于那些不寻常的主张和报道。同时，批判性思维者会使用元认知，包括回溯或者追寻他们自身信念的起源，详细审查他们的思维模式，经常进行类似"我在想什么"或者"我不知道为什么我相信这些，我必须要想一想"这种自我对话。

(三) 学术写作

学术写作的规范是关于正式的学术性文章的规范。学术性文章是学术研究成果的一种文字化呈现方式。正式的读书报告、文献综述、调查报告、工作论文等都是学术性文章,它们属于呈现科研成果的议论文体,需要遵循一些基本的学术写作原则。前文提及了非常重要的诚信原则,这里主要介绍其他注意事项,尤其是一些具有操作性的规则。

首先,陈述事实应当客观、真实。学术写作的准确度特别重要,必须以事实为基础,评论要有分寸,不能任意拔高或贬低。

其次,文字表述应力求简洁。学术写作对事实不作过多夸张的描绘,对观点的阐释不作烦琐的论证。当然,必要的注释也是需要的。缺少必要的注释可能会违反学术规范,因此把握好尺度很重要。

最后,行文风格应当朴实,不随便运用夸张的手法和奇特的比喻,不过多地使用华丽的辞藻。学术论文不需要太多的修饰,清晰的逻辑和论证更为关键。

为了更好地达到这些基本要求,建议大家在学术写作过程中做到以下几点:

(1) 及时写作。研究资料的收集、分析工作完成后,立即着手写作。重视科研成果和论文的时效性,研究过程不宜怠惰,应当在坚持质量的前提下提升效率。

(2) 全面规划。重视论文内容组织与结构搭建的过程,可以先将各级标题列出,梳理纲目和逻辑,力求结构均匀、内容周延。

(3) 态度客观。表述和论证过程中坚持以事实为依据,遣词造句尽量避免情绪性表达,以中性表达为原则。

(4) 描述明确。在描述事实材料和数据时,用词准确,避免模棱两可。对于核心概念或范畴必须要有清晰的界定。

(5) 避免极端。对事物的评判要客观、中立,对结论的陈述要留有余地,切忌极端。

（6）符合逻辑。表达观点和陈述意见时，要符合逻辑论证规律。这一点后面的章节会专门论述。

（7）人称和时态。宜用第三（或非）人称代词、过去时态来写，尽量避免使用第一人称，如用"本人""笔者""我们"等作为学术论文陈述的主语。

三、学术不端的类型和反思

毋庸置疑，学术研究活动既要符合学者个体层面的"德"（学术理想），也要符合学术共同体层面共同的"善"（学术规范），还要符合社会层面的"理"（社会规律）。简言之，它是目的性、规范性与规律性的统一。其中，学术规范对任何学者来说都是基本的要求，是需要遵守的底线。

（一）学术不端的类型

国家新闻出版署于2019年5月29日发布《学术出版规范 期刊学术不端行为界定》，2019年7月1日起正式实施。其中界定了学术期刊论文作者、审稿专家、编辑者所可能涉及的学术不端行为，包括观点剽窃、数据剽窃、图片和音视频剽窃、研究（实验）方法剽窃、文字表述剽窃以及伪造等。

作为学术共同体的成员，我们既要讲人本道德，也要讲学术道德，二者是复合的。对于学术道德的强调，意味着我们应当了解必要的底线，即对学术不端的类型有所了解。这里重点分析两个主要问题：抄袭剽窃和数据造假。其中，抄袭剽窃在人文社会科学和自然科学领域时有发生，只不过前者可能更为突出（理工科领域也存在方法抄袭的问题）；而数据造假则更为集中地体现在后者之中，人文社会科学领域由于实证研究范式相对有限，所以数据造假的问题尽管存在，但并不突出。

1. 抄袭剽窃

在法律规范关于侵权行为的表述中，"抄袭"与"剽窃"常常被相提并论,其英文表达也同为"plagiarize"。那么,是何种原因导致抄袭剽窃呢?大体有无知、遗忘、故意、迫不得已等情形。

无知主要是指因不了解学术规范而造成学术不端,我们学习学术规范正是为了明确这些基本的学术研究规矩,清晰地认识到学术道德与学术伦理的底线不可逾越。

表 2-1 是否需要标注的核查表①

需要标注	不需要标注
引用	自己的表述、观察、调查等
对资料的改写或概括	常识
其他资料中的观点	在很多资料中都可以获得的事实
鲜为人知的事实	自己画的图或其他可视化材料
来源资料中的图、表或其他统计信息	
来源资料中的照片、图片、视频或音频	
其他人做的实验	
调查之外的访谈	
来源资料的组织方式或结构	
来自指导者或其他学生的帮助或建议	

遗忘是指尽管对学术规范有所了解,但相关意识并没有得到强化,甚至抱有侥幸心理。在现实中,学术伦理方面的教育薄弱、教育或科研评价机制不完善、急功近利的心理等,都会在不同程度上削弱大家对学术规范的坚守。例如,许多同学在完成课堂论文或者期末论文时往往不太注意学术规范性。同时,许多同学在研究中习惯用计算机做笔记,在论文写作中可能没有核实具体出处就直接将资料拿来使用。

故意的情形最为恶劣,这集中反映出写作者的学术操守问题。例如,篡改他人的研究成果、抄袭他人的学术成果等,这些学术不端行为

---

① Lunsford A. The St. Martin's handbook[M]. Boston: Bedford/St. Martin's, 2010: 281-287.

往往带有较为明显的主观恶意。

迫不得已的情形极少出现。抄袭是一种定性问题,不因数量多少而有所改变。

抄袭的内容涉及方方面面,如思想观点、结构脉络、信息数据、表达方式等。认定抄袭有两个重要标准:

第一,被剽窃(抄袭)的作品是否依法受《著作权法》保护。

第二,剽窃(抄袭)者使用他人作品是否超出了"适当引用"的范围。不同学术研究或出版规范对"适当引用"的界定略有不同。例如,中国知网为论文检测系统的灵敏度设置了一个阈值,该阈值为5%,以段落计。同时,论文检测的标准是连续13个字相似或抄袭会被红字标注,但是必须满足下面的前提条件:所引用或抄袭文献的文字总和在各个检测段落中达到5%。

为了避免抄袭,需要遵守几条基本原则[①]:

(1)作为研究者,你有责任遵守知识产权原则并避免抄袭。只有心中有规范,心中有责任,才不会逾越规范。

(2)抄袭是指对别人工作的复制或意义接近的改写。学术研究中通常将这种做法称为"匿引",即采纳、吸收甚至直接复制他人的成果却故意不将其作为参考文献列出。

(3)抄袭经常源于没能复查某个来源。引用通常限于作者亲自查阅和引用的原始文献,相应地,不去复查出处的转引往往会带来断章取义、以讹传讹等问题,甚至构成学术不端。只有原始文献才是观点最真实的表现,不要认为原文过于久远就不去查找,不可存有侥幸心理。

(4)抄袭往往表现为没有正确使用引注。有不少同学习惯于用计算机做文献阅读笔记,在做笔记的时候应该一并将出处标注清楚,方便将来使用时核查。如果是使用别人的内容,尤其是原文引用,一定要加上引号。如果你使用的是纯粹的阅读心得或个人思想,那么,

---

① Evans J. Your psychology project: The essential guide[M]. Los Angeles: Sage Publications, 2007: 18-19.

可以直接使用文献笔记上的内容。如果平时阅读时就不注意区分个人成果和他人成果，就很有可能在将那段话拿过来进行写作时还以为是自己的，这极有可能构成学术不端，需要加以重视。

（5）没能承认二级来源也可能导致抄袭。如果你没有阅读原始文献，你应该引用二级来源本身；用报告信息或观点的方式暗示你阅读了原始文件是不道德的。二级来源包含解释，可能正确，也可能不正确。事实上，注明二级文献对自己也是一种保护，所以需要学会使用"转引自"这种表达方式。很多时候学术失范的重要原因就在于以讹传讹，既没有对原始文献进行复查，也没有如实标注二级文献。

2. 数据造假

数据造假主要有"篡改"和"捏造"两种主要类型。从主观上看，也有故意、遗忘等情形，如因粗心抄错了数（因此要注意保存原始数据）、无中生有等。

近年来，涉嫌数据造假的学术不端事件并不鲜见。

数据篡改（剽窃）的情形通常是指不加引注或说明便使用他人已发表文献中的数据。主要包括以下情形：不加引注，直接使用他人已发表文献中的数据；对他人已发表文献中的数据进行些微修改后不加引注便使用；对他人已发表文献中的数据进行一些添加后不加引注便使用；对他人已发表文献中的数据进行部分删减后不加引注便使用；改变他人已发表文献中数据原有的排列顺序后不加引注便使用；改变他人已发表文献中的数据呈现方式后不加引注便使用，如将图表转换成文字表述，或者将文字表述转换成图表。

数据捏造主要是指编造没有经过实际调查或实验取得的数据、图片等。

3. 其他

除了上文介绍的两种主要的学术不端行为类型，还有许多其他种类，如不当署名、一稿多投、重复发表、违背研究伦理等情形。

（1）不当署名。

在学术研究中，如果你署名，必须对此研究负责，这是基本原则。不同学科中的署名排序依据略有不同,最主要的依据之一是贡献大小。

不当署名主要是指与对论文实际贡献不符的署名或作者排序行为。具体包括以下情形:将对论文所涉及的研究有实质性贡献的人排除在作者名单外;未对对论文所涉及的研究有实质性贡献的人在论文中署名;未经他人同意擅自将其列入作者名单;作者排序与其对论文的实际贡献程度不符;提供虚假的作者职称、单位、学历、研究经历等信息。

(2) 一稿多投。

在审稿期内转投一定要与编辑部取得联系,对方同意撤稿后才能另行投稿,避免出现一稿多投或者自抄袭的情形。

通常认为,一稿多投指的是同一作者在法定或约定的禁止再投期间,或者在期限以外获知自己的作品将要发表或已经发表期间,在编辑和审稿人不知情的情况下,试图或已经在两种或多种刊物同时或相继发表内容相同或相近的文章。其具体表现形式包括:将同一篇论文同时投给多个期刊;在首次投稿的约定回复期内,将论文再次投给其他期刊;在未接到期刊确认撤稿的正式通知前,将稿件投给其他期刊;将只有微小差别的多篇论文,同时投给多个期刊;在收到首次投稿期刊回复之前或在约定期内,对论文进行稍微修改后,投给其他期刊;在不作任何说明的情况下,将自己(或自己作为作者之一)已经发表的论文,原封不动或做些微修改后再次投稿。

(3) 重复发表。

论文的"重复发表"又称(或包括)"二次发表",主要包括如下情形:不加引注或说明,在论文中使用自己(或自己作为作者之一)已发表文献中的内容;在不做任何说明的情况下,摘取多篇自己(或自己作为作者之一)已发表文献中的部分内容,拼接成一篇新论文后再次发表;被允许的二次发表不说明首次发表出处;不加引注或说明,在多篇论文中重复使用一次调查、一个实验的数据等;将实质上基于同一实验或研究的论文,每次补充少量数据或资料后,多次发表方法、结论等相似或雷同的论文;合作者就同一调查、实验、结果等,发表数据、方法、结论等明显相似或雷同的论文。

(4) 违背研究伦理。

违背研究伦理主要是指论文涉及的研究未按规定获得伦理审批，或者超出伦理审批许可范围，或者违背研究伦理规范。

违背研究伦理的表现形式包括：论文所涉及的研究未按规定获得相应的伦理审批，或不能提供相应的审批证明；论文所涉及的研究超出伦理审批许可的范围；论文所涉及的研究中存在不当伤害研究参与者、虐待有生命的实验对象、违背知情同意原则等违背研究伦理的问题；论文泄露了被试或被调查者的隐私；论文未按规定对所涉及研究中的利益冲突予以说明。

(5) 其他学术不端行为。

在参考文献中加入实际未参考过的文献。

将转引自其他文献的引文标注为直引，包括将引自译著的引文标注为引自原著。

未以恰当的方式，对他人提供的研究经费、实验设备、材料、数据、思路、未公开的资料等，给予说明和承认(有特殊要求的除外)。

不按约定向他人或社会泄露论文关键信息，侵犯投稿期刊的首发权。

未经许可，使用需要获得许可的版权文献。

使用多人共有版权文献时，未经所有版权拥有者同意。

经许可使用他人版权文献，却不加引注，或引用文献信息不完整。

经许可使用他人版权文献，却超过了允许使用的范围或目的。

在非匿名评审程序中干扰期刊编辑、审稿专家。

向编辑推荐与自己有利益关系的审稿专家。

委托第三方机构或者与论文内容无关的他人代写、代投、代修。

违反保密规定发表论文。

此外，还有许多新的学术不端行为，如履历造假、浮夸蒙骗等。这些问题虽然未必能够与抄袭、剽窃等相提并论，但同样对学术环境造成了极大的破坏。

（二）学术不端的影响因素

学术不端现象的出现，原因有很多，例如，"唯论文、唯帽子、唯职称、唯学历、唯奖项"等评价制度和学术研究的社会大环境浮躁、不健全的监管机制、惩处不严厉以及学术规范的教育不够等。总结来看，科研不端行为实际上反映了科研体制和文化的问题。

首先，从立法或制度层面来看，我国学术不端行为的类型及其认定标准还不完善，对于惩戒主体及其具体职责的规定也较为模糊，这在一定程度上助长了学术不端的风气。同时，在学术规范的执行机制中，"吹哨人"的举报及其保护制度还不健全，调查机构或组织的客观性与公正性也有待强化。

其次，从心理或意识层面来看，我国学术共同体的规范意识还没有完全形成，许多科研人员缺乏基本的诚信，对于许多学术失范行为存在侥幸心理，缺少自我反思与纠错的意识和行动。当然，这与学术共同体成员在成长过程中缺乏相应知识或意识的训练有一定关系。

最后，目前的科研评价体系也不尽合理。2018年11月，教育部办公厅印发了《关于开展清理"唯论文、唯帽子、唯职称、唯学历、唯奖项"专项行动的通知》。实际上，这"五唯"风气不管是在过去，还是在现在，对于学术环境持续产生高强度影响，部分学者面对这些指标，缺乏求真务实的态度，在利益诱惑下容易背弃基本的科研规律和科研纪律。

（三）学术不端的预防

教育部、科学院、高校、科学协会、民间组织（学术批评网、新语丝等）、学术不端文献检测系统、期刊评审、同行评议、舆论监督等都是学术不端预防体系的主体或环节，集教育、预防、监督、惩治工作于一体。当然，这些内容都属于外在监督手段，学术环境的净化和学术素养的形成，最关键的还在于提高学术共同体成员自身的意识。

反对学术腐败与反对政治腐败有很多本质上相同的地方。在反政治腐败的工作中，党的十八届四中全会提出"形成不敢腐、不能腐、不想腐的有效机制",《关于新形势下党内政治生活的若干准则》再次强调,"着力构建不敢腐、不能腐、不想腐的体制机制",这成为中国共产党党风廉政建设和反腐败斗争的重要目标要求。建立不敢腐、不能腐、不想腐的体制机制,要通过治腐惩贪、制度建设、思想教育等措施和手段,多管齐下,综合施策。

上述这些做法和思路在预防学术不端的工作中同样适用。预防学术不端的目标可以大致分为"因制度而不能""因敬畏而不敢"和"因自觉而不想"这样几个层次。

首先,应当建立健全规章制度,建立严格有效的监督体系,从小事和源头入手,堵塞漏洞,防范侥幸行为,形成严格落实和坚决维护学术研究的伦理规范的氛围。

其次,对学术不端和失范行为零容忍,确保坚守底线。要加大惩戒力度,从撤销经费资助、撤回稿件、限制各种学术机会等方面作出各种惩罚。需要特别注意惩罚措施的及时、有效、到位——惩罚必须紧跟所惩罚行为而且保持前后一致才会有效,即惩罚措施需要一贯执行才可能起到好的效果。但在现实生活中,惩罚措施的落实并不理想。如果惩罚不及时,在延迟期间,因学术不端而获得的奖励便无意间加强了对行为者的激励。

最后,应当加强学术伦理教育。应普及相关规范,让进入学术共同体的新生力量一开始就牢牢树立遵守学术规范的意识,养成自觉和谨慎的习惯。

结束语

学术研究活动既要符合学者个体层面的"德",又要符合学术共同体层面的"善",还要符合社会层面的"理"。遵循人本道德,拒绝抄袭剽窃、数据造假等学术不端行为,追求研究的科学性,是进行学术写作的必备条件。就让我们从课程作业做起,严守学术伦理与规范,并将好习惯延续始终。

第三章 论文选题与文献综述

📖 开场白

从这一章开始,我们正式开始写作的第一步:选题、架构和文献综述。怎样选出一个好题目?论文的基本结构包括哪些?如何做好文献综述?相信本章的内容会给你答案。

一、论文选题

学术研究首先需要考虑的是选题,而选题往往来源于现有研究成果和待回答问题之间的差距。具体来说,如果试图解决的问题与现有知识、资料等难以直接连接起来,找不到现成的解决方案或者答案,那么就需要通过进一步的研究来填补空白。

科学的选题往往有两个评价标准:可测试(testable)和具有成功的可能性(likelihood of success):"可测试"是指研究所用方法和手段可以验证相关的想法和假设,使研究所关注的问题和最终得出的命题彼此衔接;"具有成功的可能性"是指研究想法越接近现实则成功的可能性越大。

找选题需要思考两个问题:一是想法来源的系统性,即想法具有或者不具有清晰的来源;二是想法产生的逻辑,即从一般到特殊的演绎或者从特殊到一般的归纳。

(一)系统性与非系统性来源

研究想法如果具有清晰的来源就被称为系统性来源(Systematic Sources),反之则为非系统性来源(Nonsystematic Sources)。

1. 非系统性来源

非系统性来源主要包括灵感(Inspiration)、意外发现(Serendipity)和日常生活事件(Everyday Occurrences)。

不知从何处而来、突然冒出来的想法叫作灵感,当然灵感也是需要积累的。灵感看似一种幸运,其实是留给有准备的人的,元素周期表的发现就是例证。做梦对所有人都很常见,门捷列夫完成元素周期表固然源于一个梦,但事实上是因为他天天思考、研究相关问题,试图寻找这些元素间的规律性和统一性,才会在科研进程中取得实质性突破。换言之,不可能每一个做梦者都成为著名化学家,长期的思考和实践才是其中的决定性因素。

意外发现是指"无心插柳柳成荫",也就是说,研究者最初的设想与实际的成果并不一致,但在研究过程中看到了某种现象或者事实,并进一步抓住了这些意外发生的事件或线索,获得了意料之外的发现。科学史上有两个比较典型的"意外发现":青霉素的发现和钩毛搭扣带的发明。

青霉素的发现就具有较强的偶然性:如果1928年夏天的天气不是凉快潮湿的,如果某个青霉孢子没有幸运地落在弗莱明的实验培养皿上,如果弗莱明对这个意外事件漠然置之,青霉素能否发现或者能否在20世纪40年代就造福人类,我们都很难假设结果。

与青霉素的发现类似,钩毛搭扣带的发明源于瑞士工程师乔治·德·梅斯特拉尔(George de Mestral)的意外发现。据说,这位工程师喜爱郊游与打猎,每当他从郊外回来后,常发现自己的衣服上粘着一些鬼针草(苍耳)的种子。除去这些种子很费事,但这个过程引起了他的兴趣。于是,他从衣服上取下一颗种子放在放大镜下仔细观察。他发现种子上的芒毛带有小钩子,正是这些小钩子抓住了衣服上的纱线。由此他突发奇想:如果布带上也有这些小钩子,它们就可以使布带相互搭接从而替代纽扣和拉链。在鬼针草种子的启示下,他经过 8 年的精心研究,终于设计出定型的产品,钩毛搭扣带由此问世。

除灵感和意外发现外,日常生活经验也是研究想法的非系统来源之一。我们在生活当中有很多经验,面对某一现象,人们希望理解为什么会是这样,这也可能成为一个科学问题。我们每天遇到的人或事都能成为一些潜在的研究问题。①

通过以下的例子可以更为直观地感受日常生活经验所带来的研究想法。受不同生活方式和文化习惯的影响,东西方个体的思维方式可能有所不同。比如对一件事情的归因,西方文化中的个体比较倾向于从个体特质角度解释,而东方文化中的个体比较倾向于通过环境影响因素去解释。还有一处差异就是对变化的认识。我们中国有句古话"物及必反",即对于发展良好的态势往往会有隐忧,而认为一直处于曲折状态的事情也许蕴含转机。而西方文化中的个体更多呈现的是直线型思维。在某次研究中,我们邀请中国的大学生和美国的大学生对不同的事件做趋势评估和预测,测试发现中国大学生和美国大学生对变化的感知存在显著差异,体现出两种日常生活经验及思维模式的差异。② 还有一项实验发现,处于不同阶段(恋爱、已婚)、不同性别的伴侣在一些冲突情境(休闲娱乐、日常消费、金钱支配、对待父母、共处时光等)中的行为反应不同,而性别差异比婚恋差异更明显和普遍。③ 这两个研究想法都与生活经验有关。

2. 系统性来源

如果研究想法可以还原为系统过程和思路,这种研究想法就被称

---

① Ji L J, Nisbett R E, Su Y. Culture, change, and prediction[J]. Psychological Science, 2001, 12(6): 450-456.
② Ibid.
③ 苏彦捷,高鹏. 亲密关系伴侣在冲突中的行为及其归因[J]. 北京大学学报(哲学社会科学版), 2005, 42(4): 122-130.

为系统性来源。针对某个问题,不同的学者往往会接续研究,过去的研究基础对于研究的推进极为重要。对于一个实验室或者课题组的新人来说,刚开始接触研究工作时,最常得到的建议就是读文献,即要求你对过去的研究成果有所掌握,任何一项既有研究必然根植于现有的学术话语体系中,不可能截然独立于现有研究。

例如,我们课题组曾经在布莱尔(Blair)研究范式的基础上,增加了权威去道德化和泛习俗化两组问题,考察孤独症和正常儿童对道德和习俗规则的判断,以及这种判断与他们的心理理解能力的关系。具体来说,布莱尔在一项研究中发现,孤独症儿童和正常儿童一样在道德任务和习俗任务上可以正确地做出区分,即在权威认可的情况下,习俗问题的答案可以变化,而道德判断不发生变化。但仔细分析,这似乎与我们的常识不符。习俗规范的形成是社会后天教化的结果,两类儿童对此都有所了解和掌握可以理解,但对道德情境的判断由于与善恶等心理状态有关,应该依赖个体的心理理解能力,而两类儿童的心理理解能力明显是不同的。为了化解这一疑问,我们改进了提问方法,比较孤独症儿童和正常儿童在心理理论任务、习俗任务、道德任务上的成绩,进一步考察心理理解能力和习俗、道德判断的关系。结果发现,孤独症儿童的"错误信念"①理解成绩不及正常儿童,两组儿童在道德判断上表现不同,而在习俗判断上的表现没有差异。结果提示,道德判断的确需要心理理解能力,而习俗判断则与训练和社会化有关。②

除了从既有研究文献中找到系统性研究想法的来源,获得研究想法还有一个重要的渠道,即听课和听讲座,也就是说学界内部的交流与探讨。例如,国外过去曾有"大五"人格理论:外向性、和悦性、公正

---

① 错误信念理解是研究儿童心理理论(心理理解能力)发展的一个任务范式,其成绩不佳意味着心理理解能力相对较弱。
② Blair R J R. Brief report:Morality in the autistic child[J]. Journal of Autism & Developmental Disorders, 1996, 26(5):571-579. 冯源,苏彦捷.孤独症儿童对道德和习俗规则的判断[J].中国特殊教育,2005(6):65-69.

性、情绪性、创造性;国内研究者通过系统的研究,提出了中国人人格结构的七因素理论("大七"人格理论),这七个因素为外向性、善良、行事风格、智慧、情绪性、人际关系和处世态度。在一次研讨会上,研究者提到"行为归类假设",即我们的行为谱是一样的,知识在加工分类时,将哪些行为归在哪一类中可能与文化、社会因素有关。比如,电影《刮痧》所讲述的故事就是这一观点的例证。电影中一个人因刮痧身上出现很多红印,国人基本上都会解释为刮痧的技师是为了病人好,而西方人可能会将这种行为归为伤害或者虐待。从研讨会中得到启发,我们提出基于动物研究的数据来帮助验证行为归类的假设。动物的行为是一样的,而谁去观察它们,如何描述和理解它们,会涉及不同的行为归类。于是,我们就有了通过研究动物的个性来探讨相关理论的想法。比如我们课题组探讨了宠物的个体差异即个性的结构,检验了人格结构的行为归类假设。宠物主人对宠物的描述维度与他们描述自己或他人的维度基本一致,说明了这种个体差异的结构也许反映了我们对其行为的归类加工。①

(二)演绎与归纳的逻辑推演

通过逻辑推演获得研究想法的过程主要有归纳(Inductive)和演绎(Deductive)两种途径。前者是从特殊到一般,主要包括案例研究、从矛盾事件中寻找可能的一般规律、从业者的经验分析、对意外事件的归纳等;后者是从一般到特殊,主要包括类推、应用功能或适应性分析、假设—演绎法、解释相互矛盾的结果、对例外情况的说明等。

1. 归纳法

案例研究是归纳法的一个类别,即根据对特定群体的仔细记录、观察提出假设,心理学中有关菲尼亚斯·盖奇(Pineas Gage)的案例研究就是最好的例证。事件发生于1848年9月13日。盖奇是一个铁

---

① 苏彦捷,郭振宇,李潜,王登峰.人格结构的维度与主人对宠物个体差异描述维度之间的关系[J].西南大学学报(人文社会科学版),2006,32(3):12-20.

路施工队的工头,在一次爆炸事故中,一把3英尺7英寸长的铁钎穿过他的头骨,落在他身后25码处。他休养了几个月后回到了工作岗位,但个性已经发生改变。在接下来的11年里,他一直从事照顾马匹等农场工作。1860年2月,他癫痫发作,并于当年5月21日去世。他去世后,科学家研究了他的头骨,重新构造了铁钎造成大脑损伤的路径和区域,以理解导致其个性改变的脑基础,并基于相关结果提出假设,同时收集更多的数据说明了与人格和个性相关联的脑结构和功能。这就是从特殊到一般的研究范式。

心理学中关于H. M.(一位著名被试)记忆的研究也是一个典型的归纳法的例子。为了治疗严重的癫痫,这位著名的被试被切除了颞叶的一些区域,这损伤了海马体等与记忆有关的重要区域。这起个案为许多关于记忆机制的研究提供了研究思路和研究假设。

2. 演绎法

演绎法的特点是从一般到特殊。演绎法的重点是从理论出发的推理分析。

进化心理学中关于"离婚理由"的研究就体现出演绎法的特点。从进化选择理论出发,男性会遇到"父系不确定问题",即在繁殖过程中不能肯定孩子是否为携带自己基因的个体,而女性关心的是找到一个能养活她以及孩子的男性,以最大限度地保证自己的基因传递。因此,如果妻子出轨(血缘关系的不确定性增加),男人更可能提出离婚,而丈夫的家暴行为则表明他对他的妻子和孩子来说不是一个好的供养者,妻子更有可能寻求离婚。[①]

无论是归纳法还是演绎法,都会涉及现有研究和最新研究结果之间的不一致,研究者需要解释相互矛盾的结果,并试图提出导致不同研究结论的理论解释。因此,针对同一个主题的研究有不同的发现很正常,已有研究与最新探索之间的差异也是研究想法的来源。例如,

---

① Cozby P C, Bates S. Methods in behavioral research [M]. 12th ed. New York, NY: McGraw-Hill, 2012: 236.

社会心理学家的早期研究表明,互联网使用可能加剧个体的孤独感,最新研究则揭示互联网使用在促进社交互动、缓解孤独感方面具有积极作用。为了解释相互矛盾的结论,研究人员就需要厘清互联网使用、孤独感和社交互动等变量之间的关联机制,而这自然也就引出了新的研究问题。

由于我们面临的很多科学问题非常复杂,常常会遇到研究结果不一致甚至相互冲突的问题。比如,心理学研究中存在著名的莫扎特效应(Mozart Effect)。这一效应指的是持续听音乐特别是莫扎特的作品一段时间后,能够有效提升个体的空间推理能力。1993年,《自然》杂志刊登了加利福尼亚大学欧文分校的心理学家弗朗西斯·H. 劳舍尔(Frances H. Rauscher)和她的同事们的一个发现①:听莫扎特的音乐可以增强大学生的三维空间分析能力。通过倾听莫扎特的K. 448号D大调双钢琴奏鸣曲,可以强化学生的认知能力。同时,听莫扎特的音乐会使学生在美国大学入学SAT考试中获得高分。更有甚者,有些评论家称莫扎特的音乐具有提高儿童智力水平的魔力。然而,也有学者提出了不同事实和观点。我们不是要评判这类工作的是非得失,而是想举例说明:在研究结果相互矛盾的时候,如何从中得到研究想法,增进对相关内容的理解。

电子科技大学生命科学与技术学院教授尧德中及其团队将100余只大鼠分成不同组做了系列实验②,不仅播放莫扎特K.448号乐曲,而且播放"反向莫扎特"乐曲(通过把莫扎特K.448号乐曲的音符以相反序列排列所得)。此外,课题组还将"巴赫乐曲"和"反向巴赫乐曲"作为对照,这些音乐的物理元素是相同的。实验检测了大鼠听音乐后在不同时间点和学习、记忆相关的神经因子水平的变化,以及音乐对大脑新生神经元的影响,实验结果均支持莫扎特效应的存在。但是,

---

① Rauscher F H. Music and spatial task performance: A causal relationship[J]. Nature, 1993(365): 611.

② Xing Y, Xia Y, Kendrick K, et al. Mozart, Mozart rhythm and retrograde Mozart effects: Evidences from behaviours and neurobiology bases[J]. Scientific Reports, 2016(6): 18744.

在实验中,研究人员通过改变莫扎特音乐的节奏或音高成分,发现保留节奏成分的音乐可产生与莫扎特音乐类似的效果,而仅保留音高成分的音乐则没有明显效果。这说明,节奏成分可能是莫扎特效应出现的关键因素。

学术研究和写作的选题因为不同学科的差异可能在路径选择和选题来源上有所区别,对选题的判断一方面要考虑上一章谈到的伦理法则,另一方面要考虑理论意义、实践价值以及可行性。

二、学术写作

在第二章中,我们对学术写作的原则和规范进行了阐述。下面我们将具体说明论文的要素和主要内容。

一般而言,学术论文质量评判主要包括以下几个方面。首先是对论文整体的评判,即论文是否清晰陈述了本项研究的意义,对于相关问题的研究是否推动了学术理论认识的进步或者现实工作的进展。其次是看论文在现有工作基础上有哪些创新之处和学术贡献。再次是对一些具体内容的评判,如研究方法和实验逻辑的合理性、实证数据收集和处理的得当性以及写作的规范性、内容的可读性和提供的信息量等。最后是评判参考文献、署名与致谢等细节。

(一)论文的结构与要素

论文的基本要素包括前置部分、主体部分以及附录和补充材料。各部分的主要内容分别是:

1. 前置部分

一般会要求呈现论文的题名(标题)、作者署名、摘要、关键词等。

(1)论文标题。

论文标题通常要求直接、具体、醒目,能够恰当总结论文内容,一般是简明的词语组合。一般来说,中文论文对题目有字数限制,比如要求 25 个字以内或 20 个字以内,如果觉得很难囊括内容,可以采取正副标题的方式,主标题是核心议题,副标题作必要说明。

标题有可能在开篇前确定,如命题作文,也有可能在写作完成之后才确定。无论哪种情况,都需要不断斟酌、调整和完善。一个恰当的标题有助于增强读者兴趣、获取编辑的认可以及评审人的正面评价。在确定论文标题的时候我们需要注意的问题如下:

第一,力求题目与内容相符。需要避免两极化现象:一种情况是题目过大,论文内容不足以支撑题目所涉主题;另一种情况是题目过于狭小,无法涵盖文章所有内容。因此应当注意把握好文题关系,做到严谨、实在。特别是刚开始学术写作的时候,应循规蹈矩,熟悉学术规范和规则,积累了一些经验之后再考虑题目的新颖性。

第二,主标题与副标题的搭配与呼应。

在主标题与副标题的设置中,主标题是核心,文章重点应该通过主标题呈现。副标题作为对主标题的补充或者说明出现。切忌随意设置副标题,尤其要避免副标题大于主标题的情形。

第三,题目中的用词。

学术写作讲究简洁、准确,题目更是如此。由于题目往往有字数限制,所以更需注意在一定程度上"惜字如金"。在题目中应避免连用同义词、近义词:如"××分析研究""××研究探讨"中的"研究"不用写,因为任何学术论文都是研究性的文章,而且"研究"与"分析""探讨"等词属于近义词,重复使用只会带来信息阅读累赘。

在论文写作中,如果内容比较多,常常需要在正文论述中设置不同层次的标题,以便明确论文的内容结构,标记逻辑递进关系。其中,需要注意几点:首先,通过小标题划分的层次应当与论述的逻辑保持一致,每一层级上的并列内容应在一个逻辑维度上。其次,层次不宜超过 4 级,过多的层次会导致文章内容分散,核心观点和逻辑结构也会显得比较凌乱。最后,层次标题的写作一般采用短语形式,不宜采用完整句子表达,最好不使用标点符号。

（2）作者署名。

署名意味着贡献和责任，一旦署名就要承担责任，许多期刊要求标注通讯作者，通讯作者的实质作用就是出问题时承担责任。不同学科的署名规则也有所不同。比如，有的学科以姓氏笔画排序，姓"安"或"白"总会排在姓"王"或"张"的前面。但是，在实验科学领域，署名顺序常常以实验方案、实验操作以及文章写作中的贡献度排序，所谓的通讯作者往往是实验总体方案的负责者、实验条件的提供者以及理论框架的把控者。

目前，某些学术失范和不端问题就与作者署名有关，比如列出没有实质性与工作的人员姓名，在署名前没有征求本人同意，或者所有作者对论文没有进行最后确认，等等。

（3）摘要和关键词。

摘要和关键词需要提炼论文的核心内容。摘要通常会包含四个要素：目的、方法、结果和结论。有些医学学科的摘要是结构性的，要求作者在提纲式结构中填写相应内容，大多数摘要需要用一个自然段的篇幅将上述四个要素表达出来。学术期刊、杂志上的论文摘要一般不分段，字数都较为有限，如中文摘要一般为200—400字，外文摘要一般不超过250个实词（具体字数要求需要参考和遵循期刊、杂志的惯例或者投稿须知）。而学位论文依据篇幅会有相应的规定和要求，可以参考教学培养机构、大学或研究生院的具体要求。其中的文字表述通常用第三人称，避免使用"本人""我们"等陈述性主语。

论文摘要之下一般会罗列关键词。所谓的关键词通常是指3—5个能够反映论文主题的词或词组，具有检索意义。罗列关键词的目的在于便于读者检索，我们在一开始接触一个新的学术主题或者领域的时候，一般会用关键词查询相关文献。所以，我们在确定关键词时应当以便于读者检索和查找为主要标准。

2. 主体部分

主体部分是论文的核心，通常包括引言（前言）、正文、结论、参考文献和致谢等。

引言作为开头，往往包括以下内容：梳理文章所涉及主题的概念发展和探索工作的历程，以及介绍这一主题在相应研究方向中的地位。基于不同性质的内容和论证，论文可以从选题依据、研究基础、背景和研究目的等开始，综述必要的已有工作和文献，梳理问题提出和解决路径的简要发展历程等。

正文是论文的核心部分，要对引言中提出的问题和提到的论点加以详细的分析和解读。正文的论述可以以两种形式展开。一是将研究的全过程作为一个整体，横向展开，对其中涉及的相关方面分别作说明和综合性论述。二是将研究的全过程按研究历程纵向展开，将其划分为几个阶段，对每个阶段的成果依次论述。

结论部分是论文经过分析、推理、判断、归纳后形成的观点。结论要具有完整、准确、鲜明等特征，突出新见解，避免重复正文标题或者重复结果。从结构上的逻辑关系来看，结论应当在层级上高于结果，要解释研究结果说明了什么问题，对之前的工作做了哪些修正、补充、发展、证实或者否定，还可以包括下一阶段研究工作的关键点和方向。

结论之后的"致谢"有别于文中的引用（引用本身也是致谢），内容包括但不限于感谢项目支持经费提供方，或者致谢提供想法、参与讨论、从事辅助工作的人员等。

在文章中对既有研究成果任何形式的引用都必须注明出处，参考文献就是引用的主要形式。引用参考文献的规范程度往往是判断学术训练成熟度的重要标志之一。在呈现参考文献时，需要注意编排方式。不同的出版单位或期刊往往有不同的要求，主要有著者—出版年制、顺序编码制以及文献—注释制三种呈现方式。不管具体要求如何，底线是对既有文献任何形式的引用必须注明出处。

参考文献的具体格式和体例将会在第四章中加以详细介绍。写作者应尤为关注对自引与转引的恰当处理。自引，即引用自己先前已发表的研究成果，同样需明确标注，这是有效引用的一部分。而对于非直接源自原始资料的引用情况,即转引,则需采取特定措施以示区分。具体而言,可在注释前添加"参见"二字,或在提及作者及年份的同时,明确指出"转引自"某文献,以此区分一手文献与二手文献,便于读者识别和检索,这也是学术规范的要求。

3. 附录和补充材料

如果正文的篇幅有限或者有些内容、材料是对主要观点的原始佐证和说明,可以将其放入文后的附录中,如果包括多项内容,可以标明序号,以方便读者查看和参照。

三、文献综述

(一)什么是文献综述

文献综述(Literature Review)是对相关文献的审视概述(survey)、概论纵览(overview)。通常需要以书面文字或者口头陈述的形式完成文献阅读报告。这类文献综述是在广泛阅读和理解某研究领域文献的基础上,对该领域研究成果的综合和思考。

文献综述是研究选题确定前后的必要工作,它本身也是一种学术文体:对文献的综合叙述。准确地说,它是对于一个特定领域和研究主题相关研究的整合、分析与评论。文献综述能帮助我们了解特定领域的前期积累,避免重复前人已有的研究。但文献综述如果只是将相关材料"堆砌"起来,或者对研究问题产生的背景和来龙去脉进行背景描述(Background Description)则远远不够,它应当对学术观点和理论方法进行梳理,进行批判性思考和评论性归纳,这样才能帮助我们在既有研究的基础上实现知识进行更新。文献综述要求作者既要对所查阅资料的主要观点进行综合整理和陈述,还要根据自己的理解和认识,对综合整理后的文献进行比较全面、深入、系统的论述与评价。

文献综述的目的就是为读者勾勒出一幅所关注的研究领域的全景图,包括但不限于以下内容:这一主题领域发展演变至今的过程;是否呈现出某种发展规律和趋势;是否存在某些争议;是否达成某种共识;在发展历程中,哪些著作或者文献被公认为经典,又有哪些具有里程碑意义的突破和进展。上述内容侧重总结已有文献成果,接下来需要思考和回答如下问题:这一主题领域是否存在需要修正的观点或者研究空白;目前的理论解释、研究方法和论证过程中是否有矛盾和需要澄清的地方;进一步的研究工作和探索要做哪些铺垫和准备。对这些核心要点的分析,既有助于梳理文献的逻辑,也能联结当下的综述主题。

(二) 文献综述的过程

做好文献综述需要查阅文献和撰写报告。

查阅文献需要掌握一定的文献检索尤其是数据库使用的技巧。需要交代的是,文献综述也可以直接参考已有的相关综述,这样能让我们用较少的时间和精力对某个专题的内容、意义、历史、现状及发展趋势等形成比较完整、系统、明确的认识。同时,质量较高的综述(尤其是那些特邀综述)有助于我们检索文献,这些综述后面所附的参考书目等是一种独特的"信息检索系统"。利用参考文献采用回溯检索和循环检索的方法,可获得成千上万篇文献资料,并可实现在检索工具缺乏情况下的"滚雪球式检索"。

对文献资料的选择需要尽量全面并学会取舍。那么,究竟要关注哪些文献呢?一般来说,除了主题相关度以及具体内容外,还需要阅读经典文献和代表性文献。要做到这一点,除了向老师和学长咨询、请教,还可以考虑本领域和相关主题的重要期刊,引起大家关注并被广泛引用的文章通常值得关注。同时,需要关注代表性人物的研究成果。在关于某一主题的综述中,忽视代表性人物的研究成果的文献综述是很难令人信服的。此外,还需要兼顾中外学者的工作积累,偏重任一部分的文献综述都是不完整的。

撰写文献综述的过程,是组织各方信息、正确表达思想的过程。在写作中,有一些具体的策略和方法可以尝试使用,比如按照研究的进程和发展的历程,将积累的资料加以整理,描绘出相关专题的历史、现状和发展趋势。或者,可以把各方观点按照主题加以分类,把相似的看法与相互竞争的观点进行对比、分析。

参考《怎样做文献综述:六步走向成功》一书中提供的"文献综述的六步模型"①,可以将文献综述的写作分为六个部分。

1. 选择主题

这是文献综述的第一步,即提炼出研究问题。具体程序是根据研究者的兴趣,聚焦并将感兴趣的问题具体化,选择研究的角度和切入点,初步确定研究主题。

2. 文献搜索

这是指选择需要阅读的文献。一方面可以利用各种中英文数据库,通过关键词、重要作者、重要专业期刊等进行文献检索。从文章题目、摘要等开始浏览,确定需要细读、精读的文献。在这一过程中,进一步精炼研究主题。

阅读全文文献可以分为两步:全文快速阅读和精读重点内容。在阅读过程中,要随时做好笔记备忘,主要记录文章的重要观点、方法以及所思所想。可以利用一些文献管理工具,进行分类管理,以备后续的查找和参考文献整理,这也有助于避免因找不到原始材料或备注遗漏而导致可能的"抄袭"。

3. 展开论证

论证包括提出论点、提供论据,并形成完整的逻辑论证链条。在论证过程中,需要考虑论断的可接受性。为了增强论断的可接受性,我们应当列举和陈述与主要论点直接相关的事实、资料;提供的理由要有足够的说服力;要加强证据与观点的逻辑联系;陈述要清晰、准确;文字表达要通畅,以减少理解障碍。

4. 文献研究

对文献的具体分析,可以采用经典的质性分析,也可以借助一定

---

① 劳伦斯·马奇,布兰达·麦克伊沃. 怎样做文献综述:六步走向成功[M]//高惠蓉,陈静,肖思汉,译. 2版. 上海:上海教育出版社, 2020:序言 2-3.

的软件工具进行量化分析，或采用数据聚类和相互联结的图表来呈现。

对文献进行元分析（医学领域常称为荟萃分析）越来越成为文献研究的方法和手段。整理和筛选文献、寻找重要的编码变量、汇总统计相关数据，常常可以帮助我们找到进一步研究的核心和变量。

5. 文献评判

对既有文献的理解要具备批判性思维（或者称评判性思维），具体的逻辑论证原则和常见错误会在本书后面的章节中详细说明。当然，对文献进行评判的前提是阅读文献。

阅读分为粗读和精读。其中，粗读重点是阅读摘要和结论，判断内容的相关性、可靠性、代表性，而选用的重要文献要进行精读，以了解其目的、方法、结果、结论和主要观点。

在粗读和精读的基础上，要做好分类与归纳，即根据主要结果、结论、观点等内容进行分类与归纳。之后便是拟定分析与写作提纲，具体来说就是确定论证方法，安排层次结构，整理出写作提纲。提纲的重点是确定前言的内容和正文的各级标题，把相关的文献标明和记录在相应的标题之下。在这些工作做好后可以进行检查、调整、补充：主要看资料是否充分，观点与材料是否一致，各部分是否相对平衡等。

6. 综述撰写

综述撰写有助于自我反思，增进对自己所关注主题的理解。

在综述写作中，应不断复习和确认读书笔记和备忘录，按照大纲设计，初步搭建论文稿件内容。之后经过不断修改、补充、调整和完善，直至最后定稿。

文献综述写作可以帮助读者了解相关领域的发展状况。要达到这一目的，我们还需要不断地从读者的角度，检查所写内容的可理解性。

（三）文献综述的格式

文献综述的格式与一般研究性论文的格式可能有所不同。其中，研究性论文注重研究的方法和结果,文献综述则要求向读者介绍与主题有关的详细资料。

1. 结构和内容

文献综述的格式多样,一般包含四部分:前言、主体、总结和参考文献。

撰写文献综述时可按这四部分拟写提纲,再根据提纲不断填充内容。

第一,前言部分的作用主要是破题。点题,说明文献综述写作的目的和意义,介绍重要概念、定义和综述范围,说明资料来源,简要说明所关注主题的历史背景、发展过程、现状、争论焦点、应用价值和实践意义等,为读者顺利进入对正文主体的阅读和理解奠定基础。

第二,主体是文献综述的核心。主要内容包括:研究意义;概念、定义以及对相关理论基础;主要关注问题的源起、背景、现状及其可能的发展方向;研究方案、技术手段、已经得到的一些结论以及对相关问题的比较和分析;发展趋势;值得深入研究的方向;对应用前景的预测。

由于文献综述是对研究过程的梳理,所以对主体内容的介绍通常会分为历史发展、现状分析和趋势预测三个部分。历史发展常常以研究时间为线索展开,可以将研究历程分成几个阶段,梳理各阶段的发展脉络,评述体现各个阶段研究水平的里程碑式的成果和突破。而对现状的分析,可以介绍国内外的研究现状以及现在比较有影响的各派观点等。最后是对这一主题的发展趋势展望和预测,可以包括目前的研究水平、学界已经看到的和潜在的危机及问题、进一步推进的可能路径和思路、对不同视角的分析,以及你的想法等。

主体部分的历史发展脉络可以按照文献发表的年代顺序综述,也可以按照问题的不同方面、不同层次,或按不同的观点进行比较综述。不管用哪一种方式综述,都要将所搜集到的文献资料进行归纳、整理及分析、比较,阐明引言部分所确立的综述主题的历史背景、现状和发展方向,以及对这些问题的评述。应特别注意代表性强、具有科学性和创造性的文献。

可以用若干个小标题分别论述。主体部分的层次标题应简短、明了，以15个字为限（具体字数依据不同学科的习惯和规范可能有所不同），不用标点符号，其层次的划分及编号可以使用阿拉伯数字或者其他分级编号法（不含引言部分），一般设置两到三级，最多不超过四级。

所插入的图表应精心选择，图表要具有自明性，勿与文中的图表重复。图的下方应注明图序和图名。表格要精心设计，结构简洁，便于理解。很多学科（比如心理学）的写作规范中要求表格采用三线表的形式，可适当加辅助线，但不能用斜线和竖线。表格上方应注明表序和表名。

引用和评述。正文主要包括论据和论证两个部分。主体部分要充分体现引用和评述，引用即为论据，而评述是论证的过程。可以通过比较不同学者对同一问题的看法及其理论依据，进一步阐明问题的来龙去脉和作者自己的见解。也可以从问题发生的背景、现状和发展方向等角度总结不同文献的观点，进而引出值得深入研究的方向。

第三，总结部分。这一部分需要对正文部分作扼要总结，对各种观点进行综合评价，提出自己的看法，指出存在的问题及今后发展的方向和展望。

第四，参考文献是综述的重要组成部分，可体现作者阅读文献的广度和深度，其数量不同期刊有不同的要求。除了经典研究文献和标志进展的关键文献之外，一般应以3—5年内的最新文献为主。

文献综述写作中做到逻辑清晰至关重要。要检查文献综述中的逻辑，可以将提纲放在第一页，把提纲列出来就可以很容易地看出层级是否符合逻辑；列出写作提纲也可以帮助我们顺利完成写作。提纲的内容通常包括：确定研究意义和选题背景；厘清研究的理论基础；选取实证实验数据；处理数据与建立模型；分析结果和讨论；提炼研究结论；等等。

2. 常见问题及其解决

文献综述中有三个方面的常见问题需要注意：文献罗列、自说自话以及照搬其他已有综述。

（1）文献罗列。

文献罗列是指缺乏组织,只是一段一段地平铺直叙不同的研究。比如在进行概念介绍与界定的时候,每段都以"×××学者××××年提出……",或者"×××学者认为……×××学者认为……×××学者认为……"为开头,既没有看到任何作者的思考和组织,也无法让读者了解概念演变的过程。因此,在做文献介绍时,建议归纳和总结概念的核心思想以及共同观点,分析存在不同表述的原因。如果对概念有不同的界定,可以讨论这些界定的思路,探究不同思路的合理性。如果将这些概念视为不同观点,就说明这样做的理由,以及借鉴意义。可以具体阐述这些概念在本质上的区别是什么,分别从什么角度切入,是否有被广泛接受的定义等。最后,可以写出自己比较认可的观点或者提出自己的概念。

总结起来,综述写作需要围绕自己所研究的问题,对相关的文献进行有机的归纳和总结,有时还需要在总结和归纳的基础上作出评价。要依据文献演进的内在逻辑,清晰地推导出研究问题。

（2）自说自话。

自说自话主要是指写作者刚进入一个领域,看了一些文献就开始综述写作,这时对这一领域的把握比较有限,容易陷入自说自话的境地,说服力往往也比较弱。

刚开始练习文献综述写作时,如果对文献的整体把握和理解有限,容易出现的一个问题就是对相关文献难以分出轻重,眉毛胡子一把抓,把重要的文献和一些相对边缘的文献混在一起,给读者的感觉是缺乏权威性。这也是一些重要期刊通常更愿意邀请本领域资深研究者撰写综述类文章的原因。

为了尽快深入相关主题,前文建议过一些文献选择的方法:重要作者、重要期刊、重要理论及其提出者等。为了弥补质性分析的不足,新手可以利用定量分析手段,用更多客观的数据(如元分析中的各种指标)对文献资料进行充分挖掘和展示,之后再进行质性和定量分析相结合的系统文献综述。

（3）照搬其他综述。

如果在写作过程中发现一篇类似的文章,研究问题和当前要做的研究很相似,切忌直接引用这篇文章中的文献综述。

正确的做法是查找原始文献,查看原始文献中哪些学者进行了研究,或者查找针对每一个因素都有哪些具有代表性的文献,其后对这些文献进行总结,重新加以整合。或者寻找不同的角度和切入点,重新梳理文献呈现的逻辑,围绕自己感兴趣的要点展开说明。

3. 写作练习建议

与其他学习过程类似,学术写作也需要不断练习。这里给出一些具体建议。

第一,学术写作应开门见山,言简意赅,突出重点。在写作过程中,也要警惕教科书式写法,避免过多叙述同行熟知的常识性内容,确有必要提及他人的研究成果和基本原理时,或简单小结,或只需以参考文献的形式标出。在回顾历史时,不宜面面俱到,写作内容要紧扣文章主题,围绕主题、主线介绍背景,用几句话概括即可。在提示论文所用的方法时,不要求写出方法、结果的具体内容,一般不需要展开讨论。

第二,学术写作要遵循尊重科学、实事求是的原则。论文写作有别于其他文体写作,应当相对客观,综述已有的研究成果和评价已发表论文的价值时要恰如其分,用词要科学、中肯,避免出现以下词语："国内首创""首次报道""填补空白""有很高的学术价值""本研究内容国内未见报道"或"处于国内外领先水平"。此类拔高和自吹式表达不符合学术研究应有的客观性和严谨性要求。相应地,"才疏学浅""水平有限""恳请指正""抛砖引玉"等过多流露个人情感的表述也不宜使用过多。

第三,为了确保正确而有效的思想交流,需要严格而精确地使用术语,恰当地表述命题和作出判断,合乎逻辑地推理和论证,清楚而有条理地呈现论据,以完成有效的信息交流和观点陈述。

第四,还有一些形式方面的要求或者惯例需要注意,例如,前言部分最好不要分段论述,不要放入插图、列表,不进行公式推导与证明等。再如,论文需要有一定的篇幅,以反映工作量的饱满,除了总结文献信息之外,还可以尝试使用质性研究和定量分析相结合的途径丰富文献综述的内容。定性研究方法是社会科学领域(如人类学、文学、史学、政治学和社会学等)常用的研究方法。它通过运用一种特殊的技术既可以了解事物的一般现象,又能获得定量研究方法无法得到的信息,如人们的想法、动机和感受等深层次的内容。定性资料分析运用的是归纳法,即通过整理、分析资料得出假说或理论。如果说量化研究解决的是"是什么"的问题,那么质性研究解决的就是"为什么"的问题。还可以引入对文献的量化分析,将文献及其所关注的现象用数量来表示并描述相关规律。

学习学术论文写作,首先要学会进行扎实的文献综述,在认真梳理文献的基础上,提炼要点,清晰逻辑,规范文字表述和呈现方式,并保证论证的结构完整,这可以帮助我们迈出学术写作和表达的第一步。

当然,遵循学术规范不只体现在文献综述部分,而是应当贯穿于学术写作与表达的全过程。很多年前,有一部名叫《废品的报复》的喜剧片。影片的男主人公是一家制衣厂的纽扣工,经常为求快而粗糙地为各类服装钉纽扣,后来他穿了自己工厂生产的服装去见心仪的女孩子,结果不争气的纽扣一颗颗从裤子上掉下来,惹得众人哈哈大笑,他自己也懊悔不已。这个影片说明的道理或许可以应用于每一个人的学术生涯,即自己生产的"废品"最终会"报复"自己,工业制品是这样,学术成果也是如此。希望大家从一开始就养成良好的学术研究和写作习惯,认真对待自己的"产品",不要生产"废品"。

结束语

论文题目的来源分为系统性与非系统性两种,可以从灵感、意外发现和日常生活事件中偶然获得,也可以基于对已有研究成果的掌握继续推进某项研究。演绎法与归纳法正是系统性选题的两大思维方法。一篇完整的论文包括前置部分(标题、作者署名、摘要和关键词)、主体部分(引言、正文、结论、致谢、参考文献)、附录和补充材料等三部分,每个部分都有其规范。在做文献综述时,要注意全面检索、有序整理,并融入自己的评判和观点,不能照抄了事。祝贺你完成了对论文组织的初步学习!下一章我们将重点学习参考文献的相关内容。

第四章　参考文献与文献利用的学术规范

📖 开场白

写作学术论文时,参考文献部分也很重要。它千头万绪,给初涉学术写作的同学们带来不少困惑。什么是参考文献?不同类型的参考文献分别有怎样的著录格式?我们可以通过哪些科技手段协助整理参考文献呢?"查重"也是论文完成后必不可少的环节,又有哪些数据库支持论文相似性的检测呢?本章将为你详细讲解。

一、参考文献

(一) 参考文献的定义

对于"什么是参考文献"的问题,我们通常会使用 GB/T 7714—2015《信息与文献　参考文献著录规则》对参考文献(reference)的定义来回答,即参考文献是对一个信息资源或者其中一部分进行准确和详细著录的数据,位于文末或文中的信息源。其中,阅读型参考文献(reading reference)是指著者为撰写或编辑论著而阅读过的信息资源,或供读者进一步阅读的信息资源;引文参考文献(cited reference)

是指著者为撰写或编辑论著而引用的信息资源。① 在英文中,一般使用"reference"一词表示参考文献。《新牛津美语词典》中指出,"reference"可以表示提及或暗示某事的行为、在书中或文章中提及或引用信息来源的行为、在书中或文章中提及或引用的书或段落等。②

与"reference"相关的概念还有"citation"和"bibliography"。"reference"是指在文末写出的来源清单,内容包括作者、书名、出版日期或页码等信息。"citation"是指在文中提到的观点的来源,它告诉读者作者的想法和信息是从哪里来的,内容包括作者姓名、出版日期或页码等信息,可译为"引文"。例如"自 1117 年以来,中国已经完成了将葡萄酒加热并进行保存的过程(Hornsey, Spencer & Bacon, 2003)"③。"citation"中注明的所有文章信息都需要在"reference"列表中给出,"reference"提供了关于文章中资料来源的更多细节。"bibliography"是指一份列明了相关书籍的清单,无论是否明确引用,如果作者认为曾经查阅过并对自己的作品有用或相关,就可以记录下来。"bibliography"通常作为附录(appendix)出现,可译为"参考书目"。

(二)参考文献的作用

科学技术以及科学技术研究工作都有传承性,我们的研究主要是基于前人研究成果或研究工作的继续和发展。因此,科研工作离不开文献检索,而在进行文献检索后就涉及参考文献的引用与说明。

参考文献作为论文重要的组成部分,对于作者的意义尤为重大。首先,参考文献可以反映论文作者的科学态度,以及论文的科学依据的真实、广泛程度,提高科研效益。具体而言,这个意义包括展示研究背景、确定研究起点、提供研究支持、发现问题以及推动新的研究。其次,列出参考文献表明论文作者对他人劳动成果的尊重和对知识产权

---

① 全国信息与文献标准化技术委员会.信息与文献 参考文献著录规则:GB/T7714—2015[S].北京:中国标准出版社,2015.
② The New Oxford American Dictionary[M].Oxford:Oxford University Press,2001:1431.
③ Hasa.Difference between citation and reference[EB/OL].(2016-05-09)[2020-05-10].https://pediaa.com/difference-between-citation-and-reference/.

的保护,可以避免抄袭、剽窃他人成果的现象发生。此外,参考文献有利于精练语言和节省篇幅,论文中需要表述的某些内容,凡已有文献所载者不必详述,只在相应之处注明见何文献即可。对于读者而言,能够通过参考文献清楚论文之间的引证,方便检索和查找有关图书资料,进而获取有价值的信息。对于期刊而言,文献的引用也是评价其质量和水平的重要指标。

参考文献的引用是否科学、严谨,是判断学术论文学术水平的重要指标。因此,我们在写作学术论文时有必要列出明确的、完备的、符合规范的参考文献,这样既能够促进学术论文质量的提升,也是个人良好科学态度和学术品质的体现。

二、参考文献著录规则

参考文献是学术论文的重要组成部分,既表明对他人学术成果的引用与尊重,又体现学术的严肃性与可信度。在实际的写作过程中,参考文献数量较多、格式多样,因此需要统一的参考文献著录规则来规范。我国高度重视对参考文献的规范要求,1987年出台了第一个国家参考文献著录标准GB/T 7714—1987《文后参考文献 著录规则》。随着科技文化事业的不断发展,参考文献著录规则的国家标准经历了新的修订,2005年发布了GB/T 7714—2005《文后参考文献 著录规则》,2015年发布了GB/T 7714—2015《信息与文献 参考文献著录规则》。《信息与文献 参考文献著录规则》是中华人民共和国国家质量监督检验检疫总局和中华人民共和国国家标准化管理委员会联合发布的一项专门供著者和编辑编撰参考文献使用的国家标准。它规定了各个学科、各种类型信息资源的参考文献的著录项目、著录顺序、著录用符号、著录用文字、各个著录项目的著录方法以及参考文献在正文中的标注方法。该标准于2015年5月15日发布,2015年12月1日正式实施。本章将以此规则为例,为大家介绍参考文献著录规则。

（一）文献类型和标识代码

表 4-1　文献类型和标识代码

参考文献类型	文献类型标识代码
普通图书	M
会议录	C
汇编	G
报纸	N
期刊	J
学位论文	D
报告	R
标准	S
专利	P
数据库	DB
计算机程序	CP
电子公告	EB
档案	A
舆图	CM
数据集	DS
其他	Z

表 4-2　电子资源载体和标识代码

电子资源的载体类型	载体类型标识代码
磁带（magnetic tape）	MT
磁盘（disk）	DK
光盘（CD-ROM）	CD
联机网络（online）	OL

(二) 著录细则

1. 主要责任者或其他责任者

（1）个人著者采用姓在前、名在后的著录形式。欧美著者的名可用缩写字母，缩写名后省略缩写点。欧美著者的中译名只著录其姓；同姓不同名的欧美著者，其中译名不仅要著录其姓，还需著录其名的首字母。依据 GB/T 28039—2011[①] 有关规定，用汉语拼音书写的人名，姓全大写，其名可缩写，取每个汉字拼音的首字母。

示例1：徐霞客　　　　　　原题：(明)徐霞客

示例2：CURIE M　　　　　原题：Marie Curie

（2）著作方式相同的责任者不超过3个时全部照录。超过3个时著录前3个责任者，其后加","等"或与之相应的词。

示例1：印森林，吴胜和，李俊飞，等　　　原题：印森林　吴胜和　李俊飞　冯文杰

示例2：BATES M, BROWN D, FLETCHER J, et al.

原题：M. Bates, D. Brown, J. Fletcher, S. Price

（3）无责任者或责任者情况不明的文献，"主要责任者"项应注明"佚名"或与之相应的词。凡采用顺序编码制组织的参考文献可省略此项，直接著录题名。

示例：Anon, 1981. Coffee drinking and cancer of the pancreas[J]. Br Med J. 283(6292)：628.

（4）凡是对文献负责的机关团体名称，通常根据著录信息源著录。机关团体名称应由上至下分级著录，上下级间用"."分隔，用汉字书写的机关团体名称除外。

示例1：中国科学院物理研究所

示例2：Stanford University. Department of Civil Engineering

---

① 由中华人民共和国国家质量监督检验检疫总局、中国国家标准化管理委员会发布的中国人名汉语拼音字母拼写规则(The Chinese phonetic alphabet spelling rules for Chinese names)。

2. 题名

题名包括书名、刊名、报纸名、专利题名、报告名、标准名、学位论文名、档案名、舆图名、析出的文献名等。题名按著录信息源所载的内容著录。具体著录要求如下：

（1）同一责任者的多个合订题名，著录前3个合订题名。对于不同责任者的多个合订题名，可以只著录第一个或处于显要位置的合订题名。在参考文献中不著录并列题名。

示例：大趋势　　原题：大趋势 megatrends

（2）电子资源既要著录文献类型标识，又要著录文献载体标识。

（3）其他题名信息根据信息资源外部特征的具体情况取舍。其他题名信息包括：副题名；说明题名文字；多卷书的分卷书名、卷次、册次；专利号；报告号；标准号；等等。

示例1：世界出版业：美国卷［M］

示例2：信息与文献—都柏林核心元数据元素集：GB/T 25100—2010［S］

3. 版本

第1版不著录，其他版本说明应著录。版本用阿拉伯数字、序数缩写形式或其他标识表示。古籍的版本可著录"写本""抄本""刻本""活字本"等。

示例：3版　　原题：第三版

4. 出版项

出版项应按出版地、出版者、出版年顺序著录。

（1）出版地

出版地著录出版者所在地的城市名称。对同名异地或不为人们熟悉的城市名，宜在城市名后附省、州名或国名等限定语。

示例：Cambridge, Eng.

文献中载有多个出版地，只著录第一个或处于显要位置的出版地。

示例:北京:科学出版社,2013　原题:科学出版社 北京 上海 2013

无出版地的中文文献著录"出版地不详",外文文献著录"S.l.",并置于方括号内,无出版地的电子资源可省略此项。

示例1:[出版地不详]:三户图书刊行社,1990

示例2:[S.l.]:Macmillan,1975

(2)出版者

出版者可以按著录信息源所载的形式著录,也可以按国际公认的简化形式或缩写形式著录。

示例:IRRI　原题:International Rice Research Institute

文献中载有多个出版者,只著录第一个或处于显要位置的出版者。

示例:Chicago:ALA,1978　原题:American Library Association/Chicago Canadian Library Association/Ottawa 1978

无出版者的中文文献著录"出版者不详",外文文献著录"s.n.",并置于方括号内。无出版者的电子资源可省略此项。

示例:哈尔滨:[出版者不详],2013

(3)出版日期

出版年采用公元纪年,并用阿拉伯数字著录。如有其他纪年形式,将原有的纪年形式置于"( )"内。

示例:1947(民国三十六年)

报纸的出版日期按照"YYYY-MM-DD"格式,用阿拉伯数字著录。

示例:2013-01-08

出版年无法确定时,可依次选用版权年、印刷年、估计的出版年。估计的出版年应置于方括号内。

示例:1995印刷

(4)公告日期、更新日期、引用日期

专利文献的公告日期或公开日期按照"YYYY-MM-DD"格式,电子资源的更新或修改日期、引用日期按照"YYYY-MM-DD"格式,均用阿拉伯数字著录。

示例:(2012-05-03)[2013-11-12]

5. 页码

专著或期刊中析出文献的页码或引文页码,应采用阿拉伯数字著录。引自序言或扉页题词的页码,可按实际情况著录。

示例:曹凌.中国佛教疑伪经综录[M].上海:上海古籍出版社,2011:19.

6. 获取和访问路径

根据电子资源在互联网中的实际情况,著录其获取和访问路径。

示例:储大同.恶性肿瘤个体化治疗靶向药物的临床表现[J/OL].中华肿瘤杂志,2010,32(10):721-724[2014-06-25].http://vip.calis.edu.cn/asp/Detail.asp.

7. 数字对象唯一标识符

数字对象唯一标识符(digital object identifier,DOI)是针对数字资源的唯一永久标识符,具有对资源进行永久命名标志、动态解析链接的特性。获取和访问路径中不含数字对象唯一标识符时,可依原文如实著录数字对象唯一标识符。否则,可省略数字对象唯一标识符。

示例1:获取和访问路径中不含数字对象唯一标识符

刘乃安.生物质材料热解失重动力学及其分析方法研究[D/OL].安徽:中国科学技术大学,2000:17-18[2014-08-29].http://wenku.baidu.com/link?url=GJDJxb41xBUXnIPmqlXoEGSIrlH8TMLbidW-LjlYu33tpt707u62rKliypU-FBGUmox7ovPNaVIVBALAMd5yfwuKUUOAGYuB7cuZ-BYEhXa.DOI:10.7666/d.y351065.

(该书数字对象唯一标识符为:DOI:10.7666/d.y351065)

示例2:获取和访问路径中含数字对象唯一标识符

DEVERELL W. IGLER D. A companion to California history[M/OL].New York:John Wiley & Sons,2013:21-22(2013-11-15)[2014-06-24].http://onlinelibrary.wiley.com/doi/10.1002/9781444305036.

ch2/summary.

（该书数字对象唯一标识符为：DOI:10.1002/9781444305036.ch2）

8. 析出文献

（1）从专著中析出有独立著者、独立篇名的文献，其析出文献与源文献的关系用"//"表示；从报刊中析出具有独立著者、独立篇名的文献，其析出文献与源文献的关系用"."表示。

示例1：姚中秋.作为一种制度变迁模式的"转型"[M]//罗卫东，姚中秋.中国转型的理论分析：奥地利学派的视角.杭州：浙江大学出版社，2009：44.

示例2：关立哲，韩纪富，张晨钰.科技期刊编辑审读中要注重比较思想的科学运用[J].编辑学报，2014，26（2）：144-146.

（2）凡是从期刊中析出的文章，应在刊名之后注明其年、卷、期、页码。阅读型参考文献的页码著录文章的起讫页或起始页，引文参考文献的页码著录引用信息所在页。

示例1：2020，1（1）：5-6
　　　　　年　卷 期 页码

（3）对从合期中析出的文献，按从期刊中析出的文章规则著录，在圆括号内注明合期号。

示例：2020（9/10）：36-39
　　　　年　　期　　页码

（4）凡是在同一期刊上连载的文献，其后续部分不必另行著录，可在原参考文献后直接注明后续部分的年、卷、期、页码等。

示例：2020，33（2）：20-25；2020，33（3）：26-30
　　　年　卷期　页码　　年　卷期　页码

（5）凡是从报纸中析出的文献，应在报纸名后著录其出版日期与版次。

示例：2020-06-16（1）
　　　年　月　日 版次

(三)著录用符号

表 4-3 著录用符号及其用法

符号	用法
.	题名项、析出文献题名项、其他责任者、析出文献其他责任者、连续出版物的"年卷期或其他标识"项、版本项、出版项、连续出版物中析出文献的出处项、获取和访问路径以及数字对象唯一标识符前。每一条参考文献的结尾可用"."号
:	其他题名信息、出版者、引文页码、析出文献的页码、专利号前
,	同一著作方式的责任者、"等""译"字样、出版年、期刊年卷期标识中的年和卷号前
;	同一责任者的合订题名以及期刊后续的年卷期标识与页码前
//	专著中析出文献的出处项前
( )	期刊年卷期标识中的期号、报纸的版次、电子资源的更新或修改日期以及非公元纪年的出版年
[ ]	文献序号、文献类型标识、电子资源的引用日期以及自拟的信息
/	合期的期号间以及文献载体标识前
-	起讫序号和起讫页码间

(四)著录项目与著录格式

1. 专著

专著(monograph)是指以单行本或多卷册(在限定的期限内出齐)形式出版的印刷型或非印刷型出版物,包括普通图书、古籍、学位论文、会议文集、汇编、标准、报告、多卷书、丛书等。其著录格式为:主要责任者.题名:其他题名信息[文献类型标识/文献载体标识].其他责任者.版本项.出版地:出版者,出版年:引文页码[引用日期].获取和访问路径.数字对象唯一标识符.

示例:

[1] 公共图书馆的残疾人服务[M].北京:国家图书馆出版社.2020.

[2] DANIELLE T R. Health care of the books[M]. University of California Press:2020-05-13.

2. 专著中的析出文献

析出文献(contribution)是指从整个信息资源中析出的具有独立篇名的文献。专著中析出文献的著录格式为:析出文献主要责任者.析出文献题名[文献类型标识/文献载体标识].析出文献其他责任者//专著主要责任者.专著题名:其他题名信息.版本项.出版地:出版者,出版年:析出文献的页码[引用日期].获取和访问路径.数字对象唯一标识符.

示例:白书农.植物开花研究[M]//李承森.植物科学进展.北京:高等教育出版社,1998:146-163.

3. 连续出版物

连续出版物(serial)是通常载有年卷期号或年月日顺序号,并计划无限期连续出版发行的印刷或非印刷形式的出版物。其著录格式为:主要责任者.题名:其他题名信息[文献类型标识/文献载体标识].年,卷(期)-年,卷(期).出版地:出版者,出版年[引用日期].获取和访问路径.数字对象唯一标识符.

示例:国家图书馆.国家图书馆学刊[J].1977,1(1)-.北京:国家图书馆,1977?.

4. 连续出版物中的析出文献

其著录格式为:析出文献主要责任者.析出文献题名[文献类型标识/文献载体标识].连续出版物题名:其他题名信息,年,卷(期):页码[引用日期].获取和访问路径.数字对象唯一标识符.

示例:

[1] 王丽媛,高凌云.美国国会图书馆《2019—2023数字战略规划》的分析与启示[J].图书馆研究与工作,2020(07):81-85.

[2] TAVAKKOLI E, ZANGIAN M, MINUCHEHR A, et al. Improvement of CINDER library for PWR burnup calculations[J]. Elsevier

Ltd,2020,144:107547.

5.专利文献

其著录格式为:专利申请者或所有者.专利题名:专利号[文献类型标识/文献载体标识].公告日期或公开日期[引用日期].获取和访问路径.数字对象唯一标识符.

示例:

[1]翁丹丹.一种图书馆图书分类指引设备:CN210777555U[P].2020-06-16.

[2]EDWARD G.Wallet and card holder:US2020000190[P].2020-01-02.

6.电子资源

电子资源(electronic resource)是指以数字方式将图、文、声、像等信息存储在磁、光、电介质上,通过计算机、网络或相关设备使用的记录有知识或艺术内容的信息资源,包括电子公告、电子图书、电子期刊、数据库等。凡属电子专著、电子专著中析出的文献、电子连续出版物、电子连续出版物中析出的文献以及电子专著的著录项目与著录格式分别按前面的有关规则处理。除此而外的电子资源著录格式为:主要责任者.题名:其他题名信息[文献类型标识/文献载体标识].出版地:出版者,出版年:引文页码(更新或修改日期)[引用日期].获取和访问路径.数字对象唯一标识符.

示例:

[1]北京市人民政府办公厅.关于应对新型冠状病毒感染的肺炎疫情影响促进中小微企业持续健康发展的若干措施:京政办发[2020]7号[A/OL].(2020-02-05)[2020-02-05].http://www.beijing.gov.cn/zhengce/zhengcefagui/202002/t20200206_1625493.html.

[2]MILLER A. Resources for getting started with project-based learning[EB/OL].(2016-07-11)[2020-06-16].https://www.edutopia.org/project-based-learning-getting-started-resources.

7. 著录信息源

参考文献的著录信息源是被著录的信息资源本身。专著、论文集、学位论文、报告、专利文献等可依据题名页、版权页、封面等主要信息源著录各个著录项目；专著、论文集中析出的篇章与报刊上的文章依据参考文献本身著录析出文献的信息，并依据主要信息源著录析出文献的出处；电子资源依据特定网址中的信息著录。

8. 著录用文字

参考文献原则上要求用信息资源本身的语种著录。必要时，可采用双语著录。用双语著录参考文献时，首先应用信息资源的原语种著录，然后用其他语种著录。著录数字时，应保持信息资源原有的形式。但是，卷期号、页码、出版年、版次、更新或修改日期、引用日期、顺序编码制的参考文献序号等应用阿拉伯数字表示。外文书的版次用序数词的缩写形式表示。个人著者，其姓全部著录，字母全大写，名可缩写为首字母；如用首字母无法识别该人名时，则用全名。出版项中附在出版地之后的省名、州名、国名等以及作为限定语的机关团体名称可按国际公认的方法缩写。西文期刊刊名的缩写可参照 ISO 4[①] 的规定。著录西文文献时，大写字母的使用要符合信息资源本身文种的习惯用法。

9. 参考文献表

参考文献表可以按顺序编码制组织，也可以按著者-出版年制组织。引文参考文献既可以集中著录在文后或书末，也可以分散著录在页下端。阅读型参考文献著录在文后、书的各章节后或书末。

参考文献表采用顺序编码制组织时，各篇文献应按正文部分标注的序号依次列出。参考文献表采用著者-出版年制组织时，各篇文献首先按文种集中，可分为中文、日文、西文、俄文、其他文种 5 部分；然后按著者字顺和出版年排列。中文文献可以按著者姓名的汉语拼音字顺序排列，也可以按著者姓名的笔画笔顺排列。

---

① ISO 4 指《文献工作——期刊刊名缩写的国际规则》。

10. 参考文献标注法

正文中引用的文献的标注方法可以采用顺序编码制,也可以采用著者-出版年制。

(1) 顺序编码制

顺序编码制是按正文中引用的文献出现的先后顺序连续编码,将序号置于方括号中。如果用顺序编码制脚注方式时,序号可由计算机自动生成圈码。

示例:引用单篇文献,序号置于方括号中

……德国学者 N. 克罗斯研究了瑞士巴塞尔市附近侏罗山中老第三纪断裂对第三系褶皱的控制[235];之后,他又描述了西里西亚第 3 条大型的近南北向构造带,并提出地槽是在不均一的块体的基底上发展的思想[236]。

同一处引用多篇文献时,应将各篇文献的序号在方括号内全部列出,各序号间用",",如遇连续序号,起讫序号间用短横线连接,此规则不适用于用计算机自动编码的序号。

示例:引用多篇文献

裴伟[570,83]提出……

莫拉德对稳定区的节理格式的研究[255-256]……

多次引用同一著者的同一文献时,在正文中标注首次引用的文献序号,并在序号的"[ ]"外著录引文页码。如果用计算机自动编序号,应重复著录参考文献,但参考文献表中的著录项目可简化为文献序号及引文页码。

(2) 著者-出版年制

各篇文献的标注内容由著者姓氏与出版年构成,并置于"( )"内。倘若只标注著者姓氏无法识别该人名时,可标注著者姓名,例如中国人、韩国人、日本人用汉字书写的姓名。集体著者著述的文献可标注机关团体名称。倘若正文中已提及著者姓名,则在其后的"( )"内只著录出版年。

示例:引用单篇文献

The notion of an invisible college has been explored in the sciences (Crane,1972). Its absence among historians was noted by Stieg(1981)…

参考文献:

CRANE D, 1972. Invisible college[M]. Chicago:Univ. of Chicago Press.

STIEG M F, 1981. The information needs of historians[J]. College and research libraries, 42(6):549-560.

正文中引用多著者文献时,对欧美著者只需要标注第一个著者的姓,其后附"et al.";对于中国著者应标注第一著者的姓名,其后附"等"字。姓氏与"et al.""等"之间留适当空隙。在参考文献表中著录同一著者在同一年出版的多篇文献时,出版年后应用小写字母 a,b,c…区别。

示例1:引用同一著者同年出版的多篇中文文献

王临惠,等,2010a.天津方言的源流关系刍议[J].山西师范大学学报(社会科学版),37(4):147.

王临惠,2010b.从几组声母的演变看天津方言形成的自然条件和历史条件[C]//曹志耘.汉语方言的地理语言研究:首届中国地理语言学国际学术研讨会论文集.北京:北京语言大学出版社:138.

示例2:引用同一著者同年出版的多篇英文文献

KENNEDY W J, GARRISON R E, 1975a. Morphology and genesis of nodular chalks and hardgrounds in the Upper Cretaceous of southern England[J]. Sedimentology, 22:311.

KENNEDY W J, GARRISON R E, 1975b. Morphology and genesis of nodular phosphates in the cenomanian of south-east England[J]. Lethaia, 8:339.

多次引用同一著者的同一文献,在正文中标注著者与出版年,并在"( )"外以角标的形式著录引文页码。

三、参考文献管理软件

在学术研究和论文写作过程中,需要搜索、阅读、整理大量的文献,后续还要对这些文献进行管理和引用。为了提高研究效率,我们通常会选择使用参考文献管理软件,帮助我们进行文献检索并自动生成参考文献格式,解决阅读与管理文献的问题。需要注意的是,由于有些期刊有专门的规定,与国标有所差别,因此在投稿时我们要遵循所投刊物的要求。使用参考文献管理软件,例如 EndNote、Mendeley、NoteExpress、Zotero 等,既为我们节约了科研时间,方便了学术论文写作,又提升了个人的信息素养。许多高校图书馆都购买了参考文献管理软件,我们可以在图书馆下载软件,或是访问软件官网。下面将依次介绍这些软件。

(一) EndNote

EndNote 是 Clarivate Analytics 公司(原汤森路透知识产权与科技事业部)开发的旗舰型文献管理系统,其单机版将检索、分析、管理、写作、投稿整合在一起,创建简单工作流,使之成为一个研究、管理、写作和发表的重要工具。① 界面如图 4-1 所示。我们可以访问 https://

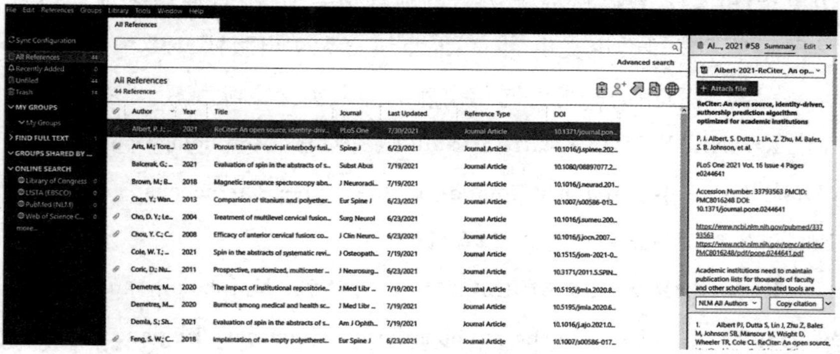

图 4-1 Endnote 界面示例

---

① 北京大学图书馆.图书馆最新购买 EndNote 参考文献管理软件[EB/OL].(2016-12-30)[2020-05-20].https://www.lib.pku.edu.cn/portal/cn/news/0000001400.

endnote.com/，也可以从 Web of Science 进入 EndNote，它支持 Windows、macOS 系统。EndNote 拥有智能的工作流程，包括自动创建、格式化和更新书目，方便远程访问。它可以揭示参考文献的影响力，为研究者提供投稿期刊的建议，还可以共享选定的参考资料组，管理团队访问，并跟踪活动和变化。

（二）Mendeley

Mendeley 是爱思唯尔（Elsevier）公司旗下的一款免费的跨平台文献管理软件，界面如图 4-2 所示。网址是 https://www.mendeley.com/，支持 Windows、macOS、Linux 系统。用户可以直接在浏览器中添加论文，或者从桌面导入文档，并且可以生成各种期刊风格的参考文献、引文和书目。Mendeley 拥有包括 3000 万条参考文献和超过 600 万名研究人员的研究网络，通过个性化推荐让用户掌握最新信息。此外，Mendeley 还提供 250 000 个科学、技术和健康工作岗位，以及 5000 多个组织提供的资助信息，帮助用户启动研究项目。

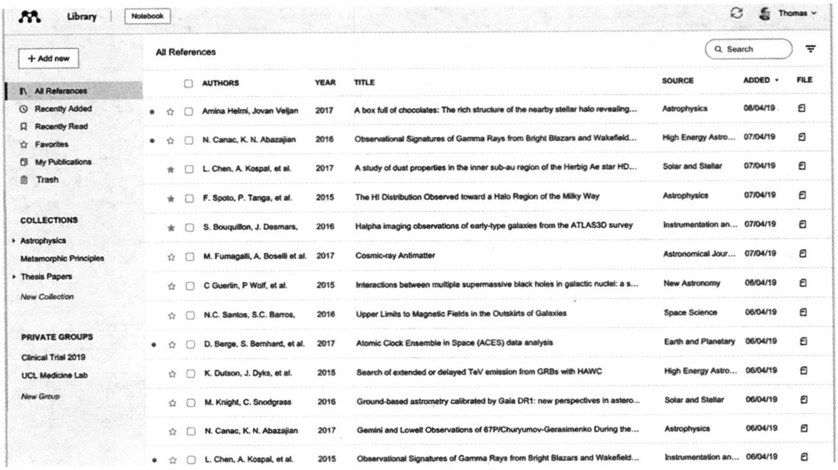

图 4-2　Mendeley 界面示例

（三）Zotero

Zotero 是美国乔治梅森大学（George Mason University）历史与新媒体中心（Center for History and New Media）开发的一款免费且易用的文献管理工具，可以帮助我们收集、整理、引用和分享研究资讯，界面如图 4-3 所示。网址为 https://www.zotero.org/，支持 Windows、macOS、Linux 系统。Zotero 可以将项目进行分类收藏，并用关键字进行标记，或者创建已保存的搜索，在用户工作时自动填充相关资料。它可以为各种文本编辑器即时创建参考资料和书目，也可以直接在 Word、LibreOffice 和 Google Docs 中创建。Zotero 支持超过 9000 种引文样式，用户可以根据各种样式指南或出版物要求来调整工作格式。此外，Zotero 可以选择跨设备同步数据，也可以随时从任何网络浏览器访问，并实现与他人共同撰写论文、分发资料或者建立协作书目。

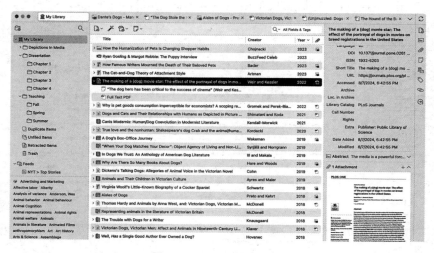

图 4-3 Zotero 界面示例

（四）NoteExpress

NoteExpress 是北京爱琴海软件公司开发的一个参考文献管理工

具系统,其核心功能是帮助用户收集、整理文献资料,在撰写学术论文、学位论文、专著或报告时,可在正文中的指定位置方便地添加文中注释,然后按照不同的期刊格式要求自动生成参考文献索引。① 界面如图4-4所示。网址是 http://www.inoteexpress.com/aegean/,平台提供"个人版"和"集团版"两种版本。利用NoteExpress客户端、浏览器插件和青提文献App可以实现多屏幕、跨平台协同工作。NoteExpress可以实现文献检索、管理、分析等功能,可以选择传统的树形结构分类与灵活的标签标记分类,也可以智能识别全文文件中的标题、DOI等关键信息,并自动更新、补全题录元数据。NoteExpress内置了近五年的JCR期刊影响因子、国内外主流期刊收录范围和中科院期刊分区数据,在我们添加文献的同时,自动匹配、填充相关信息,同时其内置近四千种国内外期刊、学位论文及国家、协会标准的参考文献格式,支持格式一键转换、生成校对报告、提供多国语言模板和双语输出。此外,NoteExpress支持Microsoft Office Word或金山WPS插件,在论文写作时利用其内置的写作插件可以实现边写作边引用参考文献。

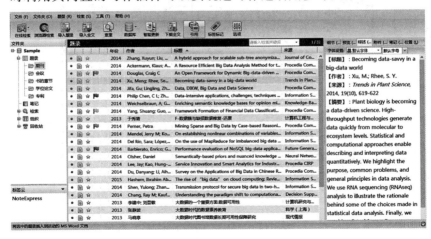

图4-4　NoteExpress界面示例

---

① 北京大学图书馆.NoteExpress参考文献管理软件[EB/OL].(2007-05-27)[2020-05-20].http://dbnav.lib.pku.edu.cn/node/10902.

（五）NoteFirst

NoteFirst 是知先信息公司开发的一款免费的文献管理软件，网址是 http://www.notefirst.com/。NoteFirst 具有团队科研协作、知识获取、知识管理、论文写作助手四大功能。作为国内首个团队科研协作系统，它致力于为研究型高校、国家重点实验室、院士博导团队、科研院所、研发型企业等专业研究型团队提供科研协作服务。NoteFirst 可以对文献、笔记、实验记录、知识卡片进行管理，支持 PDF 的随文笔记，写作论文时可以自动生成参考文献，提供国内外知名期刊的参考文献格式、稿件模板和范例。它也可以作为论文写作助手，具有参考文献自动生成，提供常见参考文献引文样式、常见期刊论文、实验记录模板和范例的主要功能，如图 4-5 所示。此外，NoteFirst 为持续性、即时性登录提供了期刊 RSS 订阅、关键词订阅、知识卡片获取三种方法，为有针对性的知识获取提供了集成数据库检索（关键词订阅）。

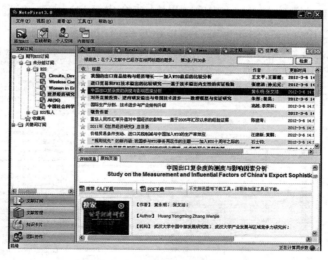

图 4-5　NoteFirst 界面示例

（六）EasyBib

EasyBib 是 2000 年创建的自动书目编制器（automatic bibliography

composer),网址是 http://www.easybib.com/。EasyBib 可以访问包括 APA 在内的 7000 种引文样式,并通过论文扫描,检查论文是否存在抄袭和缺少引用的问题,如图 4-6 所示。其高级语法检查器可以帮助用户发现 400 多种语法和写作风格错误。

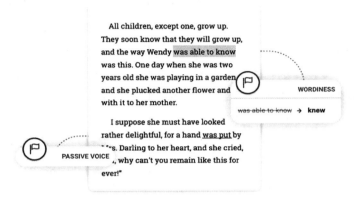

图 4-6　使用 EasyBib 查找和修正语法错误的示例

四、 论文相似性检测系统

《高等学校预防与处理学术不端行为办法》指出,高等学校应当利用信息技术等手段,建立对学术成果、学位论文所涉及内容的知识产权查询制度,健全学术规范监督机制。① 随着互联网的开放共享,研究者可以轻松获取各种各样的学习资料,通常会引用他人的观点来支撑自己的论证、促进进一步的研究,而遵守学术规范有助于维护良好的学术秩序和推动学术创新发展。我国陆续公布了相关的行政法规,2009 年 3 月教育部《关于严肃处理高等学校学术不端行为的通知》,2010 年 2 月国务院学位委员会《关于在学位授予工作中加强学术道德和学术规范建设的意见》,2013 年 1 月教育部令第 34 号《学位论文作

---

① 中华人民共和国教育部.高等学校预防与处理学术不端行为办法:中华人民共和国教育部令第 40 号[A/OL].(2016-06-16)[2020-05-28]. http://www.moe.gov.cn/srcsite/A02/s5911/moe_621/201607/t20160718_272156.html.

假行为处理办法》,2016年9月教育部令第40号《高等学校预防与处理学术不断行为办法》,2018年5月中共中央办公厅、国务院办公厅印发《关于进一步加强科研诚信建设的若干意见》等,在进一步推进科研诚信制度化建设等方面作出了部署。

为了防止学术不端现象出现,在技术手段方面,各大数据库陆续推出了查重软件,各高校会使用查重软件对学生的论文进行检测,快速准确地了解论文中是否存在抄袭、伪造、篡改等学术不端行为。例如,北京大学同等学力人员申请硕士学位论文学术评议书中,要求评阅人对论文的学术评语涵盖"写作的规范化";北京大学博士学位论文学术评阅评分表中将"学术规范"列为单独的评价要素,对"论文主要内容为本人独立完成,引用他人成果有说明,论据可靠充分,逻辑严密"进行等级评分。如今,不仅是毕业论文需要查重,很多课程作业也开始需要查重。学术写作规范以及查重软件的正确使用日益重要,因此本书下文将对论文相似性检测系统进行简介。

(一) 中国知网(CNKI)检测系统

CNKI科研诚信管理系统研究中心是同方知网出版集团旗下从事科研诚信管理产品研发的专门机构,界面如图4-7所示。中心主要从事学术不端文献检测系统、科研诚信档案管理系统等软件产品研发。同时也承担相关机构委托的科研诚信监测、管理等事务,还为各单位的学术评价提供科研诚信方面的参考数据,辅助进行学术评价。中心产品有科技期刊学术不端文献检测系统(AMLC)、社科期刊学术不端文献检测系统(SMLC)、学位论文学术不端行为检测系统(TMLC2)和大学生论文管理系统。其中,科技期刊学术不端文献检测系统专门为科技期刊编辑部提供检测服务,仅限检测科技期刊稿件,可检测抄袭与剽窃、伪造、篡改、不当署名、一稿多投等学术不端文献;社科期刊学术不端文献检测系统专门为社科期刊编辑部提供检测服务,仅限检测社科期刊稿件,可检测抄袭与剽窃、伪造、篡改、不当署名、一稿多投等学术不端文献;学位论文学术不端行为检测系统专门为研究生院部提供检测服务,仅限检测研究生毕业论文,可检测抄袭与剽窃、伪造、篡改等学术不端文献;大学生论文管理系统用于辅助高校教务处检查大学生毕业论文是否存在抄袭、剽窃等学术不端行为,帮助提高大学生论文质量。网址为 https://check.cnki.net/。

图 4-7 "中国知网"大学生论文检测系统界面

(二)维普论文检测系统(VPCS)

维普论文检测系统由全球知名学术品牌维普自主研发,是目前最权威的论文查重平台之一,采用国际领先的海量论文动态语义跨域识别加指纹比对技术,涵盖上亿篇文本资源,以每秒15万字的速率进行检测,能够快速、稳定、准确地检测到文章中存在的抄袭和不当引用现象。每年为上千万用户提供优质服务,检测结果是教育机构、科研单位、各级论文评审单位和发表单位对论文原创性和新颖性进行评估的重要依据。网址为 http://vpcs.cqvip.com/。图 4-8 是维普论文检测系统的相关界面。

在维普论文检测的比对报告中,不同的颜色表明不同的含义。其中,红色字体代表相似片段,黄色字体代表引用片段,黑色字体代表自写片段。通过点击带有颜色的文字可以查看相似片段详情,包括相似句子原文片段、来源数据库、篇名、作者、出处、年份和机构等具体信息。

图 4-8　维普论文检测系统大学生版界面

(三) 万方数据文献相似性检测服务

万方数据文献相似性检测服务采用科学先进的检测技术,实现海量学术文献数据全文比对,秉持客观、公正、精准、全面的服务原则,为用户提供精准、详实的相似性检测结果,呈现多版本、多维度的检测报告。同时,万方数据文献相似性检测服务践行专业场景化服务的建设原则,其系列产品可有效为科研管理、教育教学、出版发行、人事管理等各领域的学术个体或学术机构提供学术成果相似性检测服务。万方数据文献相似性检测服务提供包括万方检测-个人文献版、硕博论文版、大学生论文版、学术预审版、职称论文版、课程作业版、软件成果版多项产品服务,产品覆盖多类用户群体与用户使用场景,实现专业场景化精准服务。网址为 http://check.wanfangdata.com.cn/。

在万方检测报告中,绿色区域为参考文献相似部分,蓝色区域为本人已发表论文相似部分,黄色区域为本人学位论文相似部分,红色区域为其他文献相似部分。

第四章　参考文献与文献利用的学术规范　**075**

图 4-9　万方数据文献相似性检测服务个人文献版界面

（四）超星数据库大雅相似度分析

大雅相似度分析（论文检测系统）拥有图书、期刊、论文、报纸、网络全文等丰富的对比资源库，有图书检测优势，保证书刊检测并重，为论文查重提供多一层保障，界面如图4-10所示。它采用先进的多重动态指纹对比技术，支持单篇检测和批量检测，提供HTML报告和PDF

图 4-10　大雅相似度分析（论文检测系统）个人用户界面

报告,支持过滤参考文献、自引、发表年,分类查看图书、期刊、论文等类型相似文献和提供上传文献与单个相似文献的对比报告。网址为http://dsa.dayainfo.com/。

结束语

  参考文献的引用是否科学、严谨,是判断学术论文学术水平的重要指标。实际写作时,参考文献数量较多、格式多样,我们可以参考《信息与文献 参考文献著录规则》中的规范。使用参考文献管理软件可以大大提升研究效率,中国知网、维普、万方、超星等数据库通过不同的标注方式支持论文相似性的检测。这些技术手段各有优势,等待我们进一步探索。图书馆是我们获得文献信息资源的重要来源,关于图书馆,你了解多少呢?下一章将带你走近它。

第五章　图书馆与文献信息资源检索利用

📖 开场白

图书馆是图书阅览的场所，也是学术资源的宝库。但你真的了解图书馆的组织架构和功能吗？其实，图书馆的服务涵盖借阅、参考咨询、阅读相关、学科、数据、信息素养教育等，我们可以通过官方网站、微信公众号、邮件、电话和现场咨询等方式获得这些服务。图书馆为信息获取搭建了桥梁，助力你获取海内外学术资源。那么，怎样高效检索文献信息？有哪些信息源可供挖掘？就让我们一起阅读本章，获得答案！

一、认识图书馆

图书馆就像一个宝库，等待读者去挖掘。读者对图书馆的认识越深，使用图书馆的资源和服务就会越便利，学习和科研之路也会越顺畅。

最快地了解图书馆的方法就是进入图书馆实地考察。不过，大学图书馆一般面积较大，功能区较多，考察费时费力。比较简单的方法是获得图书馆的机构分布及地图，这可以在图书馆的咨询台获取，也可以登录图书馆网站查询其机构组成及分布。进入图书馆前，需要明确图书馆的基本信息,即图书馆的开放时间、借阅规则、馆藏分布、机构分布、服务等。很多人会以为图书馆的机构仅仅是阅览室,服务仅仅包括借阅图书。其实不然,除了基本的机构和服务外,图书馆还拥有很多特色空间和服务,比如:创客空间,读者可以在其中动手制作简单的产品;信息素养教育,读者可以学习到各种资源的查找和使用方法。这些空间和服务,都等待着读者去挖掘。

图 5-1 展示了北京大学图书馆的组织机构,除了维持图书馆正常运转的管理部门之外,图书馆更多的部门是面向读者的业务部门。业务部门的构成十分复杂,有基本的文献资源保障部门,也有特藏资源、古籍资源、知识资源、数据资源等服务部门。因此,图书馆不仅提供保存资源、借还书等基本服务,还提供更加深入的文献计量服务、数据服务、知识管理服务。这些服务能够满足师生细分化、深入化的学习、科研需求。

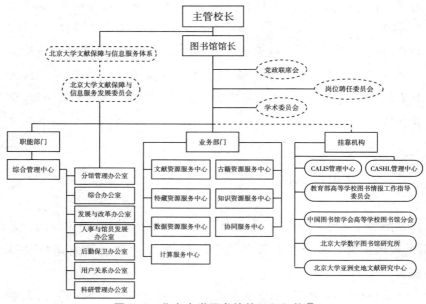

图 5-1　北京大学图书馆的组织机构①

---

① 北京大学图书馆.北京大学图书馆组织机构[EB/OL].[2021-08-24].https://www.lib.pku.edu.cn/portal/cn/bggk/zuzhijigou.

随着互联网应用的普及,越来越多的读者减少了进入图书馆实体空间的频率,而是更多通过互联网访问图书馆的资源、使用图书馆的服务。图书馆也积极地在网络空间宣传自己,读者可以通过图书馆网站、微信公众号、微博等不同渠道获取图书馆的最新信息,图书馆也会举办各种网上活动,吸引读者的参加。

二、 掌握图书馆馆藏

图书馆是保存人类记忆、开发信息资源的机构。对于读者来说,掌握图书馆馆藏的概貌十分重要,因为资源是学习和学术研究的基础,利用好图书馆的资源,学习和研究将事半功倍。

图书馆的馆藏一般包括纸质文献、电子文献、音视频资源、缩微胶片等,对于电子资源、缩微胶片,图书馆还会提供专门的设备帮助读者阅读。图书馆的馆藏资源数量巨大,比如北京大学图书馆总、分馆纸质藏书约800万册,古籍约150万册,还有大量引进和自建数据库、电子期刊、电子图书和多媒体资源等各类国内外数字资源。[1] 面对如此巨大的馆藏量,读者不可能完全阅览,因此掌握图书馆馆藏的分布和检索馆藏的技巧便十分重要。

如何快速查找图书馆的馆藏资源呢?首先,需要了解图书馆的馆藏分布。以北京大学图书馆为例,图书馆的官网上有馆藏分布的介绍,如表5-1所示,这里是纸质书的分布概貌。电子文献和数据则可以在图书馆的网站上直接获取,表5-2展示了北大图书馆购买的部分数据库。其次,需要了解图书馆馆藏资源类型的结构,以及如何获取不同类型的资源。人们利用得最多的资源是纸质资源和电子资源,而一些特种文献,比如缩微胶片一般只能在图书馆用专门的设备阅读,图书馆的特藏资源、古籍等有时需要申请才能阅览,有些电子资源需要安装专门的阅读器。再次,需要了解图书馆的各种馆藏包含的学科

---

[1] 北京大学图书馆.本馆介绍[EB/OL].[2020-05-31].https://www.lib.pku.edu.cn/portal/cn/bggk/bgjs/lishiyange.

和主题。图书馆的馆藏资源一般按照学科集中,综合型图书馆对各个学科的资源都有收藏,但是学科之间的资源数量分布不均,而有些图书馆只收录某一种或几种学科的资源,因而在利用图书馆馆藏之前要先了解图书馆馆藏的学科分布,根据自己对学科的需要选择图书馆。最后,图书馆拥有传播信息的设备,比如复印机、阅读器、3D 打印设备等,读者在使用之前需要明确设备的使用规则。

表 5-1　北大图书馆的馆藏分布①

部门	地点	馆藏简介
自然科学阅览厅	东区二层	收藏近几年出版的中外文新书和常用书、现刊、工具书(《中图法》分类号为 B84\N\O\P\Q\R\S\T\U\V\X),自助借阅
综合服务台	东区二层中厅	提供关于馆藏分布、文献检索、规章制度等咨询,借还书、自助设备使用等方面的服务
社会科学阅览厅	东区三层	收藏近几年出版的中外文新书和常用书、现刊、工具书(《中图法》分类号为 C\D\E\K9\F\G),自助借阅
综合服务台	东区三层中厅	提供关于馆藏分布、文献检索、规章制度等咨询,借还书、自助设备使用等方面的服务
大钊阅览室	D401	收藏李大钊先生相关文献、革命文献及相关影印整理文献,室内阅览
名家阅览室	D402	收集、保存北大名家著作及藏书,其他北大师生、校友的各类学术著述,以及其他与北大有关的文献,室内阅览
特藏文库	D402 内	收藏学位论文,宿白、段宝林、方志彤、侯思孟、韩素音、安南等个人赠书,俞大维藏书,1980 年以前西文东方学文献,燕大民国图书,中德学会及中法大学旧藏,欧盟文献,西文大型缩微特藏,西文善本、次善本等特藏文献,均为室内闭架阅览

① 北京大学图书馆.服务时间与服务分布[EB/OL].[2020-08-25]. https://www.lib.pku.edu.cn/portal/cn/fw/rgzn/guancangfenbu.

馆藏的特点，不同图书馆有所不同，所以在利用图书馆资源之前需要先了解其基本情况。对于一些细节问题，读者可能需要询问图书馆馆员才能解决。图书馆内设有专门的咨询台和参考咨询馆员，他们专门为读者解答各种问题，帮助读者利用图书馆。参考咨询方式有许多种，比如电话、电子邮件、网络在线服务等。以北京大学图书馆为例，有电话咨询、QQ 咨询、BBS 发帖、邮件咨询、微信/微博咨询等，还可以直接给馆长写信，或在馆长接待日向馆长咨询问题或提出意见。表 5-3 展示了北京大学图书馆提供参考咨询的内容和部门，基本上涵盖了读者在使用图书馆的过程中遇到的所有问题。

表 5-2 北京大学图书馆数据库[1]

数据库名称	数据库介绍
"一带一路"数据库	"一带一路"数据库是国内首个聚焦"一带一路"倡议的专业学术数据库产品，以社会科学文献出版打造的"一带一路"国别研究、"一带一路"专题研究、"一带一路"年度报告 3 大系列为核心，聚焦"一带一路"倡议下的大国关系、国际合作、贸易投资等 9 个重点研究主题
《永乐大典》高清影像数据库（第一辑）	《永乐大典》高清影像数据库（第一辑）是免费向公众开放的数据库，由全国古籍整理出版规划领导小组指导，国家图书馆委托国家图书馆出版社建设，国家图书馆出版社立项，北京大学数字人文研究中心联合字节跳动共同设计与研发。第一辑收录国家图书馆藏《永乐大典》四十册、七十五卷，共涉及 14 个韵部、17 个韵字、1800 部书
北大名师	北大名师数据库拥有 233 位著名北大名人学者以及 4213 幅图像、5584 条元数据、319 条新闻、53 篇全文、8 部多媒体资料等内容。
Brill's Encyclopedia of Hinduism Online – 印度教百科全书 – Brill 平台	博睿（Brill）的印度教百科全书介绍了传统印度教主要领域的最新研究。其中的文章都是由全球著名的印度教学者撰写的原创作品。百科全书具有尽可能多的多样性、多元性和异质性，从而强调印度教（包含各个区域）及全球宗教的传统

[1] 北京大学图书馆数据库导航[EB/OL].[2020-08-25].https://dbnav.lib.pku.cdu.cn/.

续表

数据库名称	数据库介绍
BioOne 数据库	BioOne 始建于 1999 年,是一个由多家著名大学赞助,由各学协会、高校与出版社联合组成的非营利组织。截止到 2018 年,BioOne 共收录来自 157 个出版社的 208 种期刊,其中 81% 的期刊被 SCI 收录,66% 为独家收录内容,97% 以上的期刊为同行评审期刊
Springer LINK——德国施普林格(Springer-Verlag)电子期刊及图书	施普林格自然(Springer Nature)集团是目前全球最大的学术书籍出版公司,同时出版全球具有广泛影响力的期刊,也是开放研究领域的先行者
JSTOR—电子书及西文过刊全文库	JSTOR 全名为 Journal Storage,是一个对过期期刊进行数字化的非营利机构,于 1995 年 8 月成立。目前 JSTOR 是以政治学、经济学、哲学、历史学等人文社会学科主题为中心,兼有一般科学性主题共十几个领域的代表性学术期刊的全文库,提供从创刊号到最近三至五年前过刊的 PDF 全文。有些过刊的回溯年代早至 1665 年

表 5-3　北京大学图书馆提供参考咨询服务的内容和部门[1]

读者需要解决的问题	咨询地点	位置	电话
读者使用图书馆过程中的各种问题的咨询 读者在借阅图书中遇到的问题,比如借书、还书、预约、续借等 网络资源检索区服务提供与咨询;机读目录和卡片目录使用咨询与辅导;馆内无线网络与自助服务使用咨询与辅导	总咨询台	阳光大厅北侧	62757167
有关工具书以及图书馆其他资源利用方面的咨询	工具书阅览室	西区四层 409	62754225

---

[1] 北京大学图书馆.电话咨询[EB/OL].[2020-08-25].https://www.lib.pku.edu.cn/portal/cn/zxt/dianhua.

续表

读者需要解决的问题	咨询地点	位置	电话
论文收录、引用查询;课题查询服务;课题咨询、项目咨询	协同服务中心	西区105室	62753504
学科馆员;讲座培训/信息素养;研究数据服务	协同服务中心	西区105室	62753504
为本馆读者借阅、复制本馆没有的图书文献资料;为校外读者代复印、代邮本馆文献等	馆际互借处	阳光大厅西南角	62759723
办理借书证;办理阅览证;借书证挂失;其他与借书/阅览证相关的问题	证卡室	东门北侧	62754246

由于目前信息资源数量巨大、类型众多,一座图书馆不可能收集全部的信息资源,这样做也会浪费图书馆的空间和经费,所以资源共建共享成为图书馆信息资源建设的主流。馆际互借是基于资源共享为读者服务的方式,具体来说,当读者需要图书馆没有的某种资源时,图书馆可以根据馆际互借协议向有该种资源的图书馆索取。读者可能需要支付一定的费用,其后所需资源就可以直接运输至读者所在图书馆供读者借阅,或者以文献传递的方式将全部或部分资源的电子版发送到读者邮箱。以北京大学图书馆为例,读者可以在北大图书馆申请借阅国家图书馆的图书,只要在北大图书馆网站上填写借阅申请,读者就可以得到资源原件或复印件。北大图书馆还加入了全国高等教育文献保障系统(CALIS)、中国高校人文社会科学文献中心(CASHL)、北京地区高校图书馆文献资源保障体系(BASIL)等资源保障系统。读者可以通过北大图书馆查询系统中其他图书馆的资源,并申请馆际互借服务,得到需要的资源。具体申请方式为在北大图书馆网站上填写申请单,写明文献资源的名称、作者、出版信息、借阅方式、资源所在图书馆等信息,其后图书馆会将申请传递至资源所在的图书馆,提供资源传递服务。馆际互借是一项对读者十分友好的服务,读

者在一个图书馆内就可以接触到其他多个图书馆的资源,可利用的馆藏也会大大增加。

三、了解图书馆服务

(一) 如何查找图书馆的服务

在了解图书馆的服务之前,首先应该了解如何查找图书馆的服务。我们很难一次性做到全面、清晰的了解,这是因为图书馆的服务较多,且根据读者需求的变化会不断推出新服务,替换掉使用较少、陈旧的服务。对于长期使用图书馆的读者来说,应该不断获取图书馆新的服务的信息。

图 5-2 是北大图书馆列在其网站上的热门服务。可以看出,北大图书馆为师生提供的服务较多,图片之外还有更多的服务等待师生挖掘。图书馆的服务信息会公布在图书馆的网站上,同时读者需要主动关注图书馆的新闻和官方消息,以便获取最新的服务信息。对于服务的具体信息,读者可以询问负责的馆员,并请图书馆馆员进行具体服务。

学生				研究生+教师	
空间布局 馆藏分布 座位分布	**图书借阅** 个人借阅状态查询 预约与催还 图书借还与续借 借阅分馆FAQ	**馆际互借** 提交申请 校外书目查询系统	**阅读推广** 新书通报 教授推荐阅读 年度阅读报告	**学科分析报告** 学科竞争力分析报告 学科前沿报告	**专利申请** 专利咨询 相关培训 专利数据库
设备设施 3D打印服务 自助服务 设备出借	**提升信息素养** 一小时讲座 信息素养课 《数字图书馆资源检索与利用》视频课 信息素养能力评测 信息素养手机游戏	**常用软件与培训** 联创自助打印系统驱动 SPSS NoteExpress EndNote 一小时讲座之软件达人	**数字加工服务** 纸质文献数字化 元数据加工制作 珍贵字画高仿复制	**教学与培训** 一小时讲座 定制讲座 信息素养课 讲座/会议摄录与直播 信息素养能力评测	**写作支持** 如何洞悉学科热点 如何进行文献调研 学术规范与论文写作 论文投稿指南 文献管理软件

图 5-2　北大图书馆的热门服务[①]

---

① 北京大学图书馆热门服务 [EB/OL]. [2020-08-25]. https://www.lib.pku.edu.cn/portal/cn.

（二）借阅服务

借阅服务是不少读者眼中图书馆最主要的服务。借阅除了普通的借书还书之外，还有预约服务，即预定要借的书，以及馆际互借服务。在图书馆的网站以及图书馆内的设备上都可以查找图书馆的馆藏目录，读者可以找到自己想要的文献并借阅。图书馆馆藏存放方式分为开架和闭架，开架文献可以直接借阅，闭架文献则需要向图书馆员申请。

（三）参考咨询服务

参考咨询服务是图书馆主要的服务之一，它主要以问答的形式存在，即读者提问，咨询馆员回答。常见的参考咨询问题是关于图书馆的基本馆藏分布，比如某类文献的存放位置、某个阅览室的位置等，更高层次的参考咨询服务则是关于文献查找，比如查找某条信息的来源、某个主题的文献、推荐阅读等。参考咨询馆员通常具备较强的检索能力并对图书馆文献资源有较好的掌握，因此读者可以更多地向参考咨询馆员寻求服务，以更快地找到信息。

（四）阅读相关服务

全民阅读被写入政府工作报告，国内的图书馆几乎都在开展阅读推广服务。北大图书馆的阅读推广服务主要有新书推荐书目、教授推荐书目和年度阅读报告的发布，每年世界图书与版权日，北大图书馆也会举办具有特色的阅读活动，吸引读者来图书馆阅读。阅读也是文献信息资源利用的一种方式，阅读推广活动中的推荐书目可以帮助读者找到各领域具有影响力的图书，推动读者学习新的知识。阅读推广活动也是读者了解图书馆馆藏资源、学习如何利用馆藏资源的机会。

（五）学科服务

学科服务是图书馆根据其资源对每个学科的发展进行支持，包括：提供学科竞争力及学科前沿趋势报告，即对本学科的发展态势和对本校的学科在整个学科中的科研竞争力进行评估;查收查引,即根据委托人的委托对某个作者、单位、文献的数据库收录和引用情况进行调查,以了解被查找的作者和单位所进行的科学技术内容是否新颖;学科课题咨询,即通过收集课题相关资料和分析,帮助课题研究人员进行开题、课题研究过程中的文献保障以及课题的申请、结项等。图书馆会配备专门的学科馆员,负责该学科的各项服务。

图书馆的学科服务是图书馆在完成基本的服务之后,基于馆藏资源为科研工作提供进一步的咨询服务。对于科研人员来说,学科服务能够保障科研过程中所需文献的获取,也能够了解学科的发展趋势,促进科研的创新。

(六)数据服务

在大数据技术应用广泛的时代,数据对于科学研究十分重要,全面、完整的数据集对于科研人员来说是重要的研究基础。图书馆的信息资源服务面向的不仅是图书、期刊、报纸等文献资源,还需要面向数据。图书馆的数据服务主要是收集、整理、保存各种类型的数据集供科研人员使用。图书馆会主动收集科研过程中产生的数据并进行整理和保存,同时,在知识产权和保密条件允许的情况下,图书馆会公布一部分数据,以便其他科研人员更加深入地分析数据。目前图书馆的数据服务主要针对科研数据的管理。

为了促进研究数据的开放共享,北京大学图书馆、国家自然科学基金—北京大学管理科学数据中心、北京大学科研部、北京大学社科部联合主办和推出"北京大学开放研究数据平台"。截至 2020 年 6 月,数据平台已经收录了北京大学中国调查数据资料库(包括中国家庭追踪调查、中国健康与养老追踪调查、北京社会经济发展年度调查等)、北京大学健康老龄与发展研究中心、北京大学可视化与可视分析研究组、北京大学生命科学学院生物信息学中心等跨学科的开放数据。[1]

---

[1] 北京大学开放研究数据平台简介[EB/OL].[2020-06-15].https://opendata.pku.edu.cn/about.xhtml;jsessionid=848a67f471613dc272616ea4efa1.

开放数据平台具备数据的提交、管理、发布、检索、浏览、授权下载、在线可视化分析等功能,用户可以提交自己在研究中获得和使用的科研数据,其他用户可以浏览和使用这些数据做新的分析,使科研数据产生更大效益。未来,随着开放数据平台上数据的增多,数据将会发挥更重要的作用,图书馆的数据服务也会更加深入。

(七) 信息素养教育

信息素养是信息时代人们最应该具备的素养。根据美国图书馆学会的定义,信息素养包含文化素养、信息意识和信息技能三个层面,即能够判断什么时候需要信息、懂得如何获取与评价信息、知道如何有效利用所需信息。信息素养教育的目的是让人们具备一定的信息素养,能够有效获取和利用信息,并有能力对信息的真实性、有用性进行评估。2015 年《普通高等学校图书馆规程》中对图书馆主要服务的规定也包含开展信息素质教育①,足见信息素养教育的重要性。

图书馆的信息素养教育主要包括开展信息素养相关课程和讲座,以及举办各类型信息素养教育活动。比如北京大学图书馆开设了电子资源的检索与利用、数字图书馆资源检索与利用等课程,教授信息的查找与利用知识和技巧,北大图书馆还定期举办"一小时讲座"、定制讲座等,专门讲授某类信息或者某种信息查找、分析工具的使用。此外,北大图书馆还推出了信息素养游戏等推广信息素养教育的活动,帮助师生提升信息素养。

四、文献资源的类型与分布

(一) 文献资源的类型

文献资源的类型繁多,按加工深度分为一次文献、二次文献和三次文献。一次文献是作者根据其本人的工作制作的文献,二次文献是

---

① 教育部.普通高等学校图书馆规程 教高〔2015〕14 号[Z].大学图书馆学报, 2016(02):5-8.

对一定时期和一定类型的一次文献进行加工而形成的文献，三次文献是对二次文献进行系统整理、总结、概括而形成的文献。按载体形式可分为书写型文献、印刷文献、音像文献、缩微文献等。按出版形式可分为图书、期刊、报纸、学位论文、会议论文、政府出版物、科技报告、专利文献、标准等。不同文献的查找和利用方式是不同的。

（二）文献资源的分布

了解文献信息资源分布的目的是有效查找和利用文献信息资源，目前文献资源的主要数据库是查找学术文献以及其他数据资源的主要检索工具。主要使用的数据库有参考数据库、全文数据库、事实和数值型数据库等。参考数据库是包含数据、信息、文献来源和属性的数据库，主要有书目数据库、文摘数据库、索引数据库。书目数据库主要揭示图书的数据；文摘和索引数据库则主要揭示期刊论文、会议论文、学位论文等的数据。全文数据库是包含原始文献全文的数据库，主要收录的文献有期刊论文、会议论文、学位论文、政府出版物、研究报告等。事实数据库是包含大量事实、数据等原始资料的数据库，主要有数值数据库、指南数据库、术语数据库等，比如企业信息数据库、百科全书数据库等。

不同类型的数据库的使用方式是不同的，在查找资料时，可以先使用参考数据库，因为参考数据库中收录的文献信息比较全面。可通过快速查找和浏览文献信息，找到需要的文献，再到全文数据库中阅览全文。而一些统计数据、术语等，则使用事实数据库。

图书馆之外，互联网上存在着大量的免费信息资源。不过，互联网上的信息获取也存在问题，需要提高安全意识：第一，获得一些数据和信息需要留下个人信息，在使用网络信息时应该注意付费和隐私问题；第二，网上信息的真实性和权威性有待考证，网络信息资源需要严谨地查证才能使用；第三，网络上有部分信息资源是盗版的，使用时应该予以辨别。在学术论文中引用需要确定资源是否得到作者授权，引用时一定要标明信息来源，保护网络资源的著作权。

常见的图书资源检索平台有在版书目网络版（Books In Print Global Edition）、世界图书馆书目（WorldCat-OCLC）、中国 CALIS 联合书目数据库、方正 Apabi 数字图书馆、超星数字图书馆（汇雅电子书）、读秀知识库等。常见的报刊资源检索平台有《全国报刊索引》数据库、CSSCI-中文社会科学引文索引、中国学术期刊网络出版总库（中国知网，CNKI）、万方数据资源系统的全文数字化期刊、中文科技期刊数据库（维普全文电子期刊）、Web of Science、ArticleFirst-OCLC 期刊索引数据库、ProQuest Research Library（PRL）、Academic Search Complete 等。常见的学位论文数据库有 ProQuest 硕博士论文数据库。常见的年鉴资源平台为中国年鉴网络出版总库。统计资料检索平台主要有中国资讯行搜数网、中经网统计数据库、BVD 系列数据库、EMIS、皮尤研究中心等。政府出版物主要包括中国国家统计局"国家数据"、联合国数据库等。

五、新型参考信息源

（一）搜索引擎

搜索引擎是以一定的策略在互联网中搜集、发现信息，对信息进行理解、提取、组织和处理，并为用户提供检索服务，从而起到信息导航目的的系统。① 搜索引擎分为机器人搜索引擎、目录式搜索引擎、元搜索引擎和信息检索 Agent②，主要基于网络爬虫技术、检索排序技术、自然语言处理技术等技术，为用户提供完整的信息。虽然搜索引擎在移动互联网及各种应用程序自带的检索工具的冲击下日渐式微，但仍然是检索网络资源的主要工具。

最主要的英文搜索引擎是谷歌搜索。谷歌诞生于 1998 年，最初只能搜索文本，现在则有图片搜索、音乐搜索、地图搜索等多种搜索功

---

① 张兴华.搜索引擎技术及研究[J].现代情报,2004(4):142-145.
② 印鉴,陈忆群,张钢.搜索引擎技术研究与发展[J].计算机工程,2005,31(14):54-56,104.

能。谷歌专门建立了谷歌学术搜索，涵盖了大多数英文学术资源，包括期刊论文、会议论文、工作论文、研究报告等。谷歌学术搜索可以直接链接至存放资源的数据库，有的数据库是开放存取，有的则需要付费，用户所属的图书馆如果购买数据库则可以直接获取，比如北京大学图书馆的用户如果使用北大校园网或者登录北京大学 VPN 搜索谷歌学术资源，就可以直接下载、使用北京大学图书馆购买的资源。

在谷歌之外，还有一些比较有特点的英文搜索引擎。例如，总部位于欧洲的 Qwant 就是一个高效的搜索引擎。它的特色有三点。第一是私密性较强，用户搜索产生的 cookie 数据和搜索历史都不会被跟踪和记录，Qwant 不需要用户信息和搜索历史也能够提供准确率较高的查询；第二是保持中立，Qwant 对搜索结果的排序算法是一致的，不会有商业目的或者广告①；第三是把搜索和社交、视频、电商、新闻、照片等热门互联网应用集成到一个搜索应用中，搜索体验比较好②。Qwant 可以作为搜索各类网络资源的工具，它的检索结果比较全面，受到各种商业行为制约的情况也比较少。

百度是世界上最大的中文搜索引擎，其对中文资源检索的服务一直处于各类中文搜索引擎中的领先地位。百度虽然也提供英文等外文搜索，但其搜索结果的质量不如谷歌。百度的搜索范围涵盖了网页、文件、音乐、图片、视频等多种资源，基本覆盖了所有的中文信息资源。百度还推出了百度学术搜索，与谷歌学术类似，能够搜索中文各类型学术资源。

（二）开放存取资源

针对一些信息收费的问题，国际出版界、图书馆界等领域开展了

---

① Qwant Help Center. Our philosophy[EB/OL].[2020-05-31].https://help.qwant.com/help/overview/our-philosophy/.

② eGouz 上网导航.法国 Qwant 搜索引擎[EB/OL].[2020-05-31].https://www.egouz.com/topics/13868.html.

"开放获取"(Open Access)运动。《布达佩斯开放获取倡议》(BOAI)对开放获取做出定义:"开放获取是指文献资源在公共互联网上免费可用,允许任何用户阅读、下载、复制、分发、打印,搜索或链接到这些文章的全文,以进行检索;用户可以将文章用于索引,将它们作为数据传递给软件,或用于其他合法目的,没有财务、法律或技术上的障碍,而这些障碍与无法访问互联网本身密不可分。复制和发行的唯一限制以及版权在该领域的唯一作用应该是让作者控制其作品的完整性以及获得适当承认和引用的权利。"[①]开放获取本质上是一种基于互联网免费获取文献的模式,它为科学研究查找和利用文献提供了便利。

目前开放存取已经成为普遍且常规的服务。从开放内容看,有开放存取期刊、机构知识库、开放教学大纲、开放研究项目、开放研究数据等,arXiv.org、Project MUSE、ResearchGate 等都是著名的开放存取平台。北京大学图书馆有很多开放存取资源,比如开放研究数据平台、北京大学期刊网以及北京大学机构知识库。总之,开放获取期刊(OA期刊)学术影响力日益增强,开放学术资源逐渐成为主流学术信息资源,建立开放学术资源服务和评估体系势在必行。

(三)新型数据平台

仅具有查询功能的传统数据库已经不能满足研究者的使用需求,近年来出现了一些新型数据平台,它们在提供数据的粒度和其他服务上都做出了改变。首先是可以提供更加细粒度的数据;其次是可以提供更多的服务和工具,比如数据分析工具、可视化工具、引用服务等。新型数据平台因其功能多元而得到越来越多研究者的青睐,而它们的出现也使得传统的数据库逐渐增加了更多的工具。

新型数据平台的代表有哈佛大学的中国历代人物传记资料库

---

① Budapest Open Access Initiative. BOAI15[EB/OL].(2017-02-14)[2020-05-31]. https://www.budapestopenaccessinitiative.org/boai15-1.

(China Biographical Database，CBDB)①，它的数据主要是唐宋时期的历史人物的结构化数据。与以往的数据库相比，它提供的数据粒度更细，并且创设了多种人物关系。同时，人物数据与地理数据关联，地理信息由中国历史地理信息系统项目(CHGIS)提供，包含自公元前221年至1911年间行政区划体系的资料。CBDB中的数据可以进行社会网络分析以及地理分析。科研数据方面，The Dataverse Project是由哈佛大学建立的开源Web应用程序，用于分享、保存、引用、探索和分析研究数据。② 研究人员可以利用Dataverse管理科研数据，也能够授权科研数据的公开。因而，Dataverse平台上有大量的开放的科研数据，涉及多个学科，在论文写作中十分实用。

六、文献信息检索的基本知识与技能

(一) 分析检索需求

对信息需求进行分析是信息资源检索的第一步。信息需求的内容是什么，想要解决什么问题，达到什么目的，这些问题需要通过需求分析揭示出来。检索需求分析的目的在于明确检索范围，便于把信息需求贴切地表达出来，并落实到文字上。

检索需求分析主要包括以下内容：

(1) 分析检索需求的内容，包括研究要点、学科范围、主题范围，即所需资料的学科分布；

(2) 分析检索问题的类型，是需要文献线索，还是文献全文，或者是需要数据，是简单检索还是复杂检索，复杂检索就需要对问题进行分解，再考虑如何解决；

(3) 分析所需文献的类型，即需要在图书、期刊、学位论文、科技

---

① China Biographical Database Project[EB/OL].[2021-08-31].https://projects.iq.harvard.edu/cbdb/home.

② The Dataverse Project. About the Project[EB/OL].[2021-08-31].https://dataverse.org/about.

报告、专利、标准、名录等不同文献类型之间进行判断和选择;

(4)分析检索需求的语种范围、时间范围。

(二)选择检索工具

选择检索工具的途径有:

(1)利用信息检索工具指南来选取,如《工具书指南》《国外科技文献检索工具选介》等。

(2)浏览图书馆的工具书阅览室陈列的工具书,或浏览图书馆的电子资源网页。如北京大学图书馆网站上有"西文数据库导航系统"和"中文数据库导航系统",打开这些页面就可以逐一挑选所需要的数据库,在不熟悉数据库的情况下可以点击每一个数据库后面的"相关说明"按钮,查看数据库介绍。

(3)从所熟悉的信息检索工具中选择,熟悉检索工具的分布就可以直接选择适合的数据库,例如检索国外书目资源可以直接选择OCLC的WorldCat书目数据库,检索国内电子图书可以直接选择方正Apabi电子书检索系统,查检国外人物传记资料可以直接选择GALE的"传记资源中心"数据库。

(4)向图书馆工作人员提出咨询。咨询的方式包括面谈、打电话、发电子邮件,还可以使用图书馆的在线实时咨询服务系统。

当前,检索工具越来越多,且分布在结构不同的检索平台上,很多用户不熟悉检索工具的分布和检索系统的使用方法,这为用户选择适合的检索工具进行信息检索带来很多困难。因此,用户需要熟悉一些比较常用的检索工具和本专业内比较重要的检索工具。用户也可以使用一站式检索,但是一站式检索的范围比较广,检索结果可能比较多,筛选需要的时间较长。

(三)拟定检索词

检索词的拟定是非常重要的一个环节,输入的检索词直接关系到检索结果是否能够满足需要。检索同一个检索词在不同的数据库中得到的结果不同,检索不同的检索词在同一个数据库中得到的结果差异也很大。有些检索词使用频率较高、涵盖范围较广,检索结果的数量很大。对于一个检索者来说,数量如此巨大的信息是没有什么意义的,所以,拟定合适的检索词是每一个检索者无法回避的问题。

拟定检索词的基本方法有:

(1) 通过词表选择规范化的检索词。EBSCO 数据库提供主题词表功能,例如想查找图书馆面向残疾人服务方面的资料,词表会提供"library buildings—Barrier-free design"这一规范表达。关于图书馆指导的检索词系统会提示:library instruction use library orientation,用 USE 这个词告诉用户规范的表达。

(2) 通过隐性主题选取检索词。例如光纤通信可以参考使用光学纤维、玻璃纤维、纤维光学;检索杀菌剂新品种,可以分析其实际隐含有"高效低毒农药"的主题;"并购"一词的隐含概念有"剥离""拍卖"。查检词表可以获得有关隐性主题,如"public transportation"这一概念隐含了"bus"或"subway"等检索词。

(3) 选择上下概念作检索词。例如分析石质文物的下位概念,如石楼、石碑、纪念碑、金字塔等。ProQuest 检索系统的词表告诉用户一个词的上位词(Broader Terms)、下位词(Narrower Terms)、相关词(Related Terms),如系统提示天主教学校(Catholic schools)的上位词是宗教学校(Religious schools)。

(4) 注意检索词的缩写词、词形变化以及不同地区的不同表达方式。例如检索世界贸易组织方面的资料,不可忽略世贸组织/World Trade Organization/WTO 等相关表达。中国民间乐器演奏的音乐,中国大陆称之为"民乐",台湾地区称之为"国乐",新加坡则称之为"华乐"。英美不同的拼写方式也影响到检索词的拟定:如"目录"的美式英语单词是 catalog,英式英语单词是 catalogue;考古学的美式英语单词是 archeology,英式则是 archaeology。

(5) 利用同义词。比如,一个词语在英文中往往有多个单词与之对应。如"保护"一词在英文中即有 protection、conservation、preservation、

open access 译为开放存取、开放获得、公开获取,同时和 free access、universal access 相近。

(6)通过初步的检索结果发现适合的检索词。可以先尝试用一个检索词实施检索,通过获得的检索结果能够进一步确认合乎要求的检索词。

(7)通过查看参考文献获得更多的、更规范的检索词。

(四)制定检索策略

1. 根据需要选择不同的检索模式

检索系统提供的检索模式有基本检索(简单检索,basic search, simple search,quick search)、高级检索(advanced search)和专家检索(expert search)。有的检索系统称快速检索、复杂检索。基本检索一般就有题名、作者等检索入口;高级检索提供的入口较多,而且提供逻辑运算关系,还有各种限制条件;专家检索需要用户自己用" "、#、*、?、w、n、and、or、not 等符号构造检索式。

2. 善于利用检索系统提供的帮助

检索系统大多提供检索方面的技巧和方法。例如《人民日报》数据库设有"检索帮助"按钮,ProQuest 数据库设置"help"按钮,同时还提供 Search Tips(检索小窍门);CSA 的 ILLUMINA 平台上有"帮助&支持"按钮,内容包括培训资源、常见问题解答、使用教程、数据库介绍、快速检索方法、高级检索方法、专家检索方法、检索结果处理方法等内容。检索系统提供的帮助非常有利于用户自学以提高检索能力。

3. 运用不同的检索方式

进入选择的检索工具,输入拟定的检索词并不代表实施了有效的检索。根据检索系统的特点和功能制定适宜的检索策略也非常重要。制定检索策略一方面需要制定检索式,另外一方面需要确定检索途径。将选定的检索词用系统规定的检索算符连接组配起来,就成为一条体现检索策略的检索表达式。检索逻辑算符包括布尔逻辑算符和位置算符等。确定检索途径需要注意是选择字段检索还是全文检索，字段检索是选择篇名检索、主题检索还是关键词检索。

(1) 字段检索。

字段检索是把检索词限定在某个/些字段中，如果记录的相应字段中含有输入的检索词则为命中记录，否则检不中。大多数检索工具都提供字段检索，可供检索的字段一般有题名、作者、主题、摘要、关键词、出版社等。科学文摘数据库(INSPEC)设置的检索字段达41个。不同的数据库还设置特殊的检索字段，例如学位论文数据库设有院系、导师、专业、学位名称、答辩日期等字段；电子图书检索系统设有价格、版次、责任编辑、ISBN号等字段；期刊全文数据库设有文献语种、文献类型(如年度报告、个案研究、小说、评论、访谈、信件)、ISSN号、字数等字段；会议录索引数据库设有会议日期、会议地址、会议名称、会议主办单位等字段；医学数据库MEDLINE设有化学物质、MeSH标目等字段；教育资源数据库ERIC设有教育程度(如成人教育、儿童早期教育、Grade 10)、所面向的用户(如父母、管理者、决策者、社区、媒体)等字段；引文索引数据库设有被引文献作者、被引文献篇名、被引文献期刊、被引文献年代、被引文献细节等字段；名人传记资料数据库设有出生地、出生日期、性别、职业、国籍、种族、死亡年代等字段；名录数据库设有机构名称、机构名称缩写、机构所在地、创建年代、会员人数、预算、奖项等。这些情况反映出在检索文献资料时熟悉数据库的字段词设置是很有必要的。

(2) 布尔逻辑检索。

布尔逻辑检索是指利用布尔逻辑运算符连接各个检索词，然后由计算机进行相应的逻辑运算，以找出所需信息的方法。规定检索词之间的逻辑关系的算符，称为布尔逻辑算符。布尔逻辑算符包括逻辑与(AND)、逻辑或(OR)、逻辑非(NOT)三种。

逻辑与(AND)：检索式"A and B"表示文献中同时包含检索词A和检索词B的文献才是命中文献。例如查找"胰岛素(insulin)治疗糖尿病(diabetes)"的检索式为：insulin and diabetes。有的检索系统用*

表示逻辑与关系,例如输入中国*北京,则表示检索包含有中国和北京的信息。

逻辑或(OR):检索式"A or B"表示包含检索词 A 的文献或者包含检索词 B 的文献或者同时包含检索词 A 和 B 的文献为命中文献。例如查找"肿瘤"的检索式为 cancer(癌) or tumor(瘤) or carcinoma(癌) or neoplasm(新生物)。有的检索系统用+表示逻辑或关系,例如输入中国+北京,则表示检索包含有中国或者北京的信息。

逻辑非(NOT):检索式"A not B"表示包含检索词 A 同时不包含检索词 B 的文献为命中文献。例如检索"动物的乙肝病毒(不要人的)"的文献的检索式为 hepatitis B virus(乙肝病毒) not human(人类)。

在一个检索式中,可以同时使用多个逻辑运算符,构成一个复合逻辑检索式。当多个逻辑运算符在一起的时候,其执行顺序为非、与、或,可以用括号来改变执行的顺序。例如检索式"(cancer or tumor) and therapy",就是先运算(cancer or tumor),再运算 and therapy 的意思。

布尔逻辑检索可以用于检索词之间的布尔逻辑关系运算,也可以用于字段之间的布尔逻辑关系运算。例如查找季羡林先生所写的有关"东方文化"的著作,通过在著者字段输入季羡林,在题名字段输入东方文化,两个字段之间选择 AND 关系就可以实现这个检索需求;检索钱伟长在清华大学期间发表的题名或摘要中都包含"物理"的文章,检索式可以这样来表达:作者=钱伟长 and 单位=清华大学 and(题名=物理 or 摘要=物理)。

(3)截词检索。

截词检索就是用截断的词的一个局部进行的检索,并认为凡满足这个词局部中的所有字符(串)的文献,都为命中的文献。截词检索利用单词的片段进行查找,有利于扩大检索范围。截词方式有多种:按截断的字符数量分,包括有限截断和无限截断;按截断的位置分,有后截断、前截断、中间截断三种类型。截词检索一般通过截词符来实现。不同的检索工具使用的截词符不尽一致,常用的有?、$、*等。这些符号又称通配符。

有限截词，即一个截词符只代表一个字符。有的系统使用问号，有的使用#号，一个问号代表一个字母，两个问号代表两个字母。例如wom#n 可以检索到含有 woman 和 women 两个词的记录，carbon fib?? 能够检索到 carbon fiber 和 carbon fibre。有限截词可用于年代范围的检索，例如输入 199?，可以检索到 1990—1999 年间的资料。

无限截词，即一个截词符可代表多个字符。

后截断，也称为前方一致。例如输入 econom∗，可以检索到 economy、economics、economical，输入 Optic∗ 可以检索出 optic、optics、optical 等词，输入 comput? 可以检索到 computer、computers、computing 等。

前截断，也称为后方一致。例如输入 ?computer 可以检索到 minicomputer、microcomputers 等。

中间截断，即前后一致，中间不同。例如输入 behavi∗r 可以检索到含有 behaviour 和 behavior 的记录。

（4）位置检索。

位置检索可要求检索词以用户所规定的相对位置出现。例如，使两个（或多个）检索词相连（可以此表示词组）或相邻，或同在一个字段或子字段中等，从而使检索出的文献更确切地符合用户要求，提高查准率。常用的位置算符是 WITH 和 NEAR。

WITH：或直接写成 w，表示两个检索词紧挨着，词序不能颠倒，中间不得插入其他词、字母或代码。

nW：表示两个检索词中间可插入 n 个词，但它们之间的顺序不可颠倒。

NEAR：或直接写成 n，表示两个检索词必须相连，不得插入其他词，但词序可以颠倒。

nN：表示两个检索词中间可以插入 n 个词，且词序可以颠倒。

我们举例说明：在 WorldCat-OCLC 书目数据库中检索题名是学科馆员（Academic Librarian）的书，表达式是 ti:Academic w Librarian。使用 w 位置符，命中结果是 56 条。如果两个词之间没有 w 位置符，命中结果是 165 条。后面一种检索结果中有如下一条记录：

Information empowered: the school librarian as an agent of academic achievement in Alaska schools

分析这条记录的内容我们可以发现，这条记录仅仅是包含了 Academic 和 Librarian 两个词，但是两个词没有在一起，表达的内容根本不是我们需要的学科馆员的资料。

（5）词组检索。

大多数检索工具都提供词组检索。只需把词组（或短语）置于双引号之内，即可进行完全精确匹配的词组检索。我们举例来说明词组检索的好处。

检索信息文化方面的资料，如果不使用词组检索，检索的结果会包括文化信息、文化部、佛教文化信息、文化用品信息、文化市场信息、文化艺术人才信息、文化信息资源共享工程等，显然很多不相关的内容被检索出来，大大降低了查准率。

在 OCLC ArticleFirst 数据库中输入 digital library 得到 1376 条记录。如果选择词组检索，输入"digital library"，检索结果就减少到 942 条。可见，使用词组检索对于缩小检索范围、提高查准率是非常有帮助的。

（6）全文检索。

全文检索，也称任意词检索，是指输入一个检索词，检索工具能够检索出所有在任何一处出现该检索词的文献，即不管是题名、作者、摘要、正文，还是在附注或参考文献中。随着检索技术的进步，越来越多的检索工具可提供全文检索。

检索策略一般很难一步到位，所以在检索过程中不断调整检索策略是很常见的。当获得的检索结果不切题，检索结果过多或过少时，就需要设定一些限制，重新给出检索词，或进行二次检索来进一步完善检索策略。

（五）处理检索结果

将所获得的检索结果加以系统整理，鉴别它们是否有价值，筛选出符合检索要求的相关文献信息,选择检索结果的著录格式,辨认文献类型、文种、著者、篇名、内容、出处等项记录内容,输出检索结果。

(六)索取原始文献

有些数据库是二次文献数据库,如书目数据库、期刊目次库,检索结果表达的是书刊资料的出处,用户需要利用这个来源索取原始文献。索取原始文献的方法是到本单位图书馆、本地图书馆查找,或者通过图书馆开展的馆际互借服务、文献传递服务来获取异地图书馆的资源。

北京大学图书馆为本校教师、研究生及高年级本科生提供向国家图书馆、香港大学图书馆、香港科技大学图书馆、英国国家图书馆文献提供中心借书的服务;还可以向国内外的院校图书馆或文献提供机构,如国家图书馆、清华大学图书馆、中国科技信息所、中国高校人文社会科学文献中心(CASHL)、国家科技图书文献中心(NSTL)、香港大学图书馆、匹兹堡大学图书馆、哈佛大学图书馆、美国俄亥俄州的联机图书馆中心(OCLC)、英国不列颠图书馆文献提供中心(BLDSC)、美国UMI公司等请求提供原文文献复制及原文传递服务。

结束语

图书馆的服务数不胜数,论文写作可真是离不开它。搜索引擎、开放存取资源、新型数据平台都是我们获得参考信息的来源。分析检索需求、选择检索工具、拟定检索词、制定检索策略、处理检索结果、索取原始文献的具体方法等等,都值得我们进一步学习。现在我们已经知道了一些学术写作的方法论,那么怎样在思维逻辑的层面打造一篇思辨性较强的论文呢?接下来三章将为你揭晓。

第六章　思维四律与澄清概念

📖 开场白

学术型写作是对自己所主张的新观点给出支持性论证,论证离不开逻辑推理。那么,逻辑的基本规律有哪些?澄清关键性概念或定义理论的具体方法和规则有哪些?我们在进行学术写作时应当怎样合理运用思维规律与定义呢?本章将对以上问题进行阐述。

一、学术性写作与逻辑

接下来的三章将围绕"学术性写作"这个主题,结合日常思维中推理和论证的实例,讲授必要的逻辑知识。

相较于新闻报道、文学创作等,学术性写作的突出特点是,以追求真理为目标,以说理为唯一手段。更具体地说,学术性写作要求:从清楚、明确的问题和概念出发;有陈述准确的观点或主张;给出支持性的理由或论据;理由或论据必须真实、相关和恰当;基于理由或论据在逻辑上能够推出所要论证的观点;不能一厢情愿,要适当考虑和回应反对意见;最后,通盘考虑正反两方面的理由,得出结论。逻辑在以上环节中都起重要作用,对于学术性写作来说十分重要。

形成批判性思维是确保学术写作逻辑性的关键。作为一门大学通识教育课程,"批判性思维"课重点关注如何识别、构造,特别是评价实际思维中各种推理和论证的能力。它要求给出一个人信念或行动的各种理由,分析、评价一个人自己的以及他人的推理或论证,反驳错误的推理或论证,设计、构造更好的推理或论证。其核心理论是定义理论、论证理论、谬误理论。批判性思维中也包括形式推理的部分,只不过技术化程度相对较低。批判性思维已经成为美国许多能力性测试(如 GRE、GMAT、LSAT 等)中逻辑推理部分的理论基础。

对于学术性写作的产品——学术论文,可以从如下角度做逻辑审查:

1. 作者所要表达和论证的主要论点是什么?
1.1 作者旨在回答什么样的问题或质疑?其主张是什么?
1.2 其主张或论点是否表述得足够清晰、准确和简洁?
1.3 其中所涉及的关键性概念是否得到定义和澄清?
1.4 对其主张或论点有可能发生的误解是否已经排除?

2. 作者用来支持其论点的理由或论据有哪些?是否真实或足够可靠?
2.1 作者在论证中明确用到哪些理由或论据去支持其主张?
2.2 这些理由或论据的真实性或可靠性如何?与所要论证的主张相关吗?
2.3 论证中用到的事实性论据或统计数据的来源是什么?它们足够可靠和相关吗?
2.4 还有哪些在论证过程中不可缺少的隐含前提?它们真实或足够可靠吗?
2.5 以上所涉及的关键概念和关键论题是否足够清晰、不含歧义?

3. 作者基于给出的理由推出其论点的过程在逻辑上有效吗?
3.1 作者在论证中使用了哪些推理形式?

3.2 其中所使用的演绎推理形式在逻辑上有效吗？
3.3 其中所使用的归纳和类比等是否有足够的说服力？
3.4 作者在论证过程中是否诉诸谬误和诡辩？

4. 文章是否体现了分层次的论证结构？
4.1 作者所要论证的主要观点是什么？
4.2 作者所给出的主要理由是什么？
4.3 作者对主要理由所给出的支持性理由是什么？
4.4 作者所隐含使用的前提和假设是什么？
4.5 以上所有因素在逻辑上如何关联？

5. 作者在论证过程中是否表现得一厢情愿？
5.1 作者是否考虑和回应了相反的观点、理由及其论证过程？
5.2 作者是否考虑和回应了对其论点、论据和论证过程已有的或可能有的反驳意见？
5.3 这些回应是否有足够的说服力？

6. 如何评价文章的总体论证结构？
6.1 主要观点是否足够清晰和准确？是否需要得到限制和修正？
6.2 所使用的主要理由或论据是否足够清晰，是否真实和可靠？是否有更好的理由或论据？
6.3 所使用的事实性论据或统计数据是否足够可靠？其中是否存在搜集者的误导、扭曲和错误解读？
6.4 所使用的隐含前提和假设是否真实和足够可靠？能否在论证过程中将它们明示化？
6.5 论证过程中所使用的推理、论证形式在逻辑上是否有效？能否做出更好的替代论证？

下面考虑一个简单论证，补全它的所有隐含前提和省略掉的推理步骤，进行图解，并在后文给出对其论证的评价：

希拉里·克林顿的总统梦不会实现。自从 1836 年以来,连任两届民主党总统之后的候选人均未成功当选,而且 2016 年是选民渴求大变的一年,历史在和她作对。

显然,该论证使用了很多隐含前提,有很多省略的推理步骤。为了严格审查它的有效性和可靠性,需要把这些要素都补全。

约定:用 C 表示论点或结论;用 P_1, P_2,……, P_n 表示前提 1,前提 2,……,前提 n;用 IP_1, IP_2,……, IP_n 表示隐含前提 1,隐含前提 2,……,隐含前提 n;用 P_{11}, P_{21},……, P_{n1} 表示支持前提 1 的附加前提 1,支持前提 2 的附加前提 1,……,支持前提 n 的附加前提 1,以此类推;用"↓"表示前提对结论的支持关系。下面是补全了的该论证的所有要素和推理步骤①:

P_{11}:自从 1836 年以来,连任两届民主党总统之后的候选人均未成功当选。

P_1:民主党连任两届后不可能胜选。

IP_1:希拉里是民主党候选人。

IP_{21}:2016 年选民渴求大变。

IP_{22}:希拉里胜选不被认为会带来大变。

P_2:希拉里不符合选民倾向。

IP_2:不符合选民倾向就不能当选。

C:希拉里的总统梦不会实现。

图解:

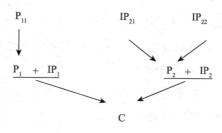

---

① 董毓.批判性思维十讲——从探究实证到开放创造[M].上海:上海教育出版社,2019:43+48-52.

二、坚守正确思维的底线——逻辑基本规律

所谓"逻辑基本规律",即同一律、矛盾律、排中律,以及莱布尼茨提出的充足理由律。它们构成了理性思维最基本的前提与预设,是理性的对话、交流能够进行下去的最起码的前提,分别确保理性思维的确定性、一致性、明确性和论证性。它们定义了什么叫理性思维,给出了理性思维的构成性条件。不过,关于充足理由律是不是逻辑基本规律,目前存在不同的观点,本书把它视作基本规律。由于有四条规律,本书简称"思维四律"。

(一)同一律

同一律强调的是在同一思维过程中,一切思想(包括概念和命题)都必须与自身保持同一。可用公式表示如下:

$$A 是 A$$

这里,"A"指在思维过程中所使用的任何一个概念或命题。

同一律要求确保思维的确定性。它有如下逻辑要求。

1. 概念同一

概念要保持同一即概念的内涵和外延必须保持同一:一个概念具有什么意思就具有什么意思,指称什么对象就指称什么对象。违反这个要求,会犯"概念模糊""混淆概念"和"偷换概念"的逻辑错误。下面分别是"概念模糊""混淆概念"和"偷换概念"的例子。

(1)概念模糊

> 三个秀才进京赶考,路上遇到一个算卦的,三人合算一卦预卜考试前途。算命先生伸出一根手指头说"一",然后不置一语。

在此例中,"一"可以表示三个人"一起考上""一起考不上""只有一位考上"和"只有一位考不上",这穷尽了所有可能性。算命先生通过语意模糊来确保他的卦语永远正确,达到骗钱的目的。

（2）混淆概念

  人是由猿猴进化而来的，张三是人，张三是由猿猴进化而来的。

此三段论的结论不正确：张三作为人类个体，是他的母亲生的，而不是由猿猴进化而来的；他的生命历程太短，无法完成从猿到人的进化过程，完成这个过程的是人类。其中，"人"的第一次出现表示一个动物种类——人类，第二次出现表示该种类的一个个体——一个人，该三段论没有共同的中项，不能由前提推出结论。

（3）偷换概念

  这是一条狗，它是你的，它是一位父亲，故它是你的父亲，你打它，就是在打你自己的父亲。

这是古希腊早期的诡辩家提出的一个诡辩论证，其中存在"偷换概念"的逻辑错误。他们提出的类似论证还有很多，如"鳄鱼悖论""秃头""谷堆""幕后人"等。这些论证"实际上是对语言和思维本身的把玩和好奇，是对其中某些过程、环节、机巧的诧异和思辨，是智慧对智慧本身开的玩笑，是智慧对智慧本身所进行的挑激。实际上，它们表现着或者说引发了人类理智的自我反省，并且正是从这种自我反省中，才产生了人类智慧的结晶之一——逻辑学"[①]。

清晰的概念对于有效论辩十分重要。一群山地露营者想象这样一种情形：一只松鼠站在树上，一个猎人围绕它转了一圈。他转时，松鼠也跟着他转。然后他们发生了争论，一方认为那位猎人已经围绕松鼠转了一圈，另一方却认为他没有围绕松鼠转一圈。他们请在场的美国哲学家兼心理学家威廉·詹姆斯评评理，后者说："哪一边对，要看你们所谓'绕着'松鼠跑的实际意义是什么。要是你们的意思是说从松鼠的北面到东面，再到南面和西面，然后再回到北面，那么这个人显然是绕着它跑的；因为这个人确实相继占据了这些方位。相反的，要

[①] 陈波.逻辑学是什么[M].北京：北京大学出版社，2015：3-4.

是你的意思是说先在松鼠的前面,再到它的右面,再到它的后面,再到它的左面,然后回到前面,那么这个人显然并没有绕着这个松鼠跑,因为,由于松鼠也相对活动,它的肚子总是朝着这个人,背朝着外面。确定了这个差别后,就没有什么可争辩的了。你们两边都又对又不对,就看你们对'绕着跑'这个动词是怎么理解的。"①

常见的争论情形远比上面的例子复杂得多:人们可能对很多重要概念有不同的理解,随之也对很多重要命题有不同的理解,表面上看起来争论得热火朝天,但实际上是各说各话,没有交集;或者只有字面的差别,没有实质的差别。因此,为了讨论和争辩有效进行,我们必须找到共同的出发点,先厘清一些关键性概念和关键性命题的意义。

2. 命题同一

命题要保持同一,即命题自身的意思和真假值必须保持同一。在同一个思维过程中,如果在某一意义上使用一个命题,就必须始终在该意义上使用该命题;或者,从命题的真假角度说,一个命题是真的就是真的,是假的就是假的。

在自然语言中,歧义性是常见现象,可以由一词多义、构型歧义、语音歧义(如重读)等造成。这里只考虑"构型歧义":由于句子语法结构的不确定而产生的一句多义。例如:

(a) 一算命先生给人算卦说:父在母先亡。
(b) 他刚转到这所学校,很多人都不认识。

若给(a)中"父在母先亡"加标点,"父在,母先亡",意味着父亲在母亲之后去世;若不加标点,意味着父亲在母亲之前去世。再考虑时态因素,这句话可以表示对过去的追忆,对现实的描述,对未来的预测,因此就有六种不同的含义,已经穷尽了全部可能情况,永远不会错。算命先生就是用此类把戏骗人钱财。对(b)有两种不同解读:他刚转到这所学校,很多人都不认识他;他刚转到这所学校,他不认识很多人。

---

① 威廉·詹姆斯.实用主义[M].陈羽伦,孙瑞禾,译.北京:商务印书馆,1979:25.

3. 论题统一

从论辩的角度说,同一律还要求:在一个论辩过程中,讨论什么论题就讨论什么论题,不能偏题、离题、跑题。并且,在反驳和批评别人的观点时,不能歪曲别人的观点,故意将其荒谬化,否则会犯"稻草人谬误"。切记:批判的态度应该是科学的态度。

我们看一个虚构的会议纪要:

> 在20世纪80年代初期,某单位召开的一次安全生产会议上,该单位的某领导发表了这样一通讲话:"时间不多了,简单讲几句吧。今天是安全生产会议,我想讲几个与之有关的问题:一、关于精神文明;二、关于物质文明;三、关于形势与任务;四、关于绿化问题;五、关于计划生育……,最后再讲一下下季度工作安排。关于精神文明,就是要开展文明礼貌月,把两个文明一起搞上去。当然是'物质第一性'嘛,也有两重性,对立就是矛盾,就是闹不团结。统一嘛,就是一致思想。比如说,团结一致向前看,想当年……。这是第一个问题的第一点。第二,哟,已经讲了一个多小时了,真是'光阴似箭,日月如梭'呀,难怪子在川上曰:'逝者如斯夫!'时间确实宝贵,上次开会小王迟到,我批评了他几句,还不服气。可别小看一分一秒,一人浪费一分一秒,十亿人就……。大家说对不对?哎,后面的同志别打瞌睡,要振奋精神,振兴中华,要注意听讲……。对了,我刚才说到哪儿了?"

从逻辑上分析,这位领导显然犯了"跑题"的错误。在说话写文章时,容易犯这种错误,因为说 A 时说到 B,说 B 时说到 C,说 C 时说到……F,但 A 与 F 之间相距已经不止"八千里路云和月"了,已经"离题万里"了!

我们再来看一个答非所问的逻辑:

A:这鸡蛋真难吃。

B:隔壁家那鸭蛋更难吃,你咋不说呢?

A:这鸡蛋真难吃。

B：有本事你下个好吃的蛋来。

A：这鸡蛋真难吃。

B：下蛋的是一只勤劳、勇敢、善良、正直的鸡。

A：这鸡蛋真难吃。

B：比前年的蛋已经进步很多了。

A：这鸡蛋真难吃。

B：你就是吃这鸡蛋长大的,你有什么资格说这蛋不好吃？

A：这鸡蛋真难吃。

B：你这么说是什么居心什么目的？

A：这鸡蛋真难吃。

B：嫌难吃就别吃,滚去吃隔壁的鸭蛋吧。

……

这段对话来自网友的集体创作,匿名。其中,B 总不正面讨论和回应"鸡蛋究竟是否好吃"的问题,而是扯到 A 的说话态度、能力、资格、动机等话题上去,犯了"转移论题"的逻辑错误。如果鸡蛋是否好吃有客观标准,那么 A 和 B 首先应在这个客观标准上取得共识,然后依据这个标准来判定这批鸡蛋是否好吃；若不好吃,其原因是什么,如何改进；等等。如果鸡蛋是否好吃纯属个人口味,就像有人嗜辣有人嗜酸一样,那就没有什么道理可讲,根本用不着争辩,即使争辩也不会有结果。

(二) 矛盾律

矛盾律应该叫作(禁止)矛盾律,或(不)矛盾律。其内容是,两个互相矛盾的命题不能同真,而是必有一假。可用公式表示如下：

并非(A 并且非 A)

这里,"A"代表一个命题,"非 A"代表 A 的否定命题。由于两个互相反对的命题蕴涵各自的否定,故两个互相反对的命题也不能同真,而是必有一假。在这种派生的意义上,矛盾律中的"非 A"既包括与 A 互相矛盾的命题,也包括与 A 互相反对的命题。

两个命题互相矛盾,是指它们不能同真,也不能同假。例如:

"所有 S 是 P"与"有些 S 不是 P"

"所有 S 不是 P"与"有些 S 是 P"

"a 是 P"与"a 不是 P"

"p 且 q"与"非 p 或非 q"

"p 或 q"与"非 p 且非 q"

"如果 p 则 q"与"p 且非 q"

"只有 p 才 q"与"非 p 且 q"

"必然 p"与"可能非 p"

"必然非 p"与"可能 p"

两个命题互相反对,是指它们不能同真,但可以同假。例如:

"所有 S 是 P"与"所有 S 不是 P"

"所有 S 都是 P"与"(这个或那个)S 不是 P"

"所有 S 都不是 P"与"(这个或那个)S 是 P"

"必然 p"与"不可能(必然非)p"

矛盾律的作用在于保证思维的一致性,其逻辑要求是,在两个互相矛盾或互相反对的命题中,必须否定其中一个,不能两个都肯定。否则,就会犯"自相矛盾"的逻辑错误。

"矛盾"一词最早出现在《韩非子·难一》中:

楚人有鬻盾与矛者,誉之曰:"吾盾之坚,物莫之能陷也。"又誉其矛曰:"吾矛之利,于物无不陷也。"或曰:"以子之矛,陷子之盾,何如?"其人弗能应也。夫不可陷之盾与无不陷之矛,不可同世而立。

从楚人上面的两句话中,可以推出"这柄矛能够刺穿这面盾"和"这柄矛不能刺穿这面盾",他由此陷入"自相矛盾"的境地。中国先秦时期的墨家已经认识到思维中不能允许自相矛盾,他们提出"悖"这一概念,并发展了如下的反驳方法,即指出对方的观点或做法将导致

"悖"的境地,而"悖"在思维中是不允许出现的,因此,该观点或做法不成立。如在《墨子·非儒》中有如下说法:

> [儒者]曰:"君子循而不作。"应之曰:古者羿作弓,伃作甲,奚仲作车,巧垂作舟;然则今之鲍、函、车、匠,皆君子也,而羿、伃、奚仲、巧垂,皆小人邪?且其所循,人必或作之;然则其所循,皆小人道也。

由此,我们得到如下形式的言论中的矛盾,故儒家"君子循而不作"的论断不能成立:

> 在某个言说中,明显断定了 A;
> 在同一言说中,可间接推出非 A;
> 故有言说中的矛盾:A 且非 A。

根据矛盾的深浅程度及其解决的难易程度,可以把它们粗略分为以下几组。

第一,与常识、事理相矛盾。比较典型的是中国民间流传的带有幽默性质的"颠倒话":

> 大年初一月铮明,树枝不动就刮大风。
> 刮得那石碾子满天转啊,一根鸡毛没刮动。
> 刮得那鸡蛋上了树啊,把石碾子碰了一个大窟窿……
>
> 说胡拉,就胡拉,寒冬腊月种棉花。
> 锅台上头撒种子,鏊子底下发了芽,
> 拖着几根葫芦秧,开了一架眉豆花,
> 结了一个大茄子,摘到手里是黄瓜,
> 舀到碗里是芝麻,吃到嘴里是豆腐渣。
>
> 太阳出西落在了东,胡萝卜发芽长了一根葱。
> 天上无云下大雨,树梢不动刮大风。
> 滚油锅里鱼打浪,高山顶上把船撑。

东洋大海失了火,烧毁了龙王的水晶宫。
一只蚂蚱咬死驴,小麻雀一嘴叼死鹰。
阳关道上有人骑着大刀扛着马,又来个口袋驮驴一溜风。
半空中有个兔子咬死鹰,院子里老鼠拉猫钻窟窿。
极小的公鸡下了蛋,蛋中长根骨头硬如钉。
小鸡吃了黄鼠狼,青蛙吃了个长蛇精。
老太太见了心害怕,胡子吓得直扑棱。

这些话语与人们根深蒂固的常识和所相信的事理相矛盾,但并非完全不可能出现。有些时候,当人们被某种意识形态所绑架,或者爆发集体"癔症"或"癫狂"时,与此类似的话语就会出现,甚至会大行其道。摆脱此类矛盾的方法当然是冷静下来,恢复理智,回归常识。

还有如下带有幽默性质的"矛盾":

(a) 电站外高挂一块告示牌:"严禁触摸电线!500伏高压一触即死。违者法办!"

(b) 一个小伙子在给他女朋友的信中写道:"爱你爱得如此之深,以至愿为你赴汤蹈火。星期六若不下雨,我一定来。"

(c) 第22号军规:"军人如果有精神问题就可以退役,不过要本人在精神正常的情况下提出申请,并呈交有精神病的证据,才会被批准"。

第二,考虑不周、用词不当所导致的矛盾。这类矛盾很容易被纠正,例如:

(a) 他是死难者中唯一的幸存者。
(b) 他的胞弟是独子。
(c) 张三不小心谋杀了李四。
(d) 这个寡妇有丈夫。

第三,在一个理论内部隐藏着的矛盾,发现它们需要洞察力、逻辑训练和相关知识。

例如,《墨经》中说:"以言为尽悖,悖,说在其言。""之人之言可,是不悖,则是有可也;之人之言不可,以当,必不当。"这就是说,"所有的说法都是假的"必定是假的,因为假如这个说法是真的,则有的说法不是假的,这与上述说法矛盾;假如上述说法确实是假的,则意味着有的说法是真的,这又与该说法矛盾;因此,该说法必然导致矛盾,不可能是真的。

又如,亚里士多德的理论"物体的下落速度与物体的重量成正比"统治物理学近两千年。伽利略通过一个思想实验对它提出质疑。假设亚氏理论成立,设想有两个物体:A重B轻。按照亚氏理论,下落时A快B慢。再设想把A、B两个物体绑在一起形成A+B,A+B显然比A重,按照亚氏理论,A+B下落比A快;因为原来A快B慢,所以在A+B共同下落的过程中,慢B拖住了快A(因为两物的合成速度小于等于其中更快的那个物的速度),因此,A+B下落比A慢。由此矛盾出现。伽利略认为,推导过程所依据的另一个理论没有问题,因此亚氏理论不成立。他提出一个新理论:(在真空条件下)物体的下落速度与物体的重量没有关系。据说,他还进行了一次著名的实验——比萨斜塔实验来验证他的理论。

第四,最深层次的矛盾是"悖论":假设它们成立,可以逻辑地推出它们不成立;假设它们不成立,可以逻辑地推出它们成立。或者说,假设它们为真,可以逻辑地推出它们为假;假设它们为假,可以逻辑地推出它们为真。例如:

(a) 说谎者悖论:一个人仅说了一句话:我在说谎。请问:他说的是真话还是假话?

(b) 明信片悖论:明信片正面写"本明信片背面的那句话是真的";其背面写"本明信片正面的那句话是假的"。请问:该明信片正面(或背面)的那句话究竟是真的还是假的?

(c) 罗素悖论:由所有不以自身为元素的类所构成的类是不是自身的元素?

(d) 理发师悖论:给且只给本村不给自己理发的人理发的理发师是否给自己理发?

逻辑学中有这样一条定理：$(A \exists \neg A) \rightarrow B$，常读作：从逻辑矛盾推出一切。罗素接受这条定理，有人因此质疑他：在算术理论中增加一条公理"$1=0$"，由于算术理论已证"$1 \neq 0$"，显然其中有矛盾。试由此证明：罗素和罗马教皇是一个人。据说，罗素的证明是这样的：由 $1=0$，在等式两边分别加 1，得 $1+1=0+1$，得 $2=1$，罗素和罗马教皇是两个人，由 $2=1$，可知罗素和罗马教皇是一个人。当然，这只是一个笑谈。实际上，该条定理的正确读法是：如果一个理论允许逻辑矛盾，那么，任何一个命题都在其中成立。显然，这后一点是不可能的，因为它会泯灭一个理论所接受的命题与不接受的命题之间的界限，使该理论失去边界而崩溃；所以，前一点也是不可能的，即不能接受矛盾。按这样的解读，该定理只是矛盾律（不能自相矛盾）的另一种表达。

再看利用矛盾律去解题的例题：

某珠宝商店失窃，甲、乙、丙、丁四名嫌犯被拘审。四人的口供如下：

甲：案犯是丙。

乙：丁是罪犯。

丙：如果我作案，那么丁是主犯。

丁：作案的不是我。

四个口供中只有一个是假的。

如果以上断定为真，则以下哪项是真的？

A. 说假话的是甲，作案的是乙。

B. 说假话的是丁，作案的是丙和丁。

C. 说假话的是乙，作案的是丙。

D. 说假话的是丙，作案的是丙。

E. 说假话的是甲，作案的是甲。

解析：答案是 B。乙和丁的口供互相矛盾，根据矛盾律，必有一假。又由"四个口供中只有一个是假的"这一条件，得知甲和丙说真话，由此又可推出"丁是主犯"。因此，丁说假话，作案的是丙和丁。

（三）排中律

排中律的内容是,两个互相矛盾的命题不能同假,必有一真。可用公式表示如下:

$$A \text{ 或者非 } A$$

这里,"A"代表一个命题,"非 A"代表 A 的否定命题。若就词项逻辑而言,在"A"和"非 A"中,一个是全称否定命题,另一个是特称肯定命题,或者相反。若两个特称命题"有些 S 是 P"和"有些 S 不是 P"都为假,我们会得到两个互相反对的命题"所有 S 不是 P"和"所有 S 是 P",由此可推导出一对矛盾;由于逻辑不允许矛盾,故两个具有下反对关系的命题也不能都假,其中必有一个为真,如"有些花是红色的"与"有些花不是红色的"。在这种派生的意义上,排中律也适用于两个具有下反对关系的命题。

排中律的作用在于保证思维的明确性,其逻辑要求是:对两个互相矛盾的命题不能都否定,必须肯定其中一个,否则会犯"两不可"的错误。看下面的例题:

一天,小方、小林做完数学题后发现答案不一样。小方说:"如果我的不对,你的就对了。"小林说:"我看你的不对,我的也不对。"旁边的小刚看了看他们两人的答案后说:"小林的答案错了。"这时数学老师刚好走过来,听到了他们的谈话,并查看了他们的运算结果后说:"刚才你们三个人所说的话中只有一句是真的。"

请问下述说法中哪一个是正确的?
A. 小方说的是真话,小林的答案对了。
B. 小刚说的是真话,小林的答案错了。
D. 小林说对了,小方和小林的答案都不对。
C. 小林说错了,小方的答案是对的。
E. 小刚说对了,小林和小方的答案都不对。

解析:题干中小方和小林的话是相互矛盾的,因此根据排中律,其中必有一句是真的。既然老师说三句话中只有一句是真的,则小刚的话就是假的,由此可知小林的答案是正确的,于是又可以知道小林的话是假的,而小方的话是真的。因此,正确答案是 A。

矛盾律和排中律合在一起构成所谓的"二值原则":任一命题要么是真的要么是假的,不能既真又假,也不能既不真也不假,就是说,非真即假,非假即真。如亚里士多德所言:"关于现在或过去所发生事情的判断,无论是肯定的还是否定的,必然或者是真实的,或者是虚假的。"①二值原则刻画了日常所使用的"真""假"这两个概念的特征,它们是以实在论和符合论为基础的:任一命题都是在述说独立于该命题的客观实在,客观实在的状况决定该命题的真或假;凡是所说的与客观实在相符合或一致的命题都是真的,否则是假的。因此,任何一个命题一旦做出,就有一个确定的值:真或者假,而不取决于人们是否知道这一点,甚至不取决于人们是否有可能知道这一点。一般使用的逻辑都是建立在二值原则之上的,因此叫作"二值逻辑"。但也有人提出质疑:既然人们不知道有些命题的真假,甚至在原则上都不可能知道它们的真假(如逻辑、数学中的不可判定命题),那么,有什么根据说它们必定或真或假? 这样与说"上帝存在"有什么区别? 于是,有人对以实在论和符合论为基础的二值原则提出异议,提出了非实在论的真理观和以此为基础的逻辑理论,例如直觉主义逻辑。

(四)充足理由律

充足理由律的内容是,在同一思维和论证过程中,一个思想被确定为真,要有充足的理由。可用公式表示如下:

$$A, A \text{ 逻辑推出 } B \vdash B$$

这里,"⊢"表示"推出",该公式有两种读法:如果要证明 B 是某系统的定理,必须先证明 A 是该系统的定理,并且证明从 A 能够逻辑地推出 B。或者,如果要证明 B 是真的,必须先证明 A 是真的,并且证

---

① 苗力田.亚里士多德全集(第一卷)[M].北京:中国人民大学出版社,1990:57.

明从 A 能够逻辑地推出 B。满足如此条件的 A 就是 B 在逻辑上充足的理由。

充足理由律的作用在于确保思维的论证性,其具体要求包括:(1)对所要论证的观点必须给出理由;(2)给出的理由必须真实;(3)从给出的理由必须能够推出所要论证的论点。否则,就会犯"没有理由""理由虚假"和"推不出来"的错误。

这里,要特别强调论证的重要性。对于论证方来说,论证能够使自己的思想走向深刻、全面和正确,这是因为:论证要以周密与细致的思考为前提,这自然能够带来思考的全面与深刻;有些想法、观点泛泛而论可能十分动听、在理,但是一旦使其严格化、精确化,并试图使其与其他观点处于有机统一之中,往往就会发现它漏洞百出,甚至根本不能成立。对于接受方来说,论证使他能够通过客观地检验论述者的思考过程来判断论述者思考的正误,从而决定是否该接受论述者的想法、观点;如果不接受,又基于什么样的原因、理由;当有必要时,又如何去反驳他。分析哲学特别强调论证的重要性,甚至认为论证的过程比论证的结论更重要,因为正是论证过程使思想具有了可理解性和可批判性。

可以说,逻辑学就是这样一门学问:它要求我们讲道理,教我们如何去讲道理,也教我们如何去识别人们(包括我们自己)是如何地不讲道理,并如何去反驳这种不讲道理。如下说法很正确并且很重要:"公共说理是公共文明的成就,也是形成良好社会关系、民主政治秩序的根本条件。只有说理的社会才是正派、宽容的社会。公共话语逻辑和说理不只是一种知识,更是一种习惯,而习惯是需要从小培养的。"①

违反充足理由律的证明错误有很多,例如:

诉诸强力,即不正面陈述理由去论证某个观点是否成立,而是通过威胁、恫吓甚至使用暴力,去迫使对方接受自己的观点或放弃他本

---

① 徐贲.学会讲道理——向美国基础教育学什么.南方周末[N].2010-06-24(32).

人的观点。例如:"你承不承认自己是小偷?不承认你就别想从这里活着出去!"使用强力实际上等于放弃理性,也就等于承认自己输了理,以至在理性上无计可施。

理由虚假,指用虚假的理由充当论据,因此起不到证明的作用。例如:

(a) 今天世界上没有人真正幸福。因此,似乎人类并非为幸福而存在。我们为什么期待一些我们从不可能找到的东西呢?

(b) 莫斯科是美国的首都,所以,你不可能去过莫斯科而没有到过美国首都。

预期理由,指用本身的真实性尚待证明的命题充当论据,因此起不到证明的作用。例如昆曲《十五贯》中,糊涂知县如此判案:

看她艳若桃李,岂能无人勾引?年正青春,怎会冷若冰霜?她与奸夫情投意合,自然要生比翼双飞之心。父亲阻拦,因之杀其父而夺其财。此乃人之常情。这案情就是不问,也早已明白八九了。

不据前提的推理,指罗列了一些数据、命题,但与结论的推出没有关系,结论是不合逻辑地从那些数据、命题中推出来的。例如:

(a) 老爹都不如儿子聪明,谁都知道爱因斯坦取得了伟大成就,但有谁知道爱因斯坦的老爹取得了什么成就?

(b) 儿子都不如老爹聪明,谁都知道爱因斯坦取得了伟大成就,但有谁知道爱因斯坦的儿子取得了什么成就?

推理错误,指推理过程明显违反逻辑规则,结论不能从前提合逻辑地推出来。例如:

凡是离婚的人都是先前结过婚的。玛丽从未离婚,所以,玛丽从未结婚。

这是一个三段论推理,违反相关的周延性规则。直白地说,尽管离婚的人先前都结过婚,但并非所有结婚的人都会离婚;因此,由"玛丽从未离婚"不能推出她从未结婚。

曾有知名数学家做了如下一个"游戏"论证：

设 $x=1$，则 $x^2=1$，所以 $x^2-1=x-1$，所以 $(x^2-1)/(x-1)=(x-1)/(x-1)$，所以 $x+1=1$，由于 $x=1$，所以 $2=1$。

这个论证过程有一个关键性错误：当 $x=1$ 时，$x-1=0$，而 0 不能做除数。故第四步出错。

各种能力性考试通常重点考察思维的论证性，即对各种已有的推理或论证做出批判性评价：对某个论点是否给出了理由？所给出的理由真实吗？与所要论证的论点相关吗？如果相关，对论点的支持度有多高？是必然性支持（若理由真，则论点或结论必真），还是或然性支持（若理由真，结论很可能真，但也有可能假）？是强支持还是弱支持？给出什么样的理由能够更好地支持该结论？给出什么样的理由能够有力地驳倒该结论，或者至少是削弱它？具体考题类型有"直接推断型""强化前提型""削弱结论型"和"说明解释型"等。我们来看一个例题：

一名粒子物理学家开玩笑说：自 1950 年以来，所有的费米子都是在美国发现的，所有的玻色子都是在欧洲发现的。很遗憾，希格斯粒子是玻色子，所以，它不可能在美国被发现。

必须补充下面哪一项假设，上述推理才能成立？

A. 即使某件事情过去一直怎样，它未来也有可能不再那样。

B. 如果 x 在过去一段时间内一直做成 y，则 x 不可能不做成 y。

C. 如果 x 在过去一段时间内一直未做成 y，则 x 再不可能做成 y。

D. 如果 x 在过去一段时间内一直未做成 y，则 x 很可能做不成 y。

E. 如果 x 在过去一段时间内一直做成 y，则 x 有做成 y 的能力。

解析：题干中论证的悖谬之处在于，它利用了一个没有被明确提及且虚假的前提,即如果 x 在过去一段时间内一直未做成 y,则 x 再不可能成功地做成 y。这就是选项 C。完整的论证可表示如下:

如果 x 在过去一段时间内一直未做成 y,则 x 再不可能做成 y。
美国科学家在过去的 80 年未能成功地发现玻色子。
所以,美国科学家再不可能成功地发现包括希格斯粒子在内的任何玻色子。

虽然上述推理是有效的,但其大前提即那个预设不成立,故原来的论证也不成立:仅仅从其明示的前提出发不能得出结论,而未明示的那个前提却是错误的,例如从某人先前从没有死过,不能推出他再也不会死。

加入其他选项如 A、B、D、E,都不能使物理学家的论证变成有效的,故正确选项是 C。

三、 澄清关键性概念——定义理论

(一)词项的内涵和外延

所谓"词项"(term),撇开复杂的细节,亦称"概念"(concept)。不严格地说,这是一种最小的并且是最基本的意义单位。在其正常用法中,它们都能够在直言命题中充当主语和谓语。按这种理解,所有的实词如名词、动词、形容词、代词、数量词都表达概念,而各种虚词,包括助词"的""得""地",叹词"啊""哇""呀""唉",疑问词"吗""呢"等,不能在句子中充当独立的语法成分,必须与其他的句子成分相配合才能表达某种意义,因此它们都不表达概念。

概念都有内涵和外延。其内涵就是该概念所具有的意思,即该概念所指称的那个或那些对象所具有的、被人们认识到的本质属性或区别性特征。例如,"人"的内涵就是"会语言、能思维、能够制造和使用劳动工具的动物","商品"的内涵就是"用来交换的劳动产品"。

概念的外延就是该概念所指称的单个对象或某些对象的集合或类别。例如,"长江""黄河"是指对中华民族来说很重要的事物。而"人"的外延是指"由古往今来、属于不同的民族、有不同的肤色、操不同的语言、有不同的文化和传统的所有个体构成的集合或类",你、我、她都是该集合或类别中的个体,都属于"人"的外延;"自然数"的外延是一个无穷集合,任一自然数都是其中的元素。有些概念在现实世界中没有外延,例如"独角兽""飞马""金山",人们常常把它们叫作空概念,并人为地给它们指定外延——空集合,即没有任何元素的集合。

一般认为,概念的内涵是识别其外延的向导、依据和标准,例如我们根据"三角形"的内涵去确定现实中哪些事物属于或者不属于该概念的外延。如果给我们一个事物如三角形(外延),要我们分别去找寻其内涵,却常常不能如愿,不同的人会找到不同的内涵:"由三条直线交叉而成的封闭图形","三内角和等于180°的封闭图形",等等。这一点常被概括为:概念的内涵决定其外延,但其外延却不决定其内涵。进一步,我们还可以说:一个概念的内涵与其外延成反比:其内涵越多,外延越小;内涵越少,外延越大。据此,当我们需要强调事物之间的差别时,我们可以对概念做限制:机器→精密复杂的机器→宇宙飞船→神州七号宇宙飞船。当我们需要强调事物之间的共同性时,我们可以对概念做概括:花、草、树→植物→生物。

(二)定义的结构

所谓"定义",就是以简短的形式揭示概念的内涵和外延,使人们明确它们的意义及其使用范围的逻辑方法。例如:

(a) 素数(又称质数),指只能被1和自身整除的大于1的自然数。

(b) DNA(为英文 deoxyribonucleic acid 的缩写),脱氧核糖核酸,是染色体的主要化学成分,同时也是组成基因的材料。有时被称为"遗传微粒",因为在繁殖过程中,父代把它们自己 DNA 的一部分复制传递到子代中,从而完成性状的传播。

(c) $A \subseteq B$,当且仅当,对任一 x,如果 $x \in A$,则 $x \in B$。

定义通常包括三个部分:被定义项、定义项和定义联项。其结构可表示如下:

$$D_s 就是 D_p$$

(三) 定义的种类

1. 内涵定义

内涵定义就是揭示一个概念的内涵的定义。而一个概念的内涵,则是该概念所代表、指称的对象的特有属性或本质属性或区别性特征,通过这些属性或特征,能够把这类(或这个)对象与其他的对象区别开来。

属加种差定义,是最常见的内涵定义形式。如果一个概念的外延全部包含在另一个概念的外延之中,而后者的外延并不全部包含在前者的外延之中,这两个概念之间就具有种属关系,前一概念是后一概念的种概念,后一概念则是前一概念的属概念。最常用的下定义方法,就是找出被定义概念的属概念,然后找出相应的种差(被定义项与该属之下的其他种类的区别),并以"被定义项 = 种差+属"的形式给出定义。例如:

(a) 有机食品是不施化肥和农药而生产出来的食品。

(b) 行星是满足以下条件的太阳系中的星体:(1) 在环绕太阳的轨道上运行;(2) 质量足够大,能克服固体引力以达到流体静力平衡的形状(近于球体);(3) 清除轨道附近区域,公转轨道范围内不能有比它更大的天体。

根据国际天文学联合会 2006 年颁布的对"行星"的如上新定义,太阳系目前有八大行星:水星(Mercury)、金星(Venus)、地球(Earth)、火星(Mars)、木星(Jupiter)、土星(Saturn)、天王星(Uranus)、海王星(Neptune)。冥王星(Pluto)由于并未"清除轨道附近区域"而被排除出"行星"行列,重新分类为矮行星。

从不同的认识需要和认识角度出发,事物之间会显现出不同的差别,其中许多差别都能够把不同种类的事物区别开来。因此,属加种差定义就有多种多样的表现形式,包括发生定义、功用定义、关系定义等。

发生定义,指从被定义概念所代表、指称的事物的发生、来源方面揭示种差的定义形式。例如:

(a) 圆是动点在平面上绕一定点做等距离运动所形成的封闭曲线。

(b) 核能(亦称原子能),指在核反应过程中,原子核结构发生变化所释放出来的能量。

功用定义,指以某种事物的特殊用途作为种差的定义形式。例如:

粒子对撞机是一种通过两束相向运动的粒子束对撞的方法提高粒子有效相互作用能量的实验装置。

关系定义,指以事物之间的特殊关系作为种差的定义。例如:

(a) 叔叔是指与父亲辈分相同而年龄较小的男子。

(b) 原子量就是一个原子的重量与氢原子的重量相比的数量。

除属加种差定义之外,还有一些其他的内涵定义形式。例如:

操作定义,指通过对一整套相关的操作程序的描述来给被定义项下定义。例如:

(a) x 是酸类,如果将 x 与石蕊试纸接触,石蕊试纸就呈现出红色。

(b) 商标注册,是指使用人将其使用的商标依照《商标法》以及《商标法实施细则》规定的注册条件、程序,向商标管理机关提出注册申请,经商标局依法审核批准,在商标注册簿上登录,发给商标注册证,并给予公告,授予注册人以商标专用权的法律活动。

语境定义,指不属于属加种差定义的关系定义。对于有些关系概

念,有时候也只能采取这种定义形式。例如:

(a) $(A \rightarrow B) = df(\neg A \vee B)$

(b) x 是一位祖父,当且仅当,存在一个 y,存在一个 z,x 是 y 的父亲且 y 是 z 的父亲。

2. 外延定义

外延定义是指通过列举一个概念的外延,从而明确该概念的适用范围。外延定义也是一种比较常用的定义形式。

穷举定义,指列举其外延中所有元素的定义。如果一个概念所指的对象数目很少,或者其种类有限,可以采用这种定义形式。例如:

(a) 有理数和无理数总称"实数"。

(b) 氧族元素是指氧(O)、硫(S)、硒(Se)、碲(Te)、镤(Pa)这五种元素。

列举定义,指属于一个概念的外延的对象数目很大,或者种类很多,无法穷尽地列举时,举出一些例证,以帮助人们获得关于该概念所指称对象的一些了解。例如:

(a) 中国的少数民族有藏族、维吾尔族、蒙古族、回族、壮族、土家族、苗族等。

(b) 什么是自然语言?例如汉语、英语、俄语、德语、日语、朝鲜语都是自然语言。

实指定义,指通过用手指着某一个对象,从而教会儿童去认识该事物和使用语言。实指定义据说是儿童学习母语最基本、最有效的手段。例如,指着鼻子让孩子说"鼻子",摸着耳朵让孩子说"耳朵",拍着桌子让孩子说"桌子"。显然,这只是一种比喻意义上的定义形式,有很多缺陷。

内涵定义和外延定义常常合在一起使用,先给出某个概念的一些或全部内涵,再列举该概念的一些或全部外延。例如:

基本粒子是迄今所知、能够以自由状态存在的所有最小物质粒子的统称,包括电子、中子、光子等,它们构成宏观世界的一切实物以及电磁场。

3. 语词定义

描述性定义,或称"报道定义",是对被定义语词既有用法的报道或描述。常用于语言词典中,故亦称"词典定义"。例如:

胡:①古代泛称北方和西方的少数民族,如"胡人";②古代称来自北方和西方少数民族的东西,也泛指来自国外的东西,如"胡琴","胡桃","胡椒";③百家姓之一种。(《现代汉语词典》)

描述性定义有一种特殊类型,即通过刻画某个词的来源、演变来说明该词的意义,叫作"词源定义"。例如:

马太效应 在《圣经》中的"马太福音"第 25 章有这么几句话:"凡有的,还要加给他教他多余;没有的,连他所有的也要夺过来。"1968 年,美国科学史家默顿用这句话来概括一种社会心理现象:"对已有相当声誉的科学家做出的科学贡献给予的荣誉越来越多,而对那些未出名的科学家则不承认他们的成绩。"默顿将这种社会心理现象命名为"马太效应"。

约定性定义是对新的术语给予一个定义,或对现有的术语给予新的意义。在科学研究和日常交往中,有时候为了保密,更多时候是为了简便和实用,有时候也为了避免一些熟知词语往往带有的不相关意义的干扰,需要发明新词,或者需要使用缩略语,这都要求对该新词或缩略语的意义有所规定。

(a) IF 逻辑,是英语词"Independence-friendly First-order Logic"的缩写,是由当代逻辑学家亚科·欣迪卡(Jaakko Hintikka)所建立的一种非经典逻辑。

修正性定义,其中既有描述性成分,也有约定性或规定性成分。在日常语言中,许多词语的意义常常不那么规范、标准,满足日常交往的需要尚可,而当把它们用于严格、精确的目的时,就需要对它们的意义做出某些修改、订正和限制,使其具有清楚、明确、独一无二的意义,这在科学研究中以及在法律法规等政策性文件中较多见。例如:

(a)任何人遇到以下情况之一,即死亡:①循环系统和呼吸系统的功能永久停顿;②整个脑部(包括脑髓体)所有功能永久停顿。

(b)所谓著作财产权,即著作人或依法取得著作之人对于属于文学、科学、艺术或其他学术范围之创作,享有独占的利用与处置其类似物权之特殊权利。依本法规定,著作财产权包含下列权利:①重制权;②公开口述权;③公开播送权;④公开上映权;⑤公开演出权;⑥公开展示权;⑦改作权;⑧编辑权;⑨出租权;⑩输入权。

之所以需要定义"死亡",原因很多,其中之一是判定"死亡"是器官捐赠的前提,而过去器官捐赠时使用的"脑死亡"标准不明确,不好执行,因为人脑分为大脑和小脑两部分,大脑永久性受损并不表示小脑和脑髓体不能继续正常工作。因此,"死亡"需要有一个更精确的、易于判定和操作的定义。1983年,由美国总统委任的一个医学道德委员会发表了一份报告书,里面给出了这个新的死亡定义,后来被广为接受,作为判定死亡的标准。

(四)定义的规则

第一,定义必须揭示被定义对象的区别性特征。

概念是用来代表、指称对象的,是特定事物在思维中的代表者,因为人们显然不能在想到、说到某个具体事物时,把该事物本身摆出来,而只能使用与该特定事物相配的特定概念。要做到让特定的概念与特定的事物相配,该概念的定义就必须反映一类事物区别于其他事物的那些特征,只有这样才不会在思维中造成混乱。据说,在古希腊雅典学院,柏拉图的后继者曾如此定义"人":

人是无羽毛的两足动物。

有人对此感到愤怒,捉住一只鸡,将其宰杀,把它的毛拔光后挂在学院的墙上,并说这就是他们所定义的"人"。随后,先前的定义者将该定义修改为:"人是有宽平指甲的、无羽毛的两足动物。"但这一定义仍是不可接受的。

第二,定义项和被定义项的外延必须相等。否则,会犯"定义过窄"或"定义过宽"的错误。

一个定义"过窄",是指它把本来属于被定义概念外延的对象排除在该概念的外延之外,"过宽"是指它把本来不属于被定义概念外延的对象也包括在该概念的外延之中。它们都是没有揭示被定义对象的区别性特征造成的。例如:

(a) 鸟是有羽毛且能飞的温血动物。定义过窄:鸵鸟是不是鸟?

(b) 鸟是有翅膀的温血动物。定义过宽:蝙蝠是不是鸟?

第三,定义不能恶性循环。否则,会犯"循环定义"的错误。例如:

(a)"科学"意指科学家所从事的活动。

(b)"科学家"意指任何从事科学研究的人。

凭借这两个定义,我们既不明白什么是"科学",也不明白什么是"科学家"。

但是,对于有些关系概念的定义,某种程度的循环甚至是必不可少的。例如,什么是父亲和子女?父亲就是有自己的子女的男人,而子女则是由父母生下的后代。什么是原因和结果?原因就是引起一个现象的现象,而结果则是由一个现象所引起的现象。

第四,定义不可用含混、隐晦或比喻性的词语来表示。否则,会犯"定义含糊不清"或"用比喻下定义"的错误。例如:

(a) 什么是列宁主义?作为革命行动体系的列宁主义,就是由思维和经验养成的革命嗅觉,这种社会领域里的嗅觉,就如同体力劳动中肌肉的感觉一样。

(b)[进化就是]物质和伴随的运动的消耗两者的整合过程,而在这个过程中物质由不明确的、不一致的同质性转而成为明确的、一致的异质性,并且,在这个过程中,被保持的运动经历了与此平行的转化。

(c) 儿童是祖国的花朵。

(d) 建筑是凝固的音乐。

(e) 书是人类进步的阶梯。

(f) 生活是最生动的河流,最丰富的矿藏。

从(c)到(f)是很好的比喻,但不是定义。要真正明白一个概念指称什么,需要正面说明、刻画它所指称的对象的性质和特征,而不是把它比作什么。因为在万物之间,自其同者视之,物我齐一,天地一体。几乎任何一个事物都可以比喻为任何其他事物,但通过这样的比喻,却不能真正认识一个事物,或者弄清楚一个概念的适用范围。

第五,除非必要,定义不能用否定形式或负概念。

通过定义,我们要弄明白一个事物本身是什么,而不是它不是什么。一个事物,除了是它本身之外,不是世界上其他的一切事物,而后面这些事物是列举不完的。德国哲学家黑格尔曾有一句名言:

真理不是口袋中现存的铸币。

其中隐含深刻的哲理,但不能作为"真理"的定义。

结束语

逻辑基本规律包括同一律、矛盾律、排中律及充足理由律,它们构成了理性思维最基本的前提与预设。本章通过详实的例子,讲解了"思维四律"。定义是以简短的形式揭示概念的内涵和外延,使人们明确它们的意义及其使用范围的逻辑方法。定义分为内涵定义和外延定义两种,下面又各自细分成不同的定义形式。定义有五条规则,这些规则使定义清楚、准确。在学术论文的写作过程中,请别忘了检查行文逻辑。

第七章　常用的逻辑推理形式

📖 开场白

推理是从一个或者一些已知的命题得出新命题的思维过程或思维形式,不同命题有不同的推理形式。本章分别介绍了复合命题和直言命题,以及它们各自的推理。复合命题与简单命题相对,是包含其他命题的命题,可以分为联言命题、选言命题、假言命题和负命题四类,各有其不同的推理形式;直言命题是主谓式命题,也叫"性质命题",主要有直接推理和三段论两种推理形式。通过学习本章,相信你会对逻辑推理形成清晰的了解。

一、推理与推理形式

(一) 推理

逻辑学是关于推理和论证的科学,本章讨论推理,下一章讨论论证。

推理是从一个或者一些已知的命题得出新命题的思维过程或思维形式,其中已知的命题是前提,得出的新命题是结论。例如:

(a) 如果 CB 身体过胖,就容易患上各种疾病。CB 确实身体过胖,所以,CB 容易患病。

(b) 所有的中国人都是爱国者,某公司的所有员工都是中国人,所以,某公司的所有员工都是爱国者。

(c) 任何一条鱼都比任何一条比它小的鱼游得快。所以,有一条最大的鱼就有一条游得最快的鱼。

(d) 从我记事的第一天起,太阳从东方升起,第二天,太阳从东方升起,第三天,太阳从东方升起,……,一直到今天,太阳从东方升起。所以,太阳明天仍将从东方升起。

推理通常分为演绎推理和归纳推理。通常的说法是:演绎推理是根据某种一般性原理和个别性例证,得出关于该个别性例证的新结论;归纳推理是从一定数量的个别性事实,抽象、概括出某种一般性原理。更好的说法是:演绎推理的结论隐含在前提中,因而其前提为真能够确保其结论为真;归纳推理的结论所断定的超出了前提所断定的范围,其前提为真不能确保其结论为真,只为结论为真提供一定的支持。上面(a)和(b)是演绎推理,(c)和(d)是归纳推理。

研究演绎推理的逻辑叫作"演绎逻辑",研究归纳推理的逻辑叫作"归纳逻辑"。

(二) 推理形式及其有效性

逻辑学家没有能力研究千差万别的具体推理中前提和结论之间的内容联系,只能研究前提和结论之间的结构关系。后者被抽象成"推理形式",指在一个推理中抽掉各个命题的具体内容之后所保留下来的模式或框架,或者说,是多个推理中表达不同思维内容的各个命题之间所共有的联系方式,包括逻辑常项和逻辑变项,前者是推理中的结构要素,后者是推理中的内容要素。例如,上文中(a)的推理形式是:

(a') 如果 p 则 q,p,所以,q。

其中,"如果,则"是逻辑常项,而 p 和 q 是命题变项,代表任一具体命题。

(e) 所有的玫瑰花都是带刺的,所以,有些带刺的东西是玫瑰花。

(f) 所有的金子都是闪光的,所以,有些闪光的东西是金子。

(g) 所有北大学生都是聪明人,所以,有些聪明人是北大学生。

这三个推理所涉及的具体内容各不相同,但有如下共同形式,其中 S、P 分别代表某个概念:

所有 S 都是 P,所以,有些 P 是 S。

前文中(c)叫作"三段论",其推理形式是:

(c′) 所有 M 都是 P,所有 S 都是 M,所以,所有 S 都是 P。

对推理形式有一个起码的要求:必须确保从真前提只能得到真结论,不会得出假结论。这样的推理形式才是安全可靠的,用逻辑专门术语说,是"有效的"。使用有效的推理形式所进行的具体推理叫作"有效推理"。

逻辑学告诉我们什么样的推理形式是有效的,什么样的推理形式是无效的,并且教给我们区分有效推理与无效推理的标准、规则、程序、方法等。

二、复合命题及其推理

(一) 简单命题和复合命题

简单命题就是不包含其他命题的命题,只能把它分析为不同的词项,不能再把它分析为其他命题,又叫作"原子命题"。例如:

(a) 性格决定命运。

(b) 曹操败走华容道。

(c) 掷骰子 4 点朝上的概率是 1/6。

复合命题则是包含其他命题的命题,用某些联结词连接其他命题

而形成。例如:

(d) 李敖是一个特立独行的人,并且是一位小说家。

(e) 足球队或者因其成功而赢得欢呼,或者因其失败而受到指责。

(f) 如果一个推理的前提真实并且推理形式有效,则结论必定真实。

(g) 只有你把《天龙八部》还给我,我才把《射雕英雄传》借给你。

(h) x 是偶数,当且仅当,x 能够被 2 整除。

(i) 并不是所有的天鹅都是白的。

组成复合命题的其他命题叫作该复合命题的支命题。支命题可以是一个简单命题,例如(d)中的"李敖是一个特立独行的人"和"李敖是一位小说家";也可以是一个复合命题,例如(f)中"如果"后面的语句"一个推理的前提真实并且推理形式有效"。支命题通过一定的联结词形成复合命题,联结词体现了支命题相互之间以及支命题与复合命题之间的逻辑关系。根据其中所含联结词的不同,复合命题可以分为联言命题、选言命题、假言命题和负命题四类。其中,负命题是由否定一个命题而得到的命题,通过把"并非"这类否定词置于一个命题之前或之后而形成,其标准形式是"并非 p","并不是 p",也有其他表述方式。负命题的真值与原命题恰恰相反:若原命题为真,则负命题为假;若原命题为假,则负命题为真。这是负命题的逻辑性质。

下面将重点介绍联言命题、选言命题和假言命题及其各自的推理。

(二) 联言命题与联言推理

联言命题是断定几种事物情况同时存在的复合命题,其标准形式是"p 并且 q",其中 p、q 称为联言支。其逻辑性质是:只有当它的各个支命题都是真的时,它本身才是真的;如果有一个支命题为假,则它为假。据此,可以进行如下推理。

1. 合成式

若分别肯定两个联言支，则可以肯定由这两个联言支组成的联言命题。其形式是：

$$\frac{p}{q}$$
所以，p 并且 q

这种推理在我们的日常思维中经常使用。例如，我们先分别论述某些观点成立，然后在文章结尾处加上"综上所述""概而言之""总而言之"等，就是把前面所说的各点意思概括、综合起来。这就是在运用合成式推理。

2. 分解式

若肯定一个联言命题，则可以分别肯定其中的每一个联言支。其形式是：

$$\frac{p\ 并且\ q}{所以，p} \quad 或者 \quad \frac{p\ 并且\ q}{所以，q}$$

这种推理形式看似简单，其实不可或缺。假如我们在推理过程的前面有某个合成条件，但后面的推理只需要其中一个构成条件，分解式告诉我们，从前面的合成条件中可以得到这一构成条件，该推理于是可以进行下去。

3. 否定式

若否定一个联言支，则否定包含这个联言支的联言命题。其形式是：

$$\frac{并非\ p}{所以，并非(p\ 且\ q)}$$

例如：从"李白并非著名的小说家"，可以推出"李白并非既是伟大的诗人又是著名的小说家"。

(三) 选言命题和选言推理

选言命题的支命题叫作"选言支"。这里只讨论一种选言命题——相容选言命题,即断定几种事物情况至少有一种存在的复合命题,例如:

(a) 小强发烧或者是由于感冒,或者是由于肺炎。
(b) 根据天气预报,明天不是下雨就是刮风。

我们把"p 或者 q"视为它的标准形式。其逻辑性质是:各个选言支可以同时为真。换句话说,只要有一个选言支为真,则相容选言命题为真;如果所有选言支都为假,则相容选言命题为假。据此,可以进行如下推理。

1. 否定肯定式

如果肯定一个相容选言命题并且否定其中一个选言支,则必须肯定另一个选言支。其形式是:

$$\frac{p\ 或者\ q}{非\ p}\qquad 或者 \qquad \frac{p\ 或者\ q}{非\ q}$$
$$\overline{\quad 所以,q\quad}\qquad\qquad\qquad\overline{\quad 所以,p\quad}$$

例如,罗素所作的如下论证:道德缺陷与智慧不足同为世间罪恶之根源。但人类迄今尚未发现根除道德缺陷之法。……反之,智慧之提升并非难事,所有合格的教育者皆通此道。因此,在人们发现传授道德的方法之前,世界的进步源自智慧之增益,而非道德之改观。[①]

2. 添加式

如果肯定一个选言支,则必须肯定包含这个选言支的任一选言命题。其形式是:

$$\frac{p}{所以,p\ 或者\ q}\qquad 或者 \qquad \frac{q}{所以,p\ 或者\ q}$$

---

① Bertrand Russell. Sceptical essays[M]. Ind. ed. London and New York: Routledge, 2004: 142.

例如,从"雪是白的"出发,既可以推出"雪是白的或者卷心菜是蔬菜",也可以推出"雪是白的或者卷心菜不是蔬菜"。

但是,既然相容选言命题的各个选言支可以同时成立,相容选言推理的肯定否定式就是无效的:

$$\frac{p \text{ 或者 } q}{p} \qquad \text{或者} \qquad \frac{p \text{ 或者 } q}{q}$$
$$\overline{\text{所以,非 } q} \qquad\qquad\qquad \overline{\text{所以,非 } p}$$

例如,从"2+2=4 或 3+3=6"和"2+2=4"不能推出"3+3 ≠ 6",因为"2+2=4"和"3+3=6"可以同时成立。

可以用选言推理去解智力思考题,例如:

有甲、乙、丙三个学生,一个出生在北京,一个出生在上海,一个出生在武汉;他们中一个学国际金融专业,一个学工商管理专业,一个学外语。其中:

Ⅰ.甲不是学国际金融的,乙不是学外语的。

Ⅱ.学国际金融的不出生在上海。

Ⅲ.学外语的出生在北京。

Ⅳ.乙不出生在武汉。

请根据上述条件,判断甲的专业:

A.国际金融。

B.工商管理。

C.外语。

D.3 种专业都可能。

E.3 种专业都不可能。

解析:正确选项是 C。解此题只需用到选言推理,下面用阿拉伯数字表示解题步骤的顺序,用"√"确认第一栏中的选项,用"×"否定第一栏中的选项,推导步骤及其结果如下:

	北京	上海	武汉	金融	工商	外语
甲	10√			1×	8×	9√
乙	3×	5√	4×	6×	7√	2×
丙			11√	12√		

（四）假言命题和假言推理

假言命题是断定事物情况之间的条件关系的复合命题。条件关系分为三种：充分条件、必要条件和充分必要条件。相应地，假言命题也分为三种：充分条件假言命题、必要条件假言命题、充分必要条件假言命题。

1. 充分条件假言命题及其推理

如果有 p 就有 q，则 p 是 q 的充分条件。我们把"如果 p 则 q"看作充分条件假言命题的标准形式，它断定了 p 是 q 的充分条件，其中 p 为前件，q 为后件。但在自然语言中有多种表述方式，例如：

（a）只要勤奋耕耘，总会有所收获。

（b）假如没有地心引力的话，树上的苹果就不会落地。

（c）锲而不舍，金石可镂。

此类命题的逻辑性质是：如果 p 真则 q 真；如果 q 假则 p 假。据此，我们可以进行如下推理。

（1）肯定前件式：

$$\frac{\text{如果 } p, \text{那么 } q}{\text{所以}, q}$$

例如，如果驾车使用手机容易发生事故，则应该禁止驾车时使用手机；驾车使用手机的确容易发生事故；所以，应该禁止驾车时使用手机。

（2）否定后件式：

$$\frac{\text{如果 p，那么 q}}{\text{非 q}}$$
$$\text{所以，非 p}$$

例如，《福尔摩斯探案集》中写道：马厩里养着一条狗，然而，尽管有人走进马厩并牵走一匹马，（这条狗）却没有叫。……显然，……来者是这条狗相当熟悉的一个人。这里所使用的就是上面的否定后件式：如果牵马者是陌生人，这条狗就会叫；它却没有叫，所以，牵马者不是陌生人。

充分条件假言推理的否定前件式：

$$\frac{\text{如果 p，那么 q}}{\text{非 p}}$$
$$\text{所以，非 q}$$

和肯定后件式：

$$\frac{\text{如果 p，那么 q}}{q}$$
$$\text{所以，p}$$

是无效的。例如，"如果长期躺在床上看书，就会患近视眼；我从不躺在床上看书，所以，我不会患近视眼"。这个推理的前提真而结论可能为假，因为近视眼还可能由遗传产生。又如，"如果王浩是美国总统，他肯定也是人；王浩确实是人，所以，他肯定是美国总统"。这个推理明显无效。

2. 必要条件假言命题及其推理

如果 p 是 q 的不可缺少的条件，即无 p 就无 q，则 p 是 q 的必要条件。我们把"只有 p 才 q"看作必要条件假言命题的标准形式，它断定了 p 是 q 的必要条件，其中 p 为前件，q 为后件。但在自然语言中有多种表述形式，例如：

(a) 只有积跬步,才能致千里。

(b) 除非通过考试,否则不予录取。

(c) 仅当明天天晴,我们才去郊游。

此类命题的逻辑性质是:如果 p 假则 q 假,如果 q 真则 p 真。据此,我们可以进行如下推理。

(1) 否定前件式:

$$\frac{\text{只有 p, 才 q}}{\text{非 p}}$$
$$\text{所以,非 q}$$

例如,对"人为什么要活着?"的一种理解是:只有你活着,你才有机会去感知这个世界的拍案惊奇和丰富多彩,后者又会在你的情感、心灵和思想中引起一连串反应;假如你早早地死了,所有这些就与你无关了。

(2) 肯定后件式:

$$\frac{\text{只有 p, 才 q}}{q}$$
$$\text{所以,p}$$

例如,小女儿问妈妈:"妈妈,您头上为什么长出了白头发呀?"妈妈回答说:"因为女儿不听话,妈妈才长出白头发。"小女儿眨巴眼睛后说:"我现在才知道,外婆的头发为什么全都白了。"妈妈不正确的教育方式被聪明的女儿钻了空子,她在进行必要条件肯定后件式推理:

只有女儿不听话,妈妈才长出白头发。

外婆的头发全都白了,

所以,外婆的女儿——妈妈不听话。

必要条件假言推理的无效式有肯定前件式:

$$\frac{\text{只有 p, 才 q}}{p}$$
$$\text{所以,q}$$

和否定后件式：

> 只有 p,才 q
> 非 q
> ―――――――――
> 所以,非 p

例如,"只有夏闯不循规蹈矩,他才能大有作为;夏闯不循规蹈矩,所以,夏闯一定大有作为"。这是必要条件假言推理的肯定前件式,明显是无效的。再如,"只有老王不畏劳苦,他才能有所成就;老王一生谈不上有什么成就,因此,老王必定是怕苦怕累之人"。这个推理的前提可能都为真,而结论却可能为假,是无效的。

3. 充分必要条件假言推理

如果有 p 就有 q,无 p 就无 q,则 p 是 q 的充分必要条件。充分必要条件假言命题断定了 p 是 q 的充分必要条件,由"当且仅当"这类联结词连接两个支命题而形成。例如：

> 一个三角形的三边相等,当且仅当,它的三内角都是 $60°$。

"当且仅当"这一联结词通常只在数学、逻辑及其他精确科学中出现,在社会科学和人们的日常交谈中很少使用。在日常语言中,人们要表述一个充分必要条件假言命题,常常分成两句话,前一句话说前件是后件的充分条件,后一句话说前件是后件的必要条件。例如：

(a) 人不犯我,我不犯人;人若犯我,我必犯人。

(b) 如果公民年满 18 周岁,则他有选举权和被选举权;只有公民年满 18 周岁,他才有选举权和被选举权。

仅当前件和后件同真或同假时,一个充分必要条件假言命题为真,在其他情况下都是假的。充分必要条件假言推理有如下四个有效式：

> p 当且仅当 q   p 当且仅当 q
> p   非 p
> ―――――――――   ―――――――――
> 所以,q   所以,非 q

$$\frac{p\text{ 当且仅当 }q}{\text{所以},p}\qquad \frac{p\text{ 当且仅当 }q}{\text{所以},\text{非 }p}$$

请读者自行举例验证。

(五) 几种常用的复合命题推理

1. 假言易位推理

$$\frac{\text{如果 }p\text{ 则 }q,}{\text{所以},\text{如果非 }q\text{ 则非 }p}$$

例如：如果你珍惜生命，那么就不会浪费时间。所以，如果你浪费时间，那么，你并不珍惜生命。

实际上，上述推理形式的前提与结论是等值的，所以我们还有：

$$\frac{\text{如果非 }q\text{ 则非 }p,}{\text{所以},\text{如果 }p\text{ 则 }q}$$

例如：如果你不举办一场隆重的婚礼，你将来肯定会后悔。所以，如果你不想将来后悔，那么，你就举办一场隆重的婚礼吧。

2. 假言三段论

$$\frac{\begin{array}{l}\text{如果 }p\text{ 那么 }q,\\ \text{如果 }q\text{ 那么 }r,\end{array}}{\text{所以},\text{如果 }p\text{ 那么 }r.}$$

例如：当你了解其他文化时，你开始意识到人类风俗的多样性。当你开始意识到人类风俗的多样性时，你将会变得更加宽容。因此，当你了解其他文化时，你很可能变得更加宽容。

假言三段论显示了推理关系的传递性，它可以一直进行下去，直到满足需要为止。一位父亲如此教育他上中学的儿子：

如果你现在不好好念书，你就不能考上大学；如果你不能考上大学，你今后就很难找到好工作；如果你找不到好工作，你就很难有一种体面而有尊严的生活；如果你没有体面而有尊严的生活，你就很难保持一个男人的尊严。所以，如果你现在不好好念书，你今后将很难保持一个男人的尊严。

3. 反三段论

如果两个前提能够推出一个结论，那么，如果结论不成立且其中的一个前提成立，则另一个前提不成立。其形式是：

$$\frac{如果\ p\ 且\ q\ 则\ r}{所以，如果非\ r\ 且\ p\ 则非\ q}$$

或者

$$\frac{如果\ p\ 且\ q\ 则\ r}{所以，如果非\ r\ 且\ q\ 则非\ p}$$

例如：如果所有鸟都会飞，并且鸵鸟是鸟，那么鸵鸟会飞。所以，如果鸵鸟不会飞，但鸵鸟确实是鸟，那么并非所有鸟都会飞。

4. 归谬式推理

如果从一个命题出发能够推出自相矛盾的结论，则这个命题肯定不成立。其形式是：

$$\frac{\begin{array}{l}如果\ p\ 则\ q\\ 如果\ p\ 则非\ q\end{array}}{所以，非\ p}$$

5. 反证式推理

如果否定一个命题能够推出自相矛盾的结论，则这个命题肯定成立。其形式是：

$$\frac{\begin{array}{l}如果非\ p\ 则\ q\\ 如果非\ p\ 则非\ q\end{array}}{所以，p}$$

归谬法和反证法在解某些逻辑智力思考题时特别有用，具体办法是:先假设某个前提或选项为真或为假,看能否从中推出矛盾。如果能推出矛盾,则原来的假设不成立,该假设的否定成立;如果不能推出矛盾,则该假设可能成立也可能不成立。例如:

有甲、乙、丙、丁、戊五个人,每个人头上戴一顶白帽子或者黑帽子,每个人显然只能看见别人头上帽子的颜色,看不见自己头上帽子的颜色。并且,一个人戴白帽子当且仅当他说真话,戴黑帽子当且仅当他说假话。已知:

甲说:我看见三顶白帽子一顶黑帽子;

乙说:我看见四顶黑帽子;

丙说:我看见一顶白帽子三顶黑帽子;

戊说:我看见四顶白帽子。

根据上述题干,下列陈述都是假的,除了

A. 甲和丙都戴白帽子;

B. 乙和丙都戴黑帽子;

C. 戊戴白帽子,但丁戴黑帽子;

D. 丙戴黑帽子,但甲戴白帽子;

E. 丙和丁都戴白帽子。

解析:解这道题只能用假设法和归谬法。先假设甲的话为真,则甲戴白帽子,加起来共有四顶白帽子一顶黑帽子,于是乙和丙说假话,他们两人都戴黑帽子,这与甲的话为真的结果(一顶黑帽子)矛盾,因此甲必定说假话,戴黑帽子。再假设乙的话为真,则他自己戴白帽子,共有一顶白帽子四顶黑帽子;由于丙看不见他自己所戴帽子的颜色,因此他说的"我看见一顶白帽子三顶黑帽子"是真话,于是他戴白帽子,这样乙和丙都戴白帽子,与乙原来的话矛盾。所以,乙必定说假话且戴黑帽子。既然已经确定甲、乙都戴黑帽子,则戊所说的"我看见四顶白帽子"就是假话,戊戴黑帽子。现假设丙说假话,则他实际看见的都是黑帽子,他自己也戴黑帽子,于是五个人都戴黑帽子,已知有人戴白帽子,因此乙说的是真话;但我们已经证明乙不可能说真话,因此丙不可能说假话,于是丙和未说话的丁戴白帽子。最后结果是:甲、乙、戊说假话,戴黑帽子;丙、丁说真话,戴白帽子。所以,答案是 E。

6. 二难推理

(1) 二难推理简单构成式:如果 p 则 r,如果 q 则 r,p 或者 q,所以 r。

例如,牧师在布道中宣称:创世的上帝是圣父、圣灵、圣子三位一体,并且是全知、全善、全能的。有信徒问牧师:这位万能的上帝能不能创造一块他自己举不起来的石头?并做了如下推理:

如果上帝能够创造这样一块石头,那么他不是万能的,因为有一块石头他举不起来;

如果上帝不能创造这样一块石头,那么他不是万能的,因为有一块石头他不能创造;

上帝或者能够创造这样一块石头,或者不能创造这样一块石头,

所以,上帝不是万能的。

问题:这个推理能够证明上帝不是万能的吗?留给读者去思考吧。

(2) 二难推理的复杂构成式:如果 p 则 r,如果 q 则 s,p 或者 q,所以 r 或者 s。

例如,叔本华所提出的"刺猬困境":两只刺猬距离越近,它们就越有可能刺到对方;但如果它们相互分开,它们会感到孤独。人类也是一样:与某人距离太近将不可避免地产生矛盾和愤恨,给我们带来很多痛苦;但另一方面,我们相互分开就会感到孤独。"刺猬困境"实际上就是二难推理的复杂构成式:

如果我们与他人亲近,我们将忍受矛盾和痛苦;

如果我们与他人分开,我们将感到孤独;

我们要么与他人亲近,要么与他人分开,

所以,我们要么忍受矛盾和痛苦,要么感到孤独。

摆脱"刺猬困境"的一个可能的办法是,人际交往保持适当的距离,不要离得那么远,不要靠得那么近,如中国古人所说:君子之交淡如水。

(3)二难推理的简单破斥式:如果p则q,如果p则r,非q或者非r,所以,非p;

(4)二难推理的复杂破斥式:如果p则r,如果q则s,非r或者非s,所以,非p或者非q。

看一道综合应用复合命题推理知识的题:

文化体现为一个人如何对待自己,如何对待他人,如何对待自己所处的自然环境。在一个文化底蕴深厚的社会里,人懂得尊重自己——他不苟且,不苟且才有品位;人懂得尊重别人——他不霸道,不霸道才有道德;人懂得尊重自然——他不掠夺,不掠夺才有永续的生命。

下面哪一项不能从上面这段话中推出?

A. 如果一个人苟且,则他无品位。

B. 如果一个人霸道,则他无道德。

C. 如果人类掠夺自然,则不会有永续的生命。

D. 如果一个人无道德,则他霸道并且苟且。

解析:答案是D。从题干可知:(只有)不苟且才有品位=如果有品位则不苟且;(只有)不霸道才有道德=如果有道德则不霸道;(只有)不掠夺,才有永续的生命=如果有永续的生命则未掠夺;A项能推出,因为如果有品位则不苟且=如果苟且则无品位;B项能推出,因为如果有道德则不霸道=如果霸道则无道德;C项能推出,因为如果有永续的生命则不掠夺=如果掠夺(自然)则不会有永续的生命;D项不能推出,因为题干断定:如果有道德则不霸道;而D项的假设条件是无道德,否定一条件句的前件,不能推出确定信息。

三、直言命题及其推理

(一) 直言命题

1. 直言命题的结构和类型

直言命题是主谓式命题,它断定了某个数量的对象具有或者不具有某种性质,也叫作"性质命题"。其基本结构是:

(量项)+主项+(联项)+谓项

主项是表示直言命题所述说的对象的那个词项,可以是表示一般对象的普遍词项,用 S 表示;也可以是表示特定对象的单称词项,包括专名如"北京"、限定摹状词如"当代中国的首都",以及指示词短语"这个 S"和"那个 S"等,通常用 a 表示。谓项是表示主项所指称的对象所具有的性质的那个词项,用 P 表示。它可以是形容词,也可以是名词,还可以是动词。联项是连接直言命题的主项和谓项的词项,它们决定直言命题的质。有两个不同的联项:"是"和"不是"。包含联项"是"的直言命题是肯定命题,包含联项"不是"的是否定命题。

量项是表示直言命题所刻画的对象的数量或范围的词项。其中,全称量项表示该命题刻画了所述说对象的全部,其标准表达形式是"所有";在自然语言中,也常用"凡是""一切""全部""任何""每个""没有……不是""无一例外"等来表达,或者用在联项之前加"都"的办法来表达。自然语言中全称量项有时被省略,如"人是理性的动物"。特称量项表示对直言命题所述说的对象有所陈述,但没有明确陈述其全部对象,其标准表达形式是"有""有的"或"有些",覆盖范围是"至少一个,至多全部"。

有如下六种直言命题:

全称肯定命题:所有 S 都是 P;缩写 SAP;进一步缩写 A。
全称否定命题:所有 S 都不是 P;缩写 SEP;进一步缩写 E。
特称肯定命题:有的 S 是 P;缩写 SIP;进一步缩写 I。

特称否定命题:有的 S 不是 P;缩写 SOP;进一步缩写 O。
单称肯定命题:a 是 P。
单称否定命题:a 不是 P。

看下面的例证:

SAP:所有熊猫都是珍稀动物。
SEP:所有政客都不是诚实的人。
SIP:有的哺乳动物是卵生的。
SOP:有的美国人不是基督徒。
单称肯定命题:曹雪芹是一位伟大的作家。
单称否定命题:刘阿斗不是一个合格的皇帝。

2. 直言命题间的对当关系

指有相同主项和谓项的直言命题间的真假关系。

（1）反对关系,指 A 与 E 之间的关系:不能同真,但可以同假。于是,若一个为真,则另一个必为假;若一个为假,则另一个真假不定。例如,已知"所有科学家都不是笨蛋"为真,可以推出"所有科学家都是笨蛋"为假;但从"所有奇数都能被 3 整除"为假,却不能推出"所有奇数都不能被 3 整除"究竟是真还是假。

（2）矛盾关系,指 A 与 O 之间、E 与 I 之间的关系:既不能同真,也不能同假,因而必有一真一假。于是,由一个为真,可以推出另一个为假;由一个为假,可以推出另一个为真。例如,由"所有股票投资者都是百万富翁"为假,可以推出"有些股票投资者不是百万富翁"为真;由"有的哺乳动物是卵生的"为真,可以推出"所有哺乳动物都不是卵生的"为假;反之亦然。

（3）差等关系,亦称"从属关系",指 A 与 I 之间、E 与 O 之间的关系,概述如下:

如果全称命题为真,则相应的特称命题为真;
如果特称命题为假,则相应的全称命题为假;
如果全称命题为假,则相应的特称命题真假不定;

如果特称命题为真,则相应的全称命题真假不定。

例如,如果"所有玫瑰花都是带刺的"为真,可以推知"有些玫瑰花是带刺的"为真;如果"有些大学生是地地道道的白痴"为假,则"所有大学生都是地地道道的白痴"为假。但是,如果"所有的乌鸦都是黑的"为假,则从逻辑上不能确切地推知"有些乌鸦是黑的"的真假;如果"有的股票投资者不是亿万富翁"为真,从逻辑上也不能确切地推知"所有股票投资者都不是亿万富翁"的真假。

(4)下反对关系,指 I 与 O 之间的关系:可以同真,但不能同假。于是,由一个为假,可以逻辑地推出另一个为真;从一个为真,不能确切地知道另一个的真假。例如,已知"有些犀牛是爬行动物"为假,可以推知"有些犀牛不是爬行动物"为真;但从"有些教授是社会知名人士"为真,却不能逻辑地推知"有些教授不是社会知名人士"的真假。

A、E、I、O 之间的对当关系,传统上可以展示在如下的"对当方阵"中:

在考虑对当关系时,单称命题不能作为全称命题的特例。如果涉及含相同主谓项的单称命题,那么,以上所述的对当关系要加以修正:单称肯定命题和单称否定命题是矛盾关系;全称命题与同质的单称命题是差等关系;单称命题与同质的特称命题也是差等关系,但与不同质的特称命题是下反对关系;单称命题与不同质的全称命题是反对关系。

请看下面的例证:

桌子上有4个杯子,每个杯子上写着一句话。第一个杯子:"所有的杯子中都有水果糖";第二个杯子:"本杯中有苹果";第三个杯子:"本杯中没有巧克力";第四个杯子:"有些杯子中没有水果糖。"

如果其中只有一句真话,那么以下哪项为真?

A. 所有的杯子中都有水果糖。
B. 所有的杯子中都没有水果糖。
C. 所有的杯子中都没有苹果。
D. 第三个杯子中有巧克力。
E. 第二个杯子中有苹果。

解析:第一个杯子上的话是一个全称肯定命题,第四个杯子上的话是一个特称否定命题,两者之间是矛盾关系;其中必有一真,也必有一假。既然上面四句话中只有一句真话,真话必在这两者之间,其他两句都是假的,于是第二个杯子中没有苹果,第三个杯子中有巧克力,但我们仍然不能确定第一个杯子和第四个杯子上的哪一句话是真的。所以,当四个杯子上的话只有一句真时,在所给定的5个选项中,我们只能确定选项D是真,无法确定其他几个选项的真假。

3. 直言命题中词项的周延性

在直言命题中,如果在形式上断定了其中一个词项的全部外延,称它是周延的,否则就是不周延的。直言命题中词项的周延性有下述特点:

第一,只有直言命题的主项和谓项才有周延与否的问题,离开直言命题的一个单独词项,无所谓周延和不周延。例如,我们可以谈论在直言命题"有些士兵是懦夫"中,词项"士兵"和"懦夫"是否周延,但我们无法谈论独立存在的概念"笔记本电脑"或"机器人"究竟是周延还是不周延。对于后一种情形来说,周延与否的问题根本不会出现。

第二,主、谓项的周延性是由直言命题的形式决定的,而不是相对于直言命题所断定的对象本身的实际情况而言的。例如,不论主项S

具体代表什么,对于全称命题"所有 S 都是(或不是)P"来说,既然断定"**所有的 S……**",就断定了 S 的全部外延,因此 S 在其中是周延的;对于特称命题"**有些** S 是(或不是)P"来说,其中很明显只涉及 S 的一部分外延,因此 S 在其中是不周延的。不论谓项 P 具体代表什么,对于肯定命题"所有(或有些)**S 是 P**"来说,它只断定了某个数量的 S 是 P,并没有具体说明究竟是 P 的全部的还是一部分,根据逻辑上通常采取的"从弱原则",P 在其中总是不周延的;对于否定命题"所有(或有些)**S 不是 P**"来说,该命题断定了某个数量的 S 不是 P,那么 P 也一定不是这个数量的 S,即把所有 P 都排除在这些 S 之外,所以 P 是周延的。

于是,我们有如下的结果:

(1) 全称命题的主项都是周延的。

(2) 特称命题的主项都是不周延的。

(3) 肯定命题的谓项都是不周延的。

(4) 否定命题的谓项都是周延的。

把这四条结论应用于 SAP、SEP、SIP、SOP 之上,得到下表:

命题类型	主项	谓项
SAP	周延	不周延
SEP	周延	周延
SIP	不周延	不周延
SOP	不周延	周延

周延问题在处理整个直言命题推理时非常重要。演绎推理是一种必然性推理,它的结论是从前提中抽引出来的,结论的真要由前提的真来保证,因而结论所断定的就不能超出前提所断定的。这一点在直言命题推理中的表现,就是要求"在前提中不周延的词项在结论中不得周延",否则推理的有效性得不到保证,会犯各种逻辑错误。例如,从"所有的人都是动物"不能得出"所有的动物都是人"。这是因

为,在前一命题中,"动物"是肯定命题的谓项,不周延,而在结论中它是全称命题的主项,是周延的,所以从前一命题推出后一命题无效。

(二) 直接推理

直接推理是从一个直言命题出发推出另一个直言命题结论的推理,这里只谈命题变形推理,即从一个直言命题出发,通过改变它的形状,得到一个新的直言命题。

1. 换质法

将一个直言命题由肯定变为否定,或者由否定变为肯定,并且将其谓项变成其矛盾概念,由此得到一个与原直言命题等值的直言命题,就是换质法。其程序和特点是:

(1) 改变原命题的质,即由肯定联项改变为否定联项,或者由否定联项变为肯定联项。

(2) 将原命题的谓项改变为它的矛盾概念或负概念。

(3) 仍然保持原命题的量项,并且主谓项的位置也保持不变。

(4) 所得到的新命题是与原命题等值的命题,其真假完全相同。

换质法有以下有效式,其中"⟷"表示"等值","$\overline{P}$"是 P 的负概念,例如,如果 P 是"共产党员",则"$\overline{P}$"就是"非共产党员":

(1) SAP⟷SE$\overline{P}$。例如,从"所有儿童都是未成年人",经过换质,可以得到"所有儿童都不是成年人"。

(2) SEP⟷SA$\overline{P}$。例如,从"所有政客都不是诚实的人",经过换质,可以得到"所有政客都是不诚实的人"。

(3) SIP⟷SO$\overline{P}$。例如,从"有些天鹅是黑色的",经过换质,可以得到"有些天鹅不是非黑色的"。

(4) SOP⟷SI$\overline{P}$。例如,从"有些自然数不是偶数",经过换质,可以得到"有些自然数是非偶数"。

在日常思维中，常常遇到某个句子所表达的意思很重要，需要对它予以强调的情况。假如简单地重复该句子，把它连续说几遍或写几遍，不是太好，我们就采用"换句话说"的方式。换质法就是在"换句话说"时用得到的方法。例如："明天的会议很重要，所有员工都要出席会议，换句话说，所有员工都不能不出席，再换句话说，不准有的员工不出席。"

2．换位法

将一个直言命题的主项和谓项互换位置，但让它的质保持不变，原为肯定仍为肯定，原为否定仍为否定，并相应地改变量项，由此得到一个新的直言命题，这就是换位法。其程序或规则是：

（1）调换原命题主谓项的位置，即将原命题的主项变成谓项，谓项变成主项；

（2）不改变原命题的质，原为肯定仍为肯定，原为否定仍为否定。

（3）在调换主谓项的位置时，在原命题中不周延的词项在结论中不得周延。

换位法有以下有效式，其中"→"表示"蕴涵"，也可以权且理解为"推出"：

（1）SAP→PIS。例如，从"所有的植物都是需要阳光的"，可以推出"有些需要阳光的东西是植物"，但不能推出"所有需要阳光的东西都是植物"，因为在这后一个命题中，主项"需要阳光的东西"周延，而它在前提中是不周延的，违反换位规则，不正确。这叫作"限量换位"。

（2）SEP→PES。例如，从"所有的唯物论者都不是有神论者"，可以推出"所有的有神论者都不是唯物论者"。这叫作"简单换位"。

（3）SIP→PIS。例如，从"有些高科技产品创造了巨大的经济效益"，可以推出"有些创造了巨大的经济效益的（产品）是高科技产品"。这也是"简单换位"。

（4）SOP 不能换位，因为 SOP 换位为 POS，S 就由特称命题的主项（不周延）变为否定命题的谓项（周延）了，违反换位规则，有可能由真命题得到假命题。例如，真命题"有些人不是大学生"，若换位就会得到假命题"有些大学生不是人"。

经换位法得到的新命题，并不一定与原命题等值，在很多情况下是不等值的，例如限量换位。

3. 换质位法

对一个直言命题先换质，再换位，由此得到一个新的直言命题，这就是换质位法。它是换质法和换位法的相继运用，要分别遵守后两者的程序和规则。有以下有效式：

（1）SAP→S$\overline{\text{E}}$$\overline{\text{P}}$→$\overline{\text{P}}$ES。例如，从"所有未经反省的人生都是没有价值的"，先换质，得到"所有未经反省的人生都不是有价值的"，再换位，得到"所有有价值的人生都不是未经反省的"。

（2）SEP→SA$\overline{\text{P}}$→$\overline{\text{P}}$IS。例如，从"不想当元帅的士兵不是好士兵"，先换质，得到"不想当元帅的士兵都是不好的士兵"，再换位，得到"有些不好的士兵是不想当元帅的士兵"。

（3）SIP 不能换质位，因为换质后得到 SO$\overline{\text{P}}$，而 SO$\overline{\text{P}}$ 不能换位。

（4）SOP→SI$\overline{\text{P}}$→$\overline{\text{P}}$IS。例如，从"有些科学家不是受过正规高等教育的"，先换质，得到"有些科学家是未受过正规高等教育的"，再换位，得到"有些未受过正规高等教育的人是科学家"。

实际上，换质法和换位法可以结合进行，只要分别遵守相应的规则即可。可以先换质，再换位，再换质，再换位，……。如果从一个全称命题出发，经过连续的换质位，得到了一个同质同量、以原命题谓项的矛盾概念为主项、以原命题主项的矛盾概念为谓项的直言命题，这种方法被称为"戾换法"。例如，从"有生者必有死"，经过连续的换质位，得到"凡无死者必无生"；从"凡有烟处必有火"，经过连续的换质位，得到"凡无火处必无烟"。也可以先换位，再换质，再换位，再换质，……。例如，从"所有植物都是含叶绿素的"，先换位，得到"有些

含有叶绿素的东西是植物",再换质,得到"有些含有叶绿素的东西不是非植物"。再看下题:

北京大学的学生都是严格选拔出来的。其中,有些学生是共产党员,但所有学生都不是民主党派的成员;有些学生学理科,有些学生学文科;很多学生爱好文学;有些学生今后将成为杰出人士。

以下命题都能够从前提推出,除了:
A. 并非所有北大学生都不是共产党员。
B. 有些非民主党派成员不是非北大学生。
C. 并非所有学文科的都是非北大学生。
D. 有些今后不会成为杰出人士的人不是北大学生。
E. 有些北大学生是非民主党派成员。

解析:回答这道题要同时用到对当关系推理和命题变形推理。选项 A 可以根据对当关系推理,从"有些北大学生是共产党员"推出来;选项 B 可以通过连续的换质位,从"所有北大学生都不是民主党派的成员"推出来;从"有些北大学生学文科"出发,通过连续的换位、质,可以推出"有些学文科的不是非北大学生",再根据对当关系,可以推出选项 C;从"所有北大学生都不是民主党派的成员"出发,先换质,再根据对当关系推理,可以推出选项 E。从"有些北大学生今后将成为杰出人士"出发,经过换质,可以推出"有些北大学生不是今后不会成为杰出人士的人",而后者不能再换位为选项 D。所以,正确答案是 D。

(三) 三段论

1. 三段论的定义、格与式

三段论是由一个共同词项把两个直言命题连接起来,得出一个新的直言命题作为结论的推理。例如:

所有成功人士都是专心工作者。
所有专心工作者都不是心猿意马者,
所以,所有心猿意马者都不是成功人士。

顾名思义,三段论由三个直言命题构成,其中两个是前提,一个是结论。结论的主项叫"小项"(用 S 表示),含有小项的前提叫"小前提";结论的谓项叫"大项"(用 P 表示),含有大项的前提叫"大前提";两个前提共有的词项叫"中项"(用 M 表示)。在上例中,"心猿意马者"是小项,"成功人士"是大项,"专心工作者"是中项。相应地,"所有成功人士都是专心工作者"是大前提,"所有专心工作者都不是心猿意马者"是小前提,"所有心猿意马者都不是成功人士"是结论。

根据中项在前提中的不同位置,三段论分为四个不同的格,可分别表示如下:

```
  M   P        P   M        M   P        P   M
  S   M        S   M        M   S        M   S
  S   P        S   P        S   P        S   P
  第一格        第二格        第三格        第四格
```

根据组成三段论的三个直言命题的质与量,三段论有不同的式。在本节开头的那个三段论中,大前提是 A 命题,小前提是 E 命题,结论也是 E 命题,因此该三段论是 AEE 式。再如,"所有的人都是会死的,苏格拉底是人,所以,苏格拉底是会死的"。这个三段论是 AAA 式,因为在三段论中,单称命题可以作为同质的全称命题的特例来处理。

三段论总共可能有多少式呢?一个三段论,它的大前提可以是 A、E、I、O;当它的大前提是 A 时,它的小前提可以是 A、E、I、O;当它的大前提是 A、小前提是 A 时,它的结论可以是 A、E、I、O。这也就是说,三段论大、小前提以及结论的可能的排列组合可以是:$4 \times 4 \times 4 = 64$ 个可能的式。由于三段论有四个不同的格,中项在这些格中的位置不同,也就是作为大前提和小前提的主谓项不同,因此这些前提就是由有不同的主谓项的 A、E、I、O 构成的。于是,一个格共有 64 个可能的式,而三段论共有四个不同的格,于是三段论总共有 $64 \times 4 = 256$ 个式。

究竟如何判定如此众多的三段论式是不是有效的呢?并且,哪些是有效式,哪些不是有效式呢?当然有很多的方法可以做出判断,本书只讲解下面两种方法:

（1）规则判定法，即先给出三段论必须遵守的一些推理规则，然后根据这些规则去判定一个具体的三段论是否有效。

（2）图解判定法，即用欧拉图去判定一个三段论是否有效。

2. 三段论的一般规则

一个三段论要成为有效推理，就必须遵守一些推演规则。有以下几条：

规则 1 在一个三段论中，有且只能有三个不同的词项。

这条规则是三段论定义中的应有之义。如前所述，三段论由三个直言命题组成，每个直言命题含有两个词项，即主项和谓项，因而共有六个词项。但由于结论的主项和小前提的一个词项相同，结论的谓项与大前提的一个词项相同，两个前提中还有一个共同的中项，因此不同的词项只能有三个。三段论实际上是通过中项（M）分别与大项（P）和小项（S）发生的关系，从而推导出关于小项与大项之间关系的结论。若没有中项，就失去了连接大项和小项的桥梁或媒介，推不出任何确定的结论来。违反这条规则所犯的逻辑错误叫作"四词项错误"。例如：

> 莎士比亚戏剧不是一天能读完的，《哈姆雷特》是莎士比亚戏剧，所以，《哈姆雷特》不是一天能读完的。

在这个三段论的前提中，作为中项的"莎士比亚戏剧"有不同的意义，在大前提中是指莎士比亚戏剧的全体，而在小前提中是指莎士比亚特定的一篇戏剧，实际上表达了两个不同的概念，因而不能起桥梁或媒介作用，不能必然地推导出结论。该三段论犯了"四词项错误"。

规则 2 中项在前提中至少要周延一次。

三段论是凭借中项在前提中的桥梁、媒介作用得出结论的，即大项、小项中至少有一个与中项的全部发生关系，另一个与中项的部分或者全部发生关系，如此才能保证大、小项之间有某种关系。否则，假如大、小项都只与中项的一部分发生关系，就有可能大项与中项的某一个部分发生关系，而小项与中项的另一个部分发生关系，结果是大

项和小项之间没有确定的关系,得不出确定的结论。违反这条规则所犯的逻辑错误被称为"中项两次不周延"。例如:

>所有的艺术品都有审美价值,有些自然物品具有审美价值,因此,有些自然物品也是艺术品。

在这个三段论中,中项"具有审美价值(的东西)"两次都是作为肯定命题的谓项,因而都是不周延的,违反规则2,不能得出确定的结论。

规则3 在前提中不周延的词项,在结论中不得周延。

三段论是一种演绎推理,其前提的真要保证结论的真,因此结论所断定的就不能超出前提所断定的。具体就周延问题来说,如果一个词项在前提中不周延,但在结论中周延了,即结论所断定的超出了前提所断定的,结论为真就不能由前提为真来保证,有可能出现前提真而结论假的情况,整个推理就不是有效的。因此,一个三段论要成为有效的,其在前提中不周延的词项在结论中不能周延。违反这条规则所犯的逻辑错误叫作"周延不当",具体又分为"小项周延不当"和"大项周延不当"。例如:

>鲁迅在《论辩的魂灵》一文中,这样揭露了顽固派的诡辩手法:"你说甲生疮,甲是中国人,就是说中国人生疮了。既然中国人生疮,你是中国人,就是你也生疮了。你既然也生疮,你就和甲一样。而你只说甲生疮,不说你自己,你的话还有什么价值?!"

在诡辩派的论辩中,有两个三段论,一个是:"甲生疮,甲是中国人,所以,(所有)中国人生疮。"这里,小项"中国人"在前提中不周延,但在结论中周延了,犯了"小项不当周延"的错误。如果诡辩派狡辩说,他并没有说"所有中国人生疮",那么他所说的是"有些中国人生疮",上面这个三段论就是正确的。但我们接着看第二个三段论:"(有些)中国人生疮,你是中国人,所以,你也生疮。"在这个三段论中,中项"中国人"一次也不周延,犯了"中项不周延"的错误。总之,从"你说甲生疮",无论如何也推不出"你也生疮"的结论。诡辩派的整个推论不合逻辑。

应当注意,规则3只说在前提中不周延的项在结论中不得周延,没有说在前提中周延的项在结论中也必须周延。既然对前提中周延的项没有提出要求,这就意味着:在前提中周延的项在结论中可以周延,也可以不周延。这是因为,演绎推理不允许结论断定得比前提多,但允许结论断定得比前提少。

规则4 从两个否定前提推不出任何确定的结论。

如果两个前提都是否定的,这就意味着大项和小项都与中项发生否定性联系,这就不能保证大项和小项由于与中项的同一个部分发生关系而彼此之间发生关系,中项起不到连接大、小项的桥梁作用,大项和小项本身可能处于各种各样的关系之中,从而得不出确定的结论。例如:

> 所有的基本粒子都不是肉眼能够看见的,
> 所有的昆虫都不是基本粒子,
> 所有的昆虫?

因此,我们无法推出有关昆虫的任何确定的结论。

规则5

(ⅰ)如果两个前提中有一个是否定的,那么结论是否定的;

(ⅱ)如果结论是否定的,那么必有一个前提是否定的。

关于(ⅰ),如果两个前提中有一个是否定的,根据规则4,另一个前提必须是肯定的,这就意味着:大项和小项中有一个与中项发生肯定性的联系,另一个与中项发生否定性的联系。于是,与中项发生肯定性联系的那一部分和与中项发生否定性联系的那一部分之间的联系,必定是否定性的,所以结论必须是否定的。

关于(ⅱ),既然结论是否定的,大项和小项之间发生否定性联系,并且这种联系是通过中项的媒介作用建立起来的,因此这两个词项中必定有一个与中项发生肯定性关联,另一个与中项发生否定性关联。所以,前提必有一个是否定的。

3. 用欧拉图判定三段论的有效性

可以用欧拉图来表示直言命题中主项与谓项的外延关系。所谓

"欧拉图",是由瑞士数学家欧拉(L.Euler)发明的,后人加以改进。欧拉图用圆圈表示非空非全的类或集合之间的关系。任意两个词项有且仅有如下五种外延关系,即全同关系、包含关系、包含于关系、交叉关系和全异关系,分别图示如下:

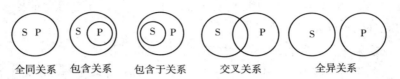

由于组成三段论的都是直言命题,于是可用欧拉图去表示这三个直言命题中词项(大项、中项和小项)的外延关系。如果使三段论的两个前提为真的欧拉图也一定使该三段论的结论为真,这个三段论就是有效的;反之,如果使三段论的两个前提为真的欧拉图有可能使该三段论的结论为假,它的结论就不是必然得出的,该三段论因此也是无效的。正是在这种意义上,可以说欧拉图为判定三段论是否有效提供了一种工具或方法。

例如,以下两题基于下述共同的题干:

所有安徽来京务工人员,都办理了暂住证;所有办理了暂住证的人员,都获得了就业许可证;有些安徽来京务工人员当上了门卫;有些业余武术学校的学员也当上了门卫;所有的业余武术学校的学员都未获得就业许可证。

(1)如果上述断定都是真的,则除了以下哪项,其余的断定也必定是真的?

A. 所有安徽来京务工人员都获得了就业许可证。
B. 没有一个业余武术学校的学员办理了暂住证。
C. 有些安徽来京务工人员是业余武术学校的学员。
D. 有些门卫没有就业许可证。
E. 有些门卫有就业许可证。

(2)以下哪个人的身份,不可能符合上述题干所作的断定?

A. 一个获得了就业许可证的人,但并非业余武术学校的学员。

B. 一个获得了就业许可证的人,但没有办理暂住证。

C. 一个办理了暂住证的人,但并非安徽来京务工人员。

D. 一个办理了暂住证的业余武术学校的学员。

E. 一个门卫,他既没有办理暂住证,又不是业余武术学校的学员。

用欧拉图把题干中各个词项之间的关系转换为图示如下:

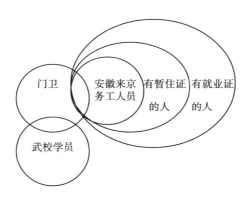

用欧拉图把题干中各个词项之间的关系转化为图示,可以很清楚地看出各个词项之间的关系。根据图示看题(1),很明显看出"业余武校学员"与"安徽来京务工人员"是全异关系,因此选项 C 是错误断定。而题(2)中,选项 A 说明的是"有就业许可证的人"和"武校学员"的全异关系,选项 B 说明的是"有就业许可证的人"包含"有暂住证的人"的关系,选项 C 说明的是"暂住证人员"包含"安徽来京务工人员"的关系,选项 E 说明的是"门卫"与"安徽来京务工人员"及"武校学员"的交叉关系,上述均符合图示。只有选项 D 体现的是"有暂住证的人"和"武校学员"并非全异关系,因此不符合图示。

四、归纳推理与归纳方法

(一)简单枚举法

在一类事物中,根据已观察到的那部分对象都具有某种属性,并且没有遇到任何反例，从而推出该类所有对象都具有该种属性的结论。这就是简单枚举法，其一般形式是：

S_1 是 P

S_2 是 P

$\vdots$

S_n 是 P

$S_1, S_2, \cdots, S_n$ 是 S 类的部分对象，并且其中没有 S 不是 P

所以，所有的 S 都是 P

也可以这样来表述：

迄今为止观察到的所有 S 都是 P，

所以，所有 S，不论其是否已经被观察到，都是 P。

下面是关于素数的简单枚举归纳推理，其结论就是著名的"哥德巴赫猜想"：

$6 = 3+3$

$8 = 3+5$

$10 = 3+7 = 5+5$

$12 = 5+7$

$14 = 3+11 = 7+7$

$\vdots$

6、8、10、12、14 是大于 4 的偶数

所以，所有大于 4 的偶数都可以写成两个素数之和

简单枚举法是或然的，因为它的结论超出了前提的范围，前提为真不能保证结论为真。要提高其结论的可靠性，必须至少满足以下要求：在一类事物中，(1)被考察对象的数量要足够多；(2)被考察对象的范围要足够广；(3)被考察对象之间的差异要足够大。通常把样本过少、结论明显为假的简单枚举法称为"以偏概全""轻率概括"。

(二) 科学归纳法

当观察到一些 S 具有性质 P 后,从田野进入实验室和研究室,根据当时的科学原理和知识状况,去弄清楚 S 和 P 是否具有必然联系,由此得到简单枚举法的一种变化形式——所谓的"科学归纳法",其一般形式是:

S_1 是 P

S_2 是 P

⋮

S_n 是 P

$S_1, S_2, \cdots S_n$ 是 S 类的部分对象,其中没有 $S_i (1 \leq I \leq n)$ 不是 P;并且科学研究表明,S 和 P 之间有必然联系

所以,所有的 S 都是 P

也可以这样来表述:

迄今为止观察到的所有 S 都是 P,并且科学研究表明:S 和 P 之间有必然联系

所以,所有 S,不论其是否已经被观察到,都是 P

仅举一例:

人们观察了大量向日葵,发现它们的花总是朝着太阳。经过研究发现,向日葵茎部含有一种植物生长素,它可以刺激生长,又具有背光的特性。生长素常常在背着太阳的一面,使得茎部背光的一面生长快于向阳的一面,于是开在顶端的花就总是朝着太阳。所以,所有向日葵的花都朝着太阳。

科学归纳法的结论有多可靠,取决于科学归纳法有多"科学"。对一切研究结论,我们还是抱着一种健康的、有节制的怀疑主义态度为好。

（三）排除归纳法

在现实世界中，一个（或一些）现象的产生会引起或影响到另一个（或一些）现象的产生，特别是，通过人工干预某个现象，就会导致另一现象的产生、消失或变化，那么，前者很可能是后者的原因，后者很可能是前者的结果。科学的一个重要任务就是要把握事物之间的因果联系，以便掌握事物发生、发展的规律。

因果关系具有如下特点：

第一，先后性，即原因总是在先，结果总是在后。但是，也要注意"'在此之后'并非就是'因此之故'"，先后关系不等于因果关系。例如，电闪和雷鸣先后相继，但电闪并不是雷鸣的原因，两者有一个共同的原因：带电云块之间的放电反应。如果把先后关系当作因果关系，就犯了"以先后为因果"的错误，这是许多迷信、错误信念的根源。

第二，共存性，指原因和结果总是在时空上相互接近，并且原因的变化将引起结果的相应变化，结果的改变总是由原因的改变引起。但这种共存性也容易使人们倒因为果，或倒果为因，犯"倒置因果"的错误。例如，微生物入侵是有机物腐败的原因，而有人误认为有机物腐败才导致微生物入侵，这是"倒因为果"。又如，发胖的人一般运动量很小，于是有人匆忙做出结论：发胖导致运动量减少，即发胖是运动量减少的原因。这是"倒果为因"。

第三，恒常伴随，指任何现象都有它产生的原因，也有它带来的结果，原因和结果总是如影随形、恒常伴随的。没有无因之果，也没有无果之因。并且，相同的原因永远产生相同的结果，但相同的结果却可以产生于不同的原因。

第四，复杂多样性，指因果联系是多种多样的，固然有"一因一果"，但更多的时候是"多因一果"，单独来看，其中每一个原因都只是结果的必要条件，而不是充分条件。

排除归纳法是根据因果关系的特点设计的一套操作方法或程序，其基本思路是考察被研究现象出现的一些场合，在它的先行现象或恒常伴随的现象中寻找它的可能的原因,然后有选择地安排某些事例或实验,根据因果关系的上述特点,排除一些不相干的现象或假设,最后得到比较可靠的结论。具体包括:求同法、求异法、求同求异并用法、共变法和剩余法。

1. 求同法

亦称"契合法",是指这样一组操作:考察被研究现象出现的若干场合,找出此现象的先行现象;其中有些现象时而出现时而不出现,由于因果是恒常伴随的,因此这些现象肯定不是被研究现象出现的原因;在这些场合中保持不变的、总与被研究现象共同出现的那个先行现象,就有可能与被研究现象有因果关系。其一般形式是:

场合1:有先行现象 A、B、C,有被研究现象 a
场合2:有先行现象 A、B、D,有被研究现象 a
场合3:有先行现象 A、C、E,有被研究现象 a

所以,A(可能)是 a 的原因

例如,下面的研究人员使用了求同法:

一个研究者注意到,一些角膜炎患者缺乏核黄素。他于是检查了其他一些患这种病的人,发现他们体内这种营养素的量也很低。在没有找到这种疾病的可能的原因的情况下,该研究者做出以下理论推测:角膜炎是由缺乏核黄素引起的。他通过给角膜炎病人服用大量的核黄素,并观察到他们的角膜炎都痊愈了,从而证实了他的推测。

对求同法的挑战是,先行现象中表面的"同"可能掩盖了本质的"异",表面的"异"可能掩盖了本质的"同",并且相同的先行现象可能不止一个,而有好多个。

2. 求异法

亦称"差异法",是指这样一组操作:考察被研究现象出现和不出现的两种场合,在这两种场合都出现的那些先行现象肯定不是被研究现象出现的原因,而在被研究现象出现时出现、在被研究现象不出现时不出现的那个先行现象,则(可能)与被研究现象有因果联系。其一般形式是:

  场合1:有先行现象 A、B、C,有被研究现象 a
  场合2:有先行现象 B、C,没有被研究现象 a
  所以,A(可能)是 a 的原因

  求异法结论成立的条件是:在被比较的两种不同场合之间,只有一个先行情况或伴随情况不同。这在实际生活中很难碰到,但在科学实验中却可以做到。因此,求异法在科学研究中常被采用,对比实验所依据的就是求异法。例如:

  许多物种的睾丸在一年的大多数时间里是封存不用的,只在一个特定交配的季节期间里,精确地说是在雄性与雄性之间打斗增加的那段时间里,它们才启动并产生睾丸激素。尽管它们表现明显,但这些数据仅仅是相关的:打斗发生的时候经常在雄性体内发现睾丸激素。可以用刀来证明,委婉的说法是进行摘除实验。将动物体内的睾丸激素之源去除,好斗程度便下降。注入合成睾丸激素使睾丸激素回到正常水平之后,好斗程度便得以恢复。

  这个摘除和恢复的方法实际上就是求异法,但它有可能在伦理上受到谴责。

  3. 求同求异并用法

  亦称"契合差异并用法",是指这样一组操作:先在正面场合求同,在被研究现象出现的几个场合中,只有一个共同的先行情况;再在反面场合求同,在被研究现象不出现的几个场合中,都没有这个先行情况;最后,在正反场合之间求异,可以得出结论:这个先行情况与被研究现象之间有因果联系。其一般形式是:

  正事例组:有先行现象 A、B、C,有被研究现象 a
  有先行现象 A、D、E,有被研究现象 a

负事例组:有先行现象 F、G,没有被研究现象 a

有先行现象 H、K,没有被研究现象 a

所以,A(可能)是 a 的原因

例如,路易斯·巴斯德的理论,即接种炭疽病毒疫苗能够产生对炭疽病的免疫力,被一个有趣的实验确证了。该实验先在二十多头农场动物身上接种炭疽病毒疫苗,然后给这些动物以及同样数量的没有接种炭疽病毒疫苗的动物注入足量的炭疽细菌。实验结果表明,没有一个接种疫苗的动物感染这种疾病,而所有没有接种这种疫苗的动物都感染了这种疾病。

在应用求同求异并用法时,要注意以下两点:(1)正事例组与负事例组的组成场合愈多,愈能排除偶然的巧合的情形,结论的可靠性愈强;(2)应选择与正事例场合较为相似的负事例场合来进行比较。

4. 共变法

根据因果关系的特点,若两个现象之间没有共变关系,则可以肯定它们之间没有因果关系;每当某一现象发生一定程度的变化时,另一现象也随之发生一定程度的变化,则这两个现象之间(可能)有因果联系。共变法的一般模式是:

有先行现象 A_1,有被研究现象 a_1

有先行现象 A_2,有被研究现象 a_2

有先行现象 A_3,有被研究现象 a_3

所以,A(可能)是 a 的原因

在日常生活和生产实践中,共变法得到广泛应用。许多仪表如体温表、气压表、水表以及电表等都是根据共变法的道理制成的。例如,我们加热一个物体,在其他条件不变的情况下,当物体的温度不断升高时,物体的体积就不断膨胀,由此可得出结论:物体受热与物体体积膨胀有因果联系。

在应用共变法时,至少要注意:(1)只有在其他因素保持不变时,才能说明两种共变现象有因果联系;(2)两种现象的共变有一定限度,超过这个限度,就不再有共变关系。

5. 剩余法

剩余法是指这样一组操作：如果已知某一复杂现象是另一复杂现象的原因，同时又知前一现象中某一部分是后一现象中某一部分的原因，那么，前一现象的其余部分与后一现象的其余部分有因果联系。其一般形式是：

A、B、C、D 是 a、b、c、d 的原因
A 是 a 的原因
B 是 b 的原因
C 是 c 的原因
———————————————
所以，D 与 d 之间有因果联系

应用剩余法的一个成功例子是居里夫人对镭的发现。她已知纯铀发出的放射线强度，并且已知一定量的沥青矿石所含的纯铀数量。她观察到，一定量的沥青矿石所发出的放射线要比它所含的纯铀所发出的放射线强许多倍。由此，她推测在沥青矿石中一定还含有别的放射性极强的元素，并通过多年的艰苦实验，从几吨沥青矿石中提炼出几克这种新的放射性元素——镭，并因此获得诺贝尔化学奖。

（四）类比推理

类比推理是根据两个或两类事物在一系列属性上相似，从而推出它们在另一个或另一些属性上也相似的推理。其一般形式是：

A（类）对象具有属性 a、b、c、d
B（类）对象也具有属性 a、b、c
———————————————
B（类）对象（可能）也具有属性 d

例如，17 世纪的荷兰物理学家惠更斯（C. Huygens）通过把光和声进行比较，发现两者在一系列属性上都相似，如两者都有直线传播、反射、折射等属性，而已知声在本质上呈现一种波动，因而推出光也应是一种波动。惠更斯由此提出了光的波动理论。

类比推理能够使人们举一反三,触类旁通,获得创造性的启发或灵感,从而找到解决难题之道。但它是一种或然性推理,其前提的真不足以确保结论真,因为事物之间固然有相似之处,但也有差别所在。类比结论的可靠性程度取决于许多因素,例如两个或两类事物之间相似属性的数量、它们之间相似方面的相关性、它们之间不相似方面的相关性,其中最重要的是它们的已知相同属性与推出属性之间的相关程度:其相关程度越高,类比结论的可靠性越大;其相关程度越小,类比结论的可靠性越小。人们通常把违背常识、结论明显为假的类比称为"不当类比"、"机械类比"或"荒唐类比"。

(五)统计推理

在统计学中,某一被研究领域的全部对象,叫作总体;从总体中抽选出来加以考察的那一部分对象,叫作样本。统计推理是由样本具有某种属性推出总体也具有某种属性的推理,即从 S 类事物经考察的对象中有 n%(0<n<100)具有性质 P,推出在 S 类的所有对象中 n%具有性质 P。其一般形式是:

S_1 是 P

S_2 是 P

S_3 不是 P

S_4 是 P

S_5 不是 P

⋮

S_n 是 P

S_1、S_2、S_3……S_n 是从 S 类抽取的样本,其中有 n%的对象具有属性 P

所以,S 类的所有对象中(可能)有 n%具有属性 P

请看下面的例证:

尽管城市居民也并非事事如意,但他们还是比农村同胞更少遇到心理健康方面的问题。……该项调查征询了 6700 名成年人,他们分别居住在六个社区之中,这些社区大至 300 万人口的城市,小到不足 2500 人的城镇。其结果以被征询者的口述为基础,包括失眠、现在和过去的神经崩溃等症状。居住在人口超过 5 万的城市中的居民,其所提及的症状要比人口不足 5 万的城镇中的居民低几乎 20%。

抽样统计是一种推理方法,它根据样本具有什么性质,推出样本所从属的总体具有什么性质,这是一种从部分到全体的推理,其结论所断定的超出了前提所断定的范围,前提的真不足以保证结论的真,推理只具有或然性。在这个意义上,抽样统计是一种归纳推理。

抽样统计最容易出差错的地方在于样本不具有代表性。只有从能够代表总体的样本出发,才能得到关于总体的可靠结论。一般需要从抽样的规模、抽样的广度和抽样的随机性三个方面去保证样本的代表性。更具体地说,(1)要加大样本的数量,以便消除误差;(2)要尽可能地确保样本的代表性;(3)要不带任何偏见地随机抽样。为了满足这些要求,研究者设计了一些特别的抽样方法,如纯随机抽样、机械抽样、分层抽样、整群抽样等。

结束语

推理通常分为演绎推理和归纳推理,还记得选题时可以使用的演绎法和归纳法吗? 演绎和归纳是学术写作中贯穿始终的思维方式。本章用详实的例子和图示向我们展示了命题和推理的不同形式,这种思维方式在生活中也将使我们受益。逻辑学是关于推理和论证的科学,下一章我们将讨论论证。

第八章 建构好论证与反驳坏论证

开场白

在第七章中,我们学习了命题与推理的不同形式。本章将聚焦于论证,它是学术写作的重要一环。所谓"论证",就是运用真实的至少是可以接受的理由,去展示某个论断的真实性或虚假性的思维过程及其语言表述形式。与好论证相对的还有坏论证——谬误和诡辩。这些"神逻辑"具体可分为哪些类别?其产生机制是什么?我们应当如何建构好论证,又如何反驳坏论证呢?

一、建构好论证——论证理论

(一)把一切送上理智的法庭

批判性思维的基本预设包括以下内容:任何观点或思想都可以并且应该受到质疑和批判;任何观点或思想都应该通过理性的论证来为自身辩护;在理性和逻辑面前,任何人或思想都没有对于质疑、批判的豁免权。"把一切送上理智的法庭",可以看作批判性思维的口号。批判性思维要培养学生这样的品质:不盲从、不迷信,遇事问为什么;清楚地、有条理地思考,追求合理性;在游泳中学会游泳,注重推理和论证的实际运用。

批判性思维可以分为以下两类：一类是弱势批判性思维，它指向他人而不指向自己，是攻击性和防御性的，其目的并不在于追求真理和美德，而在于证明自己行而别人不行，自己胜过他人。另一类是强势批判性思维，它既指向他人也指向自己，是建构性的，以追求真理、公正、理性为目标；当有足够的理由和证据表明自己错了，会勇于承认和修正自己的错误。①

批判性思维并不是全新的东西，而是全部人类文明中固有的，它所倡导的就是独立思考，对他人和自己的信念和决策做批判性反省，以便更合理地作出判断和决策。

与批判性思维相对立的是非批判性思维，大致具有如下特点：倾向于假设他人（长辈、老师、领导、权威、作者等）都是对的；自己的责任就是阅读、理解、接受、记住他人的观点，并将其作为自己的人生指南，靠它们去打天下；把自己放在与他人不平等的位置上；放弃自己的独立思考和独立判断；如此等等。

（二）论证的识别

所谓"论证"，就是运用真实的至少是可以接受的理由，去展示某个论断的真实性或虚假性的思维过程及其语言表述形式。从结构上看，一个论证或隐或显地包含如下要素：

1. 论题

论题即论辩双方共同谈论的某个话题，尽管双方在这个话题上可能具有完全相反的观点，例如"在中国是否应该开征房产税？"就是一个论题，围绕它至少可以形成两种互斥的观点。但有些时候，论题本身就是论证者要加以证明的观点，例如"中国必须继续走改革开放的道路"。

2. 论点

论点即论证者在一个论证中所要证明的观点。它可以是描述性

---

① 尼尔·布朗,斯图亚特·基利.学会提问（第11版）[M].吴礼敬,译.北京：机械工业出版社,2019:12-13.

的,即表明世界是怎么样的;也可以是规范性的,即表明世界应该如何、何者为好何者为坏等。论证者应该一开始就表明自己的观点,并在论证末尾作出结论。于是,论点既是论证的起点,也是论证的终点。

3. 论据

论据相当于推理的前提,指的是论证者用来论证其论点的理由、根据。它们可以是一般性原理,也可以是事实性断言、统计数据等。既然论证的目的在于说服,一般要求论据必须真实,至少被论证双方共同接受,因为虚假的论据或对方不认可的论据难以达到说服的目的。

4. 论证方式

论证方式即论据对于论点的支持方式,表现为某种推理形式或多种推理形式的复合。由于推理形式可以是演绎的,也可以是归纳的,故论证方式也可以是演绎的或归纳的,还可能是谬误的。

5. 隐含的前提或假设

由于论辩双方有许多共识和类似的认知能力,在实际的论证过程中,常常会隐含地使用一些前提或假设,也隐含地使用一些推理形式,而没有把它们统统明明白白地说出来或写出来。但若要对一个论证的可靠性作出评估,则需要把它们明确地考虑进来。

一个较为复杂的论证的各个论据(前提)与论点(结论)之间的支持关系,构成一个论证链条或者论证网络。这个论证链条或网络中的任何一个单个的支持关系,都是这个复杂论证中的步骤。结论通常有主结论与子结论之分。主结论就是一个论证链条或网络中的最终结论,除主结论之外的任何一个步骤的结论,都是子结论。与子结论和主结论的区分相关的,是子论证和主论证的区分。子论证就是由子结论与其支持前提构成的论证,它们是论证链条或网络上的步骤;主论证是由主结论及其支持前提构成的论证,是一个论证的主干部分。

基于上述要素,在识别一个论证的结构时,常常要考虑如下因素。

第一,找出所要论证的论点,即论证者所明确主张的观点。

第二,找出论证的结论,包括子结论和主结论。结论之前会有一些标志词,所以找出论证中的结论标志词是确定论点的重要一步。这样的标志词通常包括:

所以	由此可见	因此
由此推出	显然	可以推断
相应地	我们认为	很可能
我们相信	这表明	我们可以推出
这证明	随之而来的是	这意味着
出于这个原因	这蕴涵着	出于这些原因
其结论是	我可以作出结论	其结果是
这允许我们推出	如此说来	这指向了下述结论
总而言之		

跟在这些标志词之后的往往是论点或结论,由此可以把论点或主要结论找出来。

第三,找出论证的论据(前提)。与论点类似,也可以找到一些前提的标志词,通过它们可以确定论证的前提。这样的标志词通常包括:

既然	其根据是	因为
根据……事实	如果	如……所表明的
假设	如……所显示的	鉴于
出于……的考虑	根据	从……可以推出
从……推出	从……可以推导出	其理由是
从……可以演绎出	其原因是	

跟在这些标志词之后的或占据其省略号位置的往往就是前提、理由或论据。

第四,找出论证所隐含的前提和假设。如前所述,隐含的前提和假设也是完整的论证的构成要素,其作用不可忽视。

看英国数学家 G. H. 哈代(G. H. Hardy)的如下论证:

> 阿基米德将永远被记住,而埃斯库罗斯会被遗忘,因为一种语言会消亡,而数学理念不会消亡。

I. M. 柯匹(I. M. Copi)指出,对该论证的分析表明,要合逻辑地得出结论,该论证至少需要下列前提或推理步骤:

(1) 语言会消亡。
(2) 埃斯库罗斯的伟大剧作使用一种语言。
(3) 故埃斯库罗斯的成果终究会消亡。
(4) 数学理念不会消亡。
(5) 阿基米德的伟大工作使用数学理念。
(6) 故阿基米德的成果不会消亡。
(7) 所以,阿基米德将被永记而埃斯库罗斯将被遗忘。①

可以看出,在这个论证中,至少有两个隐藏的前提或假设,这就是(2)和(5),或许因其明显性而被省略,但它们的确实性却值得怀疑。

隐含的前提和假设具有如下特点:它们是隐藏的,没有被明确陈述出来;被论证者认为其是理所当然的;是得出结论的必要条件;其本身可能为假。隐含于论证之后的前提和假设有两种类型:一是背景性假设,另一是隐含的前提。背景性假设往往涉及论证者的价值观或价值偏好。例如,某人论证说:"应该节食。面对美食大吃大喝,虽然可以享受到短暂的快乐,但过度摄入高热量食物可能导致体重增加,进而引发高血压、高血脂、高血糖等健康问题,严重影响生活质量及寿命。"在这个论证中,至少隐藏着论证者的如下价值偏好:健康比尽情享用美食更重要;长寿很重要;要注意生活质量。这些价值偏好之间是否相互矛盾和冲突?隐含的前提涉及论证者的知识背景,论证者或许为了掩饰其论据的不可靠而不将其明确陈述出来。例如,第六章谈

---

① 欧文·M. 柯匹,卡尔·科恩,维克多·罗迪奇.逻辑学导论:第 15 版[M].张建军,潘天群,顿新国,等译.北京:中国人民大学出版社,2022:50.

到这样一个论证:"自从 1950 年以来,所有的费米子都是在美国发现的,所有玻色子都是在欧洲发现的。很可惜,希格斯粒子是玻色子,所以,它不可能在美国被发现,只能在欧洲被发现。"这是从过去推未来的归纳论证,其中隐含这样一个假设:若 x 在过去一段时间内从未做成 y,则 x 再也做不成 y 了。但这一假设不成立,因为由一个人先前从未死过这一事实,显然不能推出他再也不会死。

(三) 论证的图解

在考虑了论证的各构成要素及其相互关联之后,我们可以用图解法将论证的结构表示出来,以便对其有一个直观的把握。

例 1:设置自然保护区极为重要,因为,荒野为濒临灭绝的野生动植物等提供不可或缺的栖息地,而且,它是人们日常生活压力的自然的退避所。

解析:该论证的要素如下,其中用 ⓒ 表示结论,用带圈号的阿拉伯数字表示论据的顺序:

论点:ⓒ 设置自然保护区极为重要。

论据:① 荒野为濒临灭绝的野生动植物等提供不可或缺的栖息地。

② 荒野是人们日常生活压力的自然的退避所。

这个论证的结构较为简单,图示如下:

下面,我们把分析结果写进待分析的那个论证中,前置 ⓒ 表示紧跟其后的句子是结论,前置带圈号的阿拉伯数字表示第几个论据。

例 2:ⓒ 死刑并不能减少犯罪,因为①罪犯在作案时不会想到被抓获。并且,由于②很多罪犯的情绪不稳定,③他们也不可能理性地考虑自己的非理性行为的后果。

解析:在这个论证中,论据②支持论据③,论据①和③共同支持结论ⓒ,图示如下:

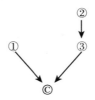

例3:①我的大部分思想开放的朋友都读了很多书;②我的大部分思想不那么开放的朋友就不是这样。③你读得越多,你就越有可能遇到新思想的挑战,你对旧思想的坚持就会被削弱,这种说法是有道理的。④阅读还把你从日常生活中解放出来,向你展示生活的多样性和多面性。因此,ⓒ阅读使人思想开放。

解析:结论ⓒ是"阅读使人思想开放",支持该结论的事实性证据是①和②,③和④为①和②提供理论性解释,它们也共同支持结论ⓒ,图示如下:

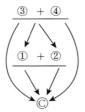

例4:①滑冰是一种极好的锻炼和娱乐形式,但是②今天的轮滑者造成了一种潜在的危险,③应该做些事来控制他们。④轮滑者漠视交通法规,⑤他们闯红灯和⑥在单行道上逆行。⑦他们造成对行人的威胁,因为⑧碰撞能引起严重的伤害。⑨轮滑者甚至损害商家利益,当⑩他们飞驰过商店和⑪损坏商品时。①

解析:在仔细阅读此论证之后,我们看出①只是一个引导性句子,

---

① 帕特里克·赫尔利.简明逻辑学导论[M].陈波,宋文淦,熊立文,谷振诣,等译.北京:世界图书出版社,2010:51.

而②和③一起组成主要结论。同时,④、⑦和⑨都独立地支持主要结论,而⑤和⑥独立地支持④,⑧支持⑦,⑩和⑪独立地支持⑨。其论证图如下:

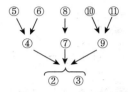

例5:①我们能预期在未来不确定的时间内我们的日历年长度会发生小的变化。②有两个理由证明这是真实的。③第一个理由是地球旋转显示出某种不规则性。④为什么会如此呢?⑤任何物体的旋转都受它的质量分布影响,而⑥地球的质量分布不断有变化。举例说,⑦地震就改变板块的位置。同时,⑧地球的液态核心会在当地球转动时晃荡,而⑨降雨重新分配来自大海的水。第二个理由是⑩潮汐运动使地球旋转不断地减慢下来。⑪潮汐运动产生热,而⑫这些热能的释放就带走了系统中的能量。①

解析:通过仔细阅读,可以确定最后的结论是①。同时,②告诉我们提供支持的陈述分为两个基本小组,而由于②没有增加任何支持,我们可以不把它放进图中。在第一组中,⑤和⑥共同支持③,而⑦、⑧和⑨独立地支持⑥。④也不出现在图中,因为它只充当一个前提指示词。在第二组中,⑪和⑫共同支持⑩。故而其论证图如下:

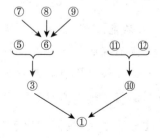

---

① 帕特里克·赫尔利.简明逻辑学导论[M].陈波,宋文淦,熊立文,谷振诣,等译.北京:世界图书出版社,2010:51.

(四)对论证的评价

在对已有论证作出评价时,主要应该考虑下列问题:

1. 论证中的论题及关键性概念是否清楚、明白

除非弄清楚论证中关键性概念的含义及其在使用环境中的意义,否则无法对论证作出评价。然而,有些作者疏于给出术语的定义,导致许多关键性概念歧义丛生,并导致对其主要论题的不同解读。因此,有必要找出一段论证中的关键性概念,并且问这样的问题:它们通常或可能是什么意思?它们实际上是什么意思?它们的这种使用合适吗?

例1:学校的着装规定主要是用来限制学生衣着不当的,目的是营造一种专心致志的学习氛围。如果一个学生衣着不当地来上课,就可能分散其他同学的注意力。规定学生在校期间的着装并不是限制学生的表达自由。与要求学生统一着装不同,着装规定仍然允许学生自由地选择自己的服装,只要不被视作不当着装即可。

解析:此段论证的关键性概念是"衣着不当",但却没有对它做出任何清晰的描述和规定,这容易导致把"看不顺眼"视为"衣着不当",而"看不顺眼"却取决于人的主观态度,这个世界上人的主观态度千差万别,一些人的作为(包括衣着)总会令另一些人看不顺眼,这可能导致每一个人都动辄得咎,失去自主活动空间和个人自由。

例2:女性和男性在生理和心理上有明显的差别,故男女两性本来就是不平等的,所以,在法律上不应该主张男女平等。

解析:该论证改变了"平等"一词的含义。前提中所说的"不平等"实际上是生理和心理上的"不相同",而结论所说的法律上的"平等"是指有同样的社会权利和机会。一旦明确了这个差异,该论证应该重新表述为:女性和男性在生理和心理上是不同的,因此,他们不应该拥有相同的社会权利与机会。显然,它的结论得不到它的前提的支

持,甚至与其前提无关。

2. 前提和隐含前提是否真实或至少是可接受的

真实前提是得出真实结论的必要条件,但这一条件却不那么容易得到保证。前提可能只是某种常识性说法,但常识并不总是那么可靠。有一个说法很正确:常识里面可能隐藏着一个时代的偏见。有时候,前提可能是大多数人的看法,但真理并不以信仰者的多少为依归;有时候,前提可能是某位权威的意见,但权威并非一切时候一切情况下都是权威。除此之外,在论证中常常会暗中使用一些未明确陈述的前提和假设,它们的可靠性要受到质疑。因此,批判性思维有广阔的生长空间,一切并不都是那么理所当然。

例3:近来美元的贬值是由于对未来经济增长缓慢的悲观预测。假如美国政府没有巨额财政赤字,这个预测不会对美元产生不利影响。因此,为了阻止货币贬值必须减少财政赤字。

以下哪项如果为真,最能削弱上述结论?

A. 美国政府几乎没有尝试减少财政赤字。
B. 财政赤字没有造成经济增长缓慢。
C. 在预测经济增长缓慢的前一年,美元已多次贬值。
D. 在出现巨额财政赤字以前,有关经济增长缓慢的预测已多次造成美元贬值。

解析:题干的论据是"财政赤字引起悲观预测,悲观预测又引起美元贬值",选项B对上述论据提出严重质疑,从而削弱了题干中的论证。答案为B。

3. 前提和结论之间是否具有语义关联

我们在进行推理或论证时,前提和结论之间总是存在某种共同的意义内容,于是我们可以由前提想到、推出结论,正是这种共同的意义内容潜在地引导、控制着从前提到结论的思想流程。一个思维和精神正常的人,通常不会从"2+2=4"推出"雪是白的",也不会从"2+2=5"推出"雪是黑的",因为其中的前提和结论在内容、意义上完全不搭界,尽管"如果 2+2=4,那么雪是白的;2+2=4,所以雪是白的"是一个逻辑上有效的推理形式。这就表明,有些逻辑上有效的推理形式,作为日常思维中的论证却可能是坏的论证。例如根据同一律,从 p 当然可以推出 p,但若以 p 为论据去论证 p,即使不是循环论证,也至少犯有"无进展谬误"。批判性思维在做论证评价时,常要求前提与结论、论据与论点之间既有内容的关联,又不能在内容上相互等同。

4. 论证中前提对结论的支持强度如何

演绎有效的 如果一个推理的前提真则结论必真,或者说当前提真时结论不可能假,这个推理就是演绎有效的。尽管从假的前提出发也能进行合乎逻辑的推理,其结论可能是真的,也可能是假的,但从真前提出发进行有效推理,却只能得到真结论,不能得到假结论。只有这样,才能保证使用这种推理工具的安全性。如果一个论证只包括从论据到论点的演绎有效的推理,则它是一个演绎有效的论证,论据的真必然导致论点的真。除了在数学等精确科学中出现外,这样的论证在日常思维中并不多见。

归纳强的 有许多推理或论证尽管不满足有效性,即前提的真不能确保结论的真,但前提却为结论提供了小于 100% 但大于 50% 的证据支持度,这样的推理或论证仍然是合理的,并且被广泛且经常地使用着。它们可以被称为"归纳强的"。否则,如果一个推理或论证,其证据支持度小于 50%,则可以称它是"归纳弱的"。归纳弱的推理仍有一定的合理性和说服力,但程度十分有限。一般所说的简单枚举法、类比法等,当作为论证方法时,从逻辑上看都是归纳弱的推理。

谬误的 指以不合逻辑的手法从前提推出结论,在下文将予以重点讨论。在 GRE、GMAT、LSAT 以及国内的 MBA、GCT 和公务员考试中,有一种题型是"论证评价型",它要求对题干中给出的论证作出评价,或者指出哪一个选项与对该论证的评价最为相关。其问题往往采取这样的形式:"对于评价上述论证的充分性来说,下面哪一个选项最为重要?""对于评价上述段落中所作出的断言,下面哪一个选项用处最小?"

例4：雌性斑马和它们的幼小子女离散后，可以在相貌、体形相近的成群斑马中很快又聚集到一起。研究表明，斑马身上的黑白条纹是它们互相辨认的标志，而幼小的斑马不能将自己母亲的条纹与其他成年斑马的条纹区分开来。因此显而易见，每匹雌性斑马都可以辨别出自己后代的条纹。

上述论证采用了以下哪种论证方法？

A. 通过对发生机制的适当描述，支持关于某个可能发生的现象的假说。

B. 在对某种现象的两种可供选择的解释中，通过排除其中的一种，来确定另一种。

C. 论证一个普遍规律，并用来说明某一特殊情况。

D. 根据两组对象有某些类似的特性，得出它们具有另一个相同特性。

解析：题干的论证是，斑马身上的黑白条纹是它们互相辨认的标志；雌性斑马和它们的幼小子女离散后又能很快聚集到一起这一事实说明，或是小斑马能识别自己母亲的条纹，或是雌性斑马能辨别出自己后代的条纹。事实上小斑马不能识别自己母亲的条纹，因此，雌性斑马能辨别出自己后代的条纹。显然，这一论证所采用的方法是：在对某种现象的两种可供选择的解释中，通过排除其中的一种，来确定另一种。答案为B。

（五）论证的建构

人们不仅需要反驳谬误，更重要的是要揭示真理；不仅要否定论敌的观点，更要传播自己的主张，这些都需要以论证的形式进行，而论证需要遵守一定的规则。根据不同的需要或标准，可以列出不同的规则。这里主要从认识论角度列出以下几条规则：

1. 论题的可信度必须低于论据，且论题必须清楚、确切

一个论证之所以有必要进行，在于其论点的重要性，但其真实性或可接受性却不明显，往往受到人们的怀疑，于是需要用一些更真实、更可接受的命题做论据,以合乎逻辑的方式展示它的真实性或可接受性。相反,如果论点的可信度比论据还高,就没有必要用该论据去论证该论点,倒是有必要用该论点去支持该论据,论证过程要完全倒过来,原有的整个论证因此就不成立。

只有论题本身是清楚、确切的,论证活动才能做到有的放矢,富有成效。否则,会犯"论旨不清"的错误,后者常常是其中所涉及的关键性概念和命题的意义不清楚造成的。

论证是用论据去论证论题,但有时候论据的真实性本身又需要论证。于是,在一个主论证中会出现若干分论证,分论证中有时还会有分论证,最后有可能出现这样的情况:论题是 A,在论证 A 时要涉及 B,B 要牵涉到 C,C 又牵涉到 D,D 又牵涉到 E,而 E 可能与 A 毫无关系,它们之间的距离不止"八千里路云和月"。若出现这种情况,就犯了"转移论题"或"偷换论题"的逻辑错误。

2. 论据必须是真实的,或者至少是论辩双方共同接受的

从不真实的前提出发,不能在逻辑上强制对方接受结论(论点)的真。由于认识过程的复杂性,一个论据是否真实有时候很难说清楚,但只要论证双方都认定它是真实的,或者是可以接受的,它就可以用来充当论据,逻辑也会强制论辩双方去接受从那些共同接受的前提推出的结论。例如,在中世纪的神学家之间,也可以合乎理性、合乎逻辑地讨论"上帝是否存在"的问题,并给出各种各样的论证。在不信仰上帝的人看来,这些论证可能毫无说服力,但在神学家们看来,其中有些论证有较强的说服力,有些论证有较弱的说服力,也有些论证完全没有说服力。他们赖以评判的依据就是他们所共同接受的一些知识,例如关于《圣经》的知识等。

违反上述规则所犯的逻辑错误,包括"论据虚假""预期理由""论据不为双方所认可"等。

3. 论据必须是彼此一致和相容的

如果论据本身不一致,即其中包含 p∃¬p 这样的矛盾命题,或者可以推出这样的矛盾命题,根据通常所接受的逻辑理论,矛盾命题蕴涵任何命题，或者说，从逻辑矛盾可以推出一切。显然，可以作为任一结论的论据的东西，就不能作为某个确定结论的恰当论据。因此，一组不一致或自相矛盾的命题不能做论据。

据说，古希腊智者普罗泰戈拉与他的弟子欧提勒士进行了著名的"半费之讼"。先前，欧氏拜在普老先生门下，两人签署了一份合同：普氏向欧氏传授辩论技巧，教他帮人打官司；欧氏入学时交一半学费，在他毕业后第一次帮人打官司赢了之后再交另一半学费。但欧氏毕业后老不帮人打官司，普氏也就总得不到另一半学费。普氏为了要回另一半学费，想了一个馊主意。他去与欧氏打官司，并打着这样的如意算盘：

如果欧氏打赢了这场官司，按照合同的规定，他应该给我另一半学费。

如果欧氏打输了这场官司，按照法庭的裁决，他应该给我另一半学费。

欧氏或者打赢这场官司，或者打输这场官司。

总之，他应该付给我另一半学费。

但欧氏却提出一个针锋相对的推理：

如果我打赢这场官司，根据法庭的裁决，我不应该给您另一半学费。

如果我打输这场官司，根据合同的规定，我不应该给您另一半学费。

我或者打赢或者打输这场官司。

总之，我不应该给您另一半学费。

这师徒俩使用了同样的推理形式，却得出了完全相反的结论。究其原因，在于他们的前提中包含着不一致：一是承认合同的至上性，一是承认法庭判决的至上性，哪一项对自己有利就利用哪一项，而这两者是相互矛盾的。实际上，这是一个合同官司，法庭判决也必须根据合同来进行，因此合同是第一位的，是法庭判决的根据和基础。这样一来,那师徒俩的两个二难推理都不能成立,并且根据合同,欧氏在帮人打官司之前,或者虽然帮人打了官司但没有赢,都可以不付给普氏另一半学费。这个苦果应该由普氏本人吞下,由于他没有规定支付另一半学费的确切期限,等于与学生签订了一份无约束力的合同。当今社会是法律社会,我们应该吸取普老先生的教训,签合同时务必小心谨慎。

4. 论证中所使用的推理必须是演绎有效或归纳强的

如果论证不可靠,会犯"推不出来"或"不据前提的推理"等逻辑错误。这时就需要灵活运用第七章所提到的各种推理方法了。

二、 反驳坏论证——谬误理论

(一) 反驳的基本策略

一个推理或论证要得出真实的结论,必须满足两个条件:一是前提真实;二是推理过程合乎逻辑,或者说推理形式是有效的。

于是,要反驳或削弱某个推理或论证的结论,通常有这样几种方式:一是直接反驳该结论,可以举出与该结论相反的一些事实(举反例),或从真实的原理出发构造一个推理或论证,以推出该结论的否定;二是反驳论据,即反驳推出该结论的理由和根据,指出它们的虚假性;三是指出该推理或论证不合逻辑,即从前提到结论的过渡是不合理的,违反逻辑规则。在这三种反驳方式中,直接反驳结论是力度最强的,但需注意,驳倒了对方的论据和论证方式并不等于驳倒了对方的结论,因为对方完全可以更换论据或论证方式去重新论证该结论。无论如何,如果论据或论证方式被有效反驳,对方结论的真实性自然会被削弱。

在各种能力性逻辑考试中,有大量的"削弱论证型"考题。

例:一个医生在进行健康检查时,如果检查得过于彻底,就会使那些本没有疾病的被检查者经受无意义的折腾,并白白支付昂贵的检查费用；如果检查得不够彻底，又可能错过一些严重的疾病，给病人一种虚假的安全感而延误治疗。问题在于，一个医生往往很难确定该把一个检查进行到何种程度。因此，对普通人来说，没有感觉不适就去接受医疗检查是不明智的。

以下各项如果为真，都能削弱上述论证，除了：

A. 有些严重疾病早期就会出现病人自己能察觉的明显症状。

B. 有些严重疾病早期虽无病人能察觉的明显症状，但这些症状并不难被医生发现。

C. 有些严重疾病只有经过彻底检查才能发现。

D. 有些经验丰富的医生可以恰如其分地把握检查的彻底程度。

E. 有些严重疾病发展到病人有明显不适时，已错过了治疗的最佳时机。

解析：答案是 A。题干的结论是，对普通人来说，没有感觉不适就去接受医疗检查是不明智的。B、C、D、E 各项均能削弱题干。例如，题干中强调了彻底的健康检查的某种负面影响，例如一个医生做过于彻底的健康检查，就会使那些本没有疾病的被检查者经受无意义的折腾，并白白支付昂贵的检查费用。而 C 项断定，有些严重疾病只有经过彻底检查才能发现，这就指出了彻底的健康检查的一种重要的正面作用，因而能削弱题干的论证。但 A 项断定，有些严重疾病早期就有病人自己能察觉的明显症状，这些症状最可能包括某种程度的感觉不适，显然，这与题干结论（"只有感觉不适才应去接受医疗检查"）及其论证没有直接关系，既不加强也不削弱结论、论据及论证。

在当今网络社会，几乎人人都有机会发言，由此出现了一批"杠精"，这个标签往往指代"经常通过抬杠获取快感的人、总是唱反调的人、争辩时故意持相反意见的人"。杠精往往不论他人说的是什么、是否正确，往往无视、忽略、曲解原述逻辑，对人不对事地针对性反驳，仅为反对而反对，通过针对性反驳惹翻他人，进而达成目的。'杠精'

出招时,是利用人类情绪上的弱点和思维逻辑弊端,一时间刺得他人无话可说,基本上能成功惹翻他人。"① 由此可知,杠精并不以追求真理、获得理智的进步为目标,而是为反对而反对,使用"神逻辑"即各种不合逻辑的谬误论证手法,旨在惹恼对手、羞辱他人、愉悦自己,并提升自己的存在感。下面所讨论的各种"谬误"就是杠精常使用的"神逻辑",实际上是各种谬误和诡辩的手法。

(二)"神逻辑"——谬误和诡辩

所谓"谬误"(fallacy),不是指一般的虚假、错误、荒谬的认识、命题或理论,而是指在推理或论证过程中所犯的逻辑错误。简单地说,谬误就是有缺陷的推理,它们常常出现在前提与结论的逻辑关系上,是指那些看似正确、具有某种心理说服力,但无理性说服力的推理或论证手法。

如果有意识地使用谬误的推理和论证手法去证明某个错误观点,这就是诡辩。德国哲学家黑格尔指出:"诡辩这个词通常意味着以任意的方式,凭借虚假的根据,或者将一个真的道理否定了,弄得动摇了,或者将一个虚假的道理弄得非常动听,好像真的一样。"② 因此,诡辩是一种故意违反逻辑规律和规则,为错误观点所进行的似是而非的论证。

具体的谬误形式很多,有人曾概括出113种。如此多的具体谬误可以分为不同类型,如语形谬误、语义谬误和语用谬误,或者形式谬误、实质谬误和无进展谬误等。但较为普遍接受的做法是将谬误区分为"形式谬误"和"非形式谬误"两大类,再将后者分为若干小类。

所谓"形式谬误",是指逻辑上无效的推理、论证形式。在本书第七章讲授逻辑推理形式时,已经分别指出了一些形式谬误,这里只讲其中的一个例证,即充分条件假言推理的否定前件式。

---

① "杠精"词条.[EB/OL].(2023-12-24)[2020-06-15].https://baike.baidu.com/item/杠精/22163222? fr=aladdin.
② 黑格尔.哲学史讲演录[M].贺麟,王太庆,等译.北京:商务印书馆,2014:7-8.

例1：大家有没有发现，在新冠疫情期间，你没有喝奶茶，没有吃烧烤，没有吃火锅，没有吃蛋糕，你也没有瘦下去。所以，这些东西根本不会使你变胖。

解析：该推理可以简化为：既然你没有吃 X，你也没有变瘦；所以，如果你吃了 X，你也不会变胖。请注意："既然 p，q"这种句式断定了 p、如果 p 则 q 和 q 这三者。用 p 表示"吃 X"，用 q 表示"变瘦"，则前提句式为"如果非 p 则非 q"。权且把"变胖"看作"没有变瘦"，则结论句式为"如果 p 则非非 q"，即"如果 p 则 q"。显然，上述推理是错误的，使用了无效的充分条件假言推理否定前件式，例如从"如果张三不是中国人，则张三不是中国富人"，不能合逻辑地推出"如果张三是中国人，则张三是中国富人"。

所谓"非形式谬误"，是指结论不是依据某种推理、论证形式从前提得出，而是依据语言、心理等方面的因素从前提得出，并且这种推出关系在逻辑上是无效的。非形式谬误可以进而分为歧义性谬误、假设性谬误和关联性谬误。第六章已经谈到一些非形式谬误，例如构型歧义、概念模糊、混淆概念、偷换概念、混淆论题、偷换论题、自相矛盾、诉诸强力、预期理由、理由虚假、推不出来等，下面重点讲先前没有讨论过的谬误，也会以新的方式讲述个别先前讨论过的谬误。

1. 歧义性谬误

（1）概念混淆。

自然语言中的词语常常是多义的和语义模糊的。如果人们在论证过程中，有意无意地利用这种多义性和模糊性，并得出不正确的结论，就会犯"概念混淆"的逻辑错误。例如："凡有意杀人者当处死刑，刽子手是有意杀人者，所以，刽子手当处死刑。"这个推理不成立，因为刽子手不是通常的"有意杀人者"，而是"奉命依法有意杀人者"，前提中两个"刽子手"意义不一样，不能进行推理。

在与苏格拉底对话时，美诺提出了一个论证，旨在证明探究新知识的研究工作不可能进行，史称"美诺悖论"，如下例所示：

例 2：

（a）如果你从事研究工作，那么，或者你知道你所寻求的东西，或者你不知道你所寻求的东西。

（b）如果你知道你所寻求的东西，研究是不必要的。

（c）如果你不知道你所寻求的东西，研究是不可能的。

（d）所以，研究或者是不必要的，或者是不可能的。

（e）所以，你的研究工作不可能进行。

解析： 这个论证中的关键概念"你所寻求的东西"有两种意义：(A)你所探究的那个问题；(B)你所探究的那个问题的答案。在(A)的意义上，(c)是真的，但(b)是假的；在(B)的意义上，(b)是真的，但(c)是假的。两个前提不在同一个意义上为真。于是，从一对真的前提，即(Ac)和(Bb)推不出任何结论，因为其中有歧义性。并且，当区分(A)和(B)之后，(b)和(c)没有穷尽全部可能性，还有另一种可能性：你知道你要研究什么问题，但不知道那个问题的答案，于是你的研究工作既有必要又有可能，上面推理的结论是错误的。

（2）构型歧义。

构型歧义是指由于句子语法结构的不确定而产生的一句多义。看这个句子："老师看见学生很高兴。"这个句子有两种解读：老师看见学生很高兴；老师因看见学生而很高兴。有人开玩笑式地提出这样的英语句子："Woman without her man is nothing."通过给这个句子加不同的标点，会表达完全相反的意思："Woman, Without her man, is nothing"（女人，若离开她的男人，什么也不是），这或许是某些男生想表达的意思；"Woman! Without her, man is nothing"（若没有伟大的女人，男人什么也不是），这或许是某些女生想表达的意思。汉语，特别是古代汉语，是一种句法标记很不完整、主要靠意合关系来理解的语言，其中有很多构型歧义所带来的不同解读，留下了巨大的阐释空间。这对于文学或许有益，但对于精确科学却是有害的。

（3）错置重音。

同一个句子，由于强调不同的部分，会衍生出不同的意义。例如，

"我们不应该背后议论我们的朋友的缺点"。这句话以平铺直叙的语气说出，是一个意思；如果重读其中的"背后"二字，会有"我们可以当面议论我们的朋友的缺点"之意；如果重读其中的"我们的朋友"，则会有"我们可以背后议论不是我们朋友的人的缺点"之意。如果有意利用重读、强调等手法，传达误导人的信息，就犯了"错置重音"的谬误。这在广告中特别常见。例如，以特别醒目的大字体标出一个特别低的价格，在旁边则印上小字体"起"，或用一大堆小字体标明各种限制条件。当顾客真的光顾该店时，则会大呼上当。

（4）合举。

合举是指把整体中各部分的属性误认为该整体的属性，或者把个体的性质当作这些个体的汇集的性质，由此作出错误的推论。例如，由一辆公共汽车比一辆出租车耗油更多，推出所有公共汽车的总耗油量一定比所有出租车的总耗油量多；由某些农户去年生产某种农产品赚了很多钱，推论出如果所有农户都生产这种农产品，也同样能够赚很多钱。再如，由一个足球队的每一个球员都很优秀，推出该足球队一定很优秀；由组成森林的每棵树都不怎么壮观，推出那片森林也不怎么壮观；由每条溪流都很细小，推出由这些溪流所汇成的江河也很细小；如此等等。

合举谬误的另一种表现形式是"越多越好"：某个东西很好，因此越多越好；某件事情很好，因此越多越好。例如，维生素有利于身体健康，因此除正常食物吸收之外，再每天多吃一些维生素片剂更好；某种药物吃两片有效，因此吃三片、四片甚至更多片更有效。显然，任何事情都是有限度的，超过限度，反而会造成伤害。

（5）分举。

与合举刚好相反，指由一整体具有某属性推出该整体中每一个体也具有该属性。例如，由A国是当今世界上最富裕的国家，推出每一个A国人都是富人；由某人在一重要单位工作，推出该人一定是一位重要人物；由去年全国农业遭灾，推出某地或某户农民家庭也歉收。上述例子都犯了分举的谬误。

分举谬误的另一种表现形式是"越少越好"：某种东西有副作用，因此越少越好；某件事情有不好的效果，因此越少越好。例如，在现代社会人们很容易发胖，因此在生活中遇到很多麻烦，整个社会的审美倾向偏好瘦型。于是，有些女士认为人越瘦越好，近乎疯狂地节食，以至患了厌食症，结果对身体反而造成比发胖更严重的危害。

2. 假设性谬误

指论证的前提或推理过程中暗含不当假定、预设的谬误，某种错误结论的得出依赖这些不当甚至错误的假定或预设。

（1）非白即黑论证。

亦称"虚假的二难推理"，指在本来有其他选项的情况下却要求人们做非此即彼的选择。这就像在黑与白之间本来有很多中间色，却非要人们要么选择黑要么选择白。例如，美国在遭受"9·11"恐怖袭击之后，对整个世界摆出了一副异常强硬的姿态："或者跟我们站在一起反恐，那么你是我们的朋友；或者不与我们站在一起反恐，那么你就是我们的敌人。"还有一则汽车销售广告："或者你开 Lynx，或者你根本不开车！"有人这样告诫年轻人："要么做沉默的思考者，要么做健谈的傻瓜！"

（2）复杂问语。

仔细分析可以发现，任何问句都包括两部分：一是该问句已经假定的内容，叫作该问句的预设；二是所问的东西。如果一个问句中包含虚假的预设，这样的问句叫作"复杂问语"，其中有某种陷阱。例如，有人恐吓一位清廉且能干的官员："老实交代，你究竟贪污受贿多少钱？"其问题有一预设：该官员贪污受贿。对"复杂问语"无论作出肯定还是否定的回答，都意味着接受了那个预设。因此，回答它们的最好方法是指出其中那个预设为假。例如，那位官员回答上述问题的正确方法是："我根本就没有贪污受贿，何谈贪污受贿多少钱！"

有时候，人们把两个问题合成一个问题，也叫作"复杂问语"，如"是否赞成给这个项目追加投资两千万元？""是否赞成对婚外恋者处一年以上有期徒刑？"实际上，为了让讨论富有成效，让各种意见得到充分表达,上述问题应该分开议处:"是否赞成给这个项目追加投资?"在这个问题上取得一致意见后,再来讨论第二个问题:"该追加多少?"同样,先讨论"是否应该用法律形式来制止婚外恋?"如果回答是肯定的,再讨论"对婚外恋者该进行什么样的法律制裁?"

回答复杂问语的另一个办法是回避,即重复该问句的预设。

例3:魏晋时,大将军钟会去拜访名士嵇康。嵇康正在光着膀子打铁,不理会钟会。当钟会看了一会儿正要离开时,嵇康问:"何所闻而来?何所见而去?"钟会答:"闻所闻而来,见所见而去。"

解析:钟会的回答只是重复了嵇康问话中的预设,没有新内容。但它是一个很有意思的回答,所以流传下来了。在外交场合和礼仪场合,对于不便回答或不好回答的问题,可以采取回避的手法,它比单纯的拒绝显得更有修养和礼貌。

(3)以全贬偏。

亦称"偶性谬误"。在我们的日常思维中,我们会使用许多一般性概括或通则,如"人是有理性的""偷窃是不道德的"等,但如果把这些在正常条件下为真的说法视为在所有条件下为真,就犯了以全贬偏的错误。例如:"这个国家是民主国家,它宣称所有人生而自由平等,并且不能剥夺他们的自由。所以,这个国家应该停止监禁罪犯和疯子。""弄痛一个人是坏事情,所以,牙医简直是在犯罪!"有这样一个说法:"没有一个谬误比下面的谬误危害更大:将一个在许多情况下不算误导的陈述句,视作毫无条件地永远是真的。"

(4)以偏贬全。

亦称"特例概括""轻率概括""逆偶性谬误"。例如,古时宋国有一个农夫,偶然遇到一只兔子撞到树上死去,他不费力气就捡到了。他认定,此等好事还会发生,于是他扔下农具、不再干农活,一直守在树旁,希望再次捡到撞死的兔子。这就是成语"守株待兔"的故事,这个农夫因为特例概括而成为千古笑柄。

(5) 混淆因果。

亦称"错误归因",包括虚假原因、以先后为因果、因果倒置等。例如:"在某些国家,无神论传播很广,自杀率也很高,所以,失去对上帝的信仰就是自杀的原因。""过去几个世纪全球海盗数量减少,全球气温却升高,因此海盗的数量减少造成了气候变化,海盗能够降低全球气温。"这都是把偶然的巧合或现象的同时并置当作原因,属于"虚假原因"。

例4:午夜时分,小约翰安静地坐着。他非常希望此时是早晨,这样他就可以出去踢足球了。他平心静气,祈祷太阳早点升起来。在他祈祷的时候,天慢慢变亮了。他继续祈祷。太阳逐渐冒出地平线,升上天空。小约翰想了想所发生的事情,得出这样的结论:如果他祈祷的话,他就能够把寒冷而孤寂的夜晚变成温暖而明朗的白天。他为自己感到自豪。

解析:小约翰很可爱,但是他把自己看得太重。一件事情在他祈祷之时或者在他祈祷之后发生,并不等于因为他的祈祷而发生。"在此之后"并不等于"因此之故"。小约翰犯了"以先后为因果"的错误。

下面是一个因果倒置的例证。"聪明人常常都能够成功致富,所以,如果你想让我进入聪明人的行列,最好是快点给我一大笔财产。"

(6) 不当类比。

不当类比是指把很不相同的两类事物强做类比,从而得出荒谬的结论。例如:"为什么我们要因为人的行为而惩罚他们呢?他们所做的事情都是他们本性的表达,他们禁不住要这样做。我们难道要对石头下落、洪水上涨感到愤怒吗?"显然,人与自然物的根本区别在于:人有自由意志,可以作出选择。遇到一件事情,他可以选择做它,也可以选择不做它,并不像自然物那样纯粹受制于外部环境。

在西方宗教哲学中,有一种关于上帝存在的证明,叫作"设计者论证",如下例所示:

例 5：美丽且建造精良的房屋必定有其"创造者"：设计者和建造者。世界与一座建造精良的房屋类似。所以，这个世界也必定有一位"创造者"：一位卓越的设计者兼建造者，这就是上帝。

解析：关于这个例子，我们可以引用休谟的话。英国哲学家休谟对此评论说："你可想到当你将房屋、船舶、家具、机器与宇宙做比较，并且因为它们某些情况的相似，便推得它们的原因也相似时，你不是已跨了一大步，而把你平常的恬静和哲学都收起来了么？……但是从部分中得出来的结论能够合适地推而用之于全体吗？其间的极大悬殊，不是禁止着一切的比较和推论吗？观察了一根头发的生长，我们便能从此学到关于一个人生长的知识吗？一片叶子动摇的情形，即使在彻底了解之后，就会供给我们关于一棵树的成长的任何知识吗？"[①]

（7）偏颇证据。

你在大量的数据或证据中小心挑选出对自己的观点有利的数据或证据，而不使用那些对其不利的数据或证据。你先决定了自己的立场，然后才开始找证据，并且只找对自己有利的，而选择性地忽略那些不利的证据。就像你先开了一枪，然后在子弹击中的地方画上靶心，搞得自己真像个神枪手一样。例如，记者在春运候车厅里采访买票情况，得出结论：虽然春运票不好买，但大家都买到了票；买股票能够赚大钱，因为隔壁老王、同学老丁等人都通过玩股票发了大财，现在满世界玩，过得潇洒极了。这种谬误亦称"幸存者偏差"：人们总是把自己的主观期望投放到观察对象上，只关注自己期望看到或能够看到的事物的特征，忽略不希望看到的事物的特征，选择性忽略大多数"沉默的"数据或证据，从而看不到导致结果的真正原因，得出各种错误的判断或结论。例如，只看到隔壁老王在股市发大财，有意忽略大多数股民赔钱，有些人甚至赔得倾家荡产的事实；只看到"一将功成"带来的春风得意，而无视其背后"万骨枯"的凄惨悲凉。

[①] 休谟.自然宗教对话录[M].陈修斋,曹棉之,译.北京：商务印书馆,2017:23-24.

3. 关联性谬误

亦称"不相干谬误",指从语言、心理上有关,但在逻辑上无关的前提出发进行推理,以致前提与结论的推出不相干。

(1) 诉诸人身。

即通过对论敌的人格、品质、处境等的评价来论证那个人的某种言论为错误,至少是降低其言论的可信度。包括以下两个方面:

第一,一般的人身攻击。比如:"不要相信她写的东西,全是谎言和垃圾,因为她与外国势力有勾连,并且她吃里扒外,吃饭砸锅……"我们判断一个人的观点是否正确,应关注其论证的逻辑性和合理性,而非仅凭其个人的立场或品行就得出结论。说一个人的观点不对,应该给出直接证据,作出合逻辑的论证,而不是相反。正如鲁迅所言:"辱骂和恐吓绝不是战斗。""人身攻击"亦称"给井水投毒谬误",即当人们要喝井水时,你先对他们说:千万别喝这井水,因为井里已经投毒,井水有毒。这就是通过无端的指责与诽谤("井水有毒"),直接质疑对方言论或行为("喝井水")的正当性。

第二,处境人身攻击或人身保护,即通过论及某个人处于某个特定的位置,证明他的观点必定对或必定错。例如:"该银行总裁坚持认为,富人的个人所得税不应该提高。对于一个有巨额收入且贪婪地渴望获得更多的人,你还能指望他说什么别的话呢?""某位记者并非出生于农村,家里也没有亲戚在农村,他不了解农村的真实状况,他关于农民、农村、农业的话完全不可信。"

上述谬误的另一种表现形式是"你也是",即通过指出对方言行方面的某种矛盾,来证明对方的观点不正确。看下面的对话:"甲:抽烟有害健康,你应该戒烟。乙:嘿!看谁在说话呢!你不是正在抽烟嘛?"

(2) 诉诸情感。

即用煽动众人感情的办法来代替对某个论题的论证。其中,不论述自己的观点何以成立,而是以哗众取宠来取胜,叫作"诉诸公众"。例如:"我所主张的只不过是大多数公众的观点,你反对我,就是在与公众作对。不信你问一问在场的人。"不去陈述某个观点成立的理由,而是促使别人同情持有这种观点的人,以图侥幸过关或取胜,叫作"诉诸怜悯"。比如,有的犯罪嫌疑人在法庭上痛哭流涕地说:"我上有年迈的失去自理能力的老母,下有一个正在上小学的孩子,如果给我判刑,让我进监狱,他们该怎么办呀!"

(3)诉诸权威。

准确地说,是"诉诸不当权威"。例如,在物理科学问题上听听爱因斯坦怎么说,当然是必要的,也很有说服力。但是,由于权威并非时时、处处、事事都是权威,如果在关于如何处理家庭关系或处理经济危机的问题上也引用爱因斯坦的意见,如"爱因斯坦都这么说,你竟敢不同意?",就犯了诉诸不当权威的错误。这在广告中十分常见,一些文体明星常被拉来为商品代言、做广告,例如某个牌子的汽车、饮料、护肤品、礼品等。难道这些明星在这些领域也是行家里手?

有一个最明显的诉诸权威的例子。在中世纪的欧洲,亚里士多德及其学说享有崇高的地位。一位经院哲学家不相信人的神经在大脑里汇合,一位解剖学家请他去观看人体解剖,他亲眼看到了这一事实。解剖学家问他:"这回你应该相信了吧?"他如此回答:"你这样清楚明白地使我看到了这一切,假如亚里士多德的著作里没有说人的神经在心脏中汇合的话,那我一定会承认这是真理了。"

(4)诉诸无知。

指断定某事如此的理由是没有能证明该事不如此的证据。例如:"我坚信有鬼存在,不然那些怪事怎么解释?""没有令人信服的证据表明 UFO 从未到访过地球,因此,UFO 肯定到访过地球。""有人能够登陆月球和火星,这样的事情太难以想象了,所以,它们根本就没有发生过,说它们发生过都是骗局。""诉诸恐惧"也是诉诸无知的一种表现形式,例如为了反对某项计划、方案,用一些想象的未经证实的副效应和有害效果来恐吓公众,从而获得支持。

以上谬误亦称"转移举证责任",即认为举证责任不在提出观点的人,而在于质疑观点的人。但这是错误的,举证责任应该总是由提出观点的人来承担。许多国家的法律都奉行"无罪推定原则",即在证明某个人有罪之前,假定所有被告都是无罪的,控方说他有罪,必须拿出证据来,"谁检控谁举证",并且这些证据还需要经法庭认定、接受。如果不能有力地证明某人有罪,法庭就必须宣判某人无罪。之所以有这一原则,是因为法律认为:伤害无辜是比让罪犯逃逸危害更大的事情。美国最高法院曾这样重申这一准则:"要减少因为事实方面的错误而错判的情况,'有力地证明有罪'的准则是必须依从的。因为这一准则有力地支持了'无罪推定'这个基本而不可违反的准则,而后者正是刑法得以执行的基础。"

(5) 诉诸起源。

指通过说某个理论、观点、事物的来源好不好,来论证该理论、观点是否成立,该事物本身是好还是坏。有人说:"我知道这种药是由一种剧毒的植物提炼而成的,尽管医生建议我服用它,但我绝不服用,我害怕被毒死。""人只不过是由原子构成的;而原子没有自由意志,所以人也没有自由意志。""你是湖南人,居然怕辣?""你是河南人,居然不喜欢喝胡辣汤?"前两个例子的错误分别在于:由剧毒植物提炼而成的药品本身并不带有剧毒;由无自由意志的原子通过复杂组合而成的人有了心灵和意识,因而有自由意志。后三个例子的错误在于:由来自某个地域的人大都具有某个特征,无法推导出该地域的每个人都具有该特征。关于地域特征的说法通常是概称判断,而不是严格为真的全称判断。

(6) 窃取论题。

亦称"循环论证",指用论题本身或近似论题的命题做论据去论证论题。

重复论题,即用另一种与论题在表述方式上有差异,但实质内容没有差异的命题做论据。例如,"所有基督徒都是品行端正的,因为所谓基督徒就是品行端正的人。""整体而言,让每个人拥有绝对的言论自由肯定对国家有利,因为若社群里每个人都享有完全不受限制的表达自己思想感情的自由,对这个社群是非常有利的。"

循环论证是说,论证者证明 A 要用到 B,证明 B 要用到 C,证明 C

要用到 D，证明 D 又要用到 A。在兜了一个或大或小的圈子之后，又回到最初的出发点。在《论辩的魂灵》一文中，鲁迅以反讽的笔调揭露了顽固派的诡辩手法："你说谎，卖国贼是说谎的，所以你是卖国贼。我骂卖国贼，所以我是爱国者。爱国者的话是最有价值的，所以我的话是不错的。我的话既然不错，你就是卖国贼无疑了。"这段话里有很多谬误，最主要的就是循环论证。直接循环是逻辑谬误，但由于科学理论之间存在普遍的相互支持，某种形式的间接循环还是允许的，有时候甚至是必要的。

（7）稻草人谬误。

指在论辩过程中，通过歪曲对方来反驳对方，或者通过把某种极端荒谬的观点强加给对方来丑化对方的诡辩手法，就像竖起一个稻草人做靶子，并自欺欺人地以为：打倒了这个稻草人，也就打倒了对方。歪曲对手比驳倒他们容易得多。这种做法早就被中国古代的孟子使用过："孟轲曾说：'杨氏为我，是无君也。墨氏兼爱，是无父也。无父无君，是禽兽也。'（《孟子·滕文公下》）杨朱'为我'论点的含义是重视个人生命的保存，反对别人对自己的侵夺，也不侵夺别人，孟轲却把它说成是目无君主。墨翟'兼爱'论点的含义是普遍平等地爱人，不受等级贵贱与血缘亲疏的局限，孟轲却把它说成是目无父亲。而无父无君又被等同于禽兽。这是一个古老而又影响深远的稻草人谬误。"[1]再如，有些对达尔文进化论持怀疑态度的人说："我的对手试图说服你们，我们是从那些在树上摇来荡去的黑猩猩变过来的，这真是太可笑了。"这是对进化论生物学的一种歪曲，后者的真实陈述是：人类和黑猩猩在数百万年前曾拥有共同的祖先。

无论在逻辑上还是在人们的心理上，稻草人谬误都是不管用的。因为批判的态度应该是科学的态度：在批判对方时，在与对方论战时，每个人都有义务忠实地转达对方的观点，并在此基础上与之展开论战。这既是道德的要求，也是逻辑的要求！

---

[1] 中国人民大学哲学系逻辑教研室.逻辑学[M].北京：中国人民大学出版社，2002：270.

(8) 无端折衷。

亦称"中间立场",即在两个极端观点之间无端选择妥协,认为持某种中间立场比较安全,并且肯定是对的。洪霞认为疫苗会造成儿童自闭症,有科学家通过研究得出结论:疫苗不会造成儿童自闭症。杨光认为两者观点的妥协——疫苗会造成儿童自闭症,但不是全部的儿童自闭症——才是正确的。但这种无端折衷并不总是奏效。虽然真理在很多时候确实存在于两种极端之间,但也有不少时候,真理确实就是两种极端观点中的某一种。并且,谎言和实话的中间地带依然是谎言。不管是哪一种情况,你都要找到支持你观点的充足理由,而不能轻易认为:在极端观点之间的观点就一定是正确的。

(9) 滑坡谬误。

本来指这样一种情形:你站在一个光滑的斜坡上,一步不慎,就可能引起连锁反应,直至滑到坡底。转指这样一种论证方式:A 引起 B,B 引起 C,C 引起 D,D 引起 E,E 引起 F,所以,A 引起 F。有两点要注意:F 常常是一种危险的状况,或者是某种无法接受的观点;而每一次"引起"都没有得到严格的证明,小的失误遭遇大的放大。而实际的情形是:A 不一定导致 F。这样就陷入了"滑坡谬误"。例如,中国人口众多,年轻一代竞争激烈,"可怜天下父母心",有些父母生怕自己的孩子输在起跑线上:在孩子尚在母腹中就进行胎教,在婴幼儿时期开始早期教育,在儿童时期上各种兴趣班和辅导班,……使孩子和自己都忙得团团转,疲惫不堪,生活了无生趣。这些父母都陷入了"滑坡谬误":如果我的孩子不在婴幼儿期怎么样,那么就会怎么样;如果他上小学时成绩不好,就上不了好中学;上不了好中学,就可能考不上大学或上不了好大学;如果……,就……;如果……,就……。总之,如果我们不从胎儿期开始就关注宝宝的教育,我们的孩子今后就会在竞争中失败,成为人生的输家、生活的弃儿。实际上,这每一步"如果……,就……"都禁不起推敲:人的禀赋各有不同,成功的定义各有不同,成功的道路各有不同,父母完全没有必要这样自己吓自己,再说也不可能为孩子包办一切。

我们列举、分析谬误的目的,是弄清楚谬误的产生原因、机制,以避免谬误,反驳诡辩。上面所列举的各种谬误,其错误的原因或者机制都比较明显,所以我们省去了详细的分析,而将此项工作留给读者。

结束语

"论证"是论文写作中极其重要的环节,我们建构了好论证,也要避免坏论证出现在行文中。谬误是有缺陷的推理,可以分为"形式谬误"和"非形式谬误",非形式谬误又可分为歧义性谬误、假设性谬误、关联性谬误等。我们在了解了这些"神逻辑"的产生机制后,就能更好地塑造逻辑思维,在写作中更准确地建构好论证。

第九章　语法与学术写作

开场白

　　一篇优秀或者成功的学术论文至少包括五方面的要素：简洁独到的观点；扎实丰富的材料；充分严密的论证；完整合理的结构；精练准确的语言。那么，如何让一篇学术论文在论述中做到既精练准确又生动流畅，能够让读者跟着作者的思路顺利读下去，从而迅速理解或接受作者的学术观点呢？本章将探讨行文中常见的语法错误，并提供病句的例子及相应的修改方式。想要做到文从字顺，就需要多读、多写、多改。

一、现代汉语语法的若干特点

（一）现代汉语语法的十个特点

　　经过汉语语法学界众多研究者的努力探索和多方比较，现代汉语语法的特点被逐步揭示出来。尽管其中还有很多争议，但综合各家达成共识的意见，我们还是能够对现代汉语语法的特点进行比较清晰的概述。

　　1. 汉语没有严格意义上的形态变化

　　这一结论是在比较汉语和印欧语（如法语、意大利语、西班牙语、葡萄牙语、罗马尼亚语、英语、德语、荷兰语、丹麦语等）的基础上得出来的。拿英语来说,名词后缀比较丰富,如-ness,-ation,-ament,-ity,-ing 等,可以通过添加这些后缀将动词和形容词转变为名词,从而充当主语或者宾语。汉语的动词和形容词充当主语或宾语时,不需要添加转类的形式标记,即词形不变。如"我喜欢购物""这本书的出版引起强烈反响"中的"购物"和"出版"没有任何名词化标记。

2. 语序(或叫词序)和虚词特别重要

汉语的语序或词序所起的语法作用,类似于法语的语序或词序。语序或词序不同,句子的结构和意义都会发生变化。

虚词较多也是汉语的一个重要特色。范晓指出,据不完全统计,汉语的虚词有一千个左右。比较有特色的有以下一些:(1)有相当数量的助词。(2)有一定数量的连词。(3)有一定数量的介词。(4)有一定数量的语气词。(5)有十分丰富的量词。①

3. 汉语的词类同句法成分之间不存在简单的一一对应关系

这一特点也与汉语缺乏严格意义上的形态变化这一特点有关系。朱德熙指出,汉语语法真正的特点可以举出很多条来,但要是拣关系全局的重要方面来说,主要有两条。一是汉语词类跟句法成分(就是通常说的句子成分)之间不存在简单的一一对应关系;二是汉语句子的构造原则跟词组的构造原则基本上是一致的。②这两条都是很笼统的说法,每条都概括了汉语语法的一些具体特点。

与英语相比,现代汉语的词类基本上没有形态变化,但同一个词在不同语法位置上可以表示不同的语法意义,充当不同的语法成分。如:"我们今天中午吃面条/吃是福气/吃的东西必须洗干净/两天没东西下肚,现在就只想吃。"由于汉语的词类没有形态变化,所以在分布上呈现出一种多功能的状态。因此,汉语的词类同句法成分之间不是

---

① 范晓.三个平面的语法观[M].北京:北京语言文化大学出版社,1996:71-72.
② 朱德熙.语法答问[M].北京:商务印书馆,1985:4-5.

简单的一一对应关系,而是复杂的一对多和多对一的关系。①

4. 汉语句子的构造原则、词组的构造原则、词法三者基本一致

朱德熙已经指出前二者基本一致:

> 印欧语里句子的构造跟词组的构造不同。拿英语来说……句子和子句是一套构造原则,词组是另一套构造原则。举例来说:(11)He flies a plane(他开飞机);(12)To fly a plane is easy(开飞机容易);(13)Flying a plane is easy(同上)。在(11)里,flies在谓语位置上,用的是限定形式。在(12)和(13)里,to fly a plane和flying a plane在主语位置上,分别用不定形式和分词形式。汉语的情形不同,动词和动词结构不管在哪里出现,形式完全一样。(11)—(13)里的flies a plane,to fly a plane,flying a plane用汉语说出来都是"开飞机"。②

关于汉语的词法和句法的构造规则(包括词构成短语的规则和短语构成句子的规则),施春宏指出三者具有一致性:

> 汉语的词语大多是由复合式构成的合成词。汉语中复合词的基本结构关系主要有五种:主谓、述宾、补充、偏正、联合(例略)。同样,汉语的词组成短语(词组)和短语组成句子,也都具有主谓、述宾、述补、偏正、联合这五种基本结构关系。……由此可见,汉语的词法和句法、句法中的短语结构关系和句子结构关系具有高度的平行性和一致性。③

朱德熙认为,第三个特点和第四个特点的根源都在于汉语词类没有形式标记,"汉语词类没有这种形式标记,不管放到什么位置上,形式都一样,这就造成了词类多功能的现象。另外一方面,由于汉语动

---

① 周国光,张林林.现代汉语语法理论与方法[M].广州:广东高等教育出版社,2003:10.
② 朱德熙.语法答问[M].北京:商务印书馆,1985:7-8.
③ 施春宏.汉语基本知识:语法篇[M].北京:北京语言大学出版社,2011:233-234.

词没有限定形式与非限定形式(不定形式和分词形式)的对立,这就造成了词组和句子构造上的一致性。汉语语法缺乏形态是一眼就可以看清楚的事实"①。

因此,以上第二到第四个特点,都与第一个特点密切相关。我们要掌握汉语语法的各种特点,必须基于汉语缺乏严格意义上的形态变化这一根本特点,并描述这一特点导致的其他种种语法表现。

5. 主谓谓语句

主谓结构可以做谓语,构成主谓谓语句,这也是汉语的一个重要特点。如②:

(1)领属型:大象鼻子长/狗儿名利心重/战士们眼睛都熬红了

(2)停顿型:这场火,幸亏消防员来得快/他呀,黄鼠狼给鸡拜年来了/咱们啊,大水冲了龙王庙

(3)宾语前置型:他一口水也不喝/他头也不抬/他六亲不认

6. 音节的多少会影响词语的搭配和用法

单音节和双音节的语法表现存在差异,如称呼别人可以说"小李""老赵",但是不能说"小欧阳""老尉迟";有的县市不能去掉"县"或"市"单说,如"雄县"不能单说"雄",但有的县市可以去掉"县"或"市"单说,如"华阴""宜昌"等。"日本国"可以说成"日本","英国"不能单说"英","美国"不能单说"美",但"英美两国""赴英踢球""赴美旅游"等组合形式又可以单说"英""美",不过这种情况必须二者对举或有上下文提示才行。又如"种植果树""种树""植树""果树"都可以,但"种植树""种植果"都不能说,这说明"2(双音节动词)+2(双音节名词)""1+1""1+2"的组合形式都能成立,而"2+1"的组合形式受到限制。音节的多少对词语的搭配和用法还有其他影响,在此不

---

① 朱德熙.语法答问[M].北京:商务印书馆,1985:9.
② 用例部分取自孟维智.试论主谓谓语句的特点[J].山西大学学报(哲学社会科学版),1983(2):112-120.

能一一罗列。平时多加留意,才能形成语感,掌握组合规律,避免写出一些不合乎规律的组合形式。

7. 述补结构是具有汉语语法特色的句法结构

汉语里有一类由动词或形容词加上补语构成的述补结构(或称动补结构),较有特色。根据补语的不同性质,述补结构可以分为六类:结果补语(或叫动结式、述结式)、趋向补语(或叫动趋式)、可能补语、程度补语、状态补语和时地补语。下面各举几例:

(1) 结果补语:放大、缩小、杀死、救活、洗干净、说清楚
(2) 趋向补语:跑出、拿来、放出、飞过、端起来、走下去
(3) 可能补语:吃得饱、吃不饱、看得懂、看不懂、信得过、信不过
(4) 程度补语:美死了、高兴坏了、好得很、坏透了
(5) 状态补语:打得好、走得很慢、长得很丑、骂得很难听
(6) 时地补语:来自旧社会、走向新时代

8. 重意合、轻形式

王力说:"复合句里既有两个以上的句子形式,它们之间的连系有时候是以意会的,叫做'意合法',例如,'你死了,我做和尚'。"①张黎认为:"从王力先生的论述中我们可以看到,意合法的最初含义指的是不使用关联词语的复句组合法。"②潘文国指出,意合是指词语或句子的联结依靠意义和逻辑,而不借助语言的形式。③

他们认为汉语语法的主要特点之一就是重意合、轻形式。在学术论文写作中,我们应该注意适当增加关联词语,减少意合表达,增强表达的明确性。

9. 无主句、独词句特别多

刘宏谟把汉语句法的这个特点称为"写意"。他指出,汉语有所谓

---

① 王力.汉语语法纲要[M].新知识出版社,1957:144.
② 张黎.什么是意合语法?——关于意合语法的讨论之一[J].汉语学习,1997(1):58-61.
③ 潘文国.汉英语对比纲要[M].北京:北京语言文化大学出版社,1997:336-337.

无主句,如"下雨了!"英语须说成"It's raining"。无主语也要加"It"作主语,以保全英语主谓句法。又如说"走了吗?"英语须说成"Has he gone?"不可省去"he"。汉语在回答问句"爸爸在家吗?"时,可以用独词"在"回答,而英语不能单用"at"。汉语回答问句"你懂不懂?"也可单答"懂",而英语必须回答"I understand"。汉语回答问句"谁去?"可答成"妈妈、妹妹",而英语必须说"Mother and sister",不能省去"and"。由此,作者总结道:"汉语的句法旨在写意,只要已能达意,不管是独词句,无主词、无动词句、无连词句,都不必计较,能省就省,言简意赅,甚至残缺不全,只要能达意,不拘泥于句的形式。甚或故作残缺,令人费解,等到恍然大悟,不禁拍案叫绝。间或隐约其辞,故作虚玄,自能心领神会,意味无穷。这是汉语'写意'的艺术技巧,也是汉语的特殊风格。"①

这个特点体现了汉语的口语色彩,但在学术论文写作中,需要尽量避免。

10. 汉语是注重话题的语言

这一特点是将汉语与英语进行比较得出来的。英语是注重主语的语言,很多句子,在汉语中是无主句,在英语里必须加上形式主语,如上面第九个特点中提到的汉语中的"下雨了"在英语中要说成"It's raining"。在汉语中,话题经常位于句首位置,后面是对话题的陈述,如论述第五个特点时所说的主谓谓语句,其中的大主语如"大象""狗儿""战士们""这场火""他""咱们"就是话题,后面都是对话题的陈述。又如:

(1)这辆车,开起来很顺手。

(2)电脑,我最喜欢用联想笔记本。

(3)这苹果手机啊,一买回来就开始降价。

(4)这栋房子呢,即使再便宜我也买不起。

(5)午饭我早就给您订好勺园的盒饭了。

---

① 刘宏谟.刘氏语通:汉语语法研究专刊[M].川成师大《汉字改革》报编辑部,1983:5.

(二) 现代汉语欧化语法的特点

五四运动之后,"崇白话而废文言"的白话文运动成为一股时代潮流。同时,不少文化名人纷纷提出向西方语言学习,大量翻译外国作品,"大批原先不见于汉语书面语的词语和句式频频出现了,不久也在我国作家的自创作品中出现了。这就是所谓'欧化现象'"[1]。贺阳列举了现代汉语的欧化语法现象,分别是:动词、形容词的欧化现象;代词的欧化现象;区别词的欧化现象;数量词的欧化现象;介词的欧化现象;连词的欧化现象;助词的欧化现象;共用格式的欧化现象;"被"字句的发展;语序的欧化现象。

关于欧化语法是否存在的问题,学界还有一些分歧。关于汉语欧化语法的利弊,学界也有不同意见。

我们认为,关于现代汉语语法欧化现象虽然存在不同意见,但随着语言接触日益频繁以及翻译作品的大幅度增加,汉语与其他语言(尤其是印欧语)在接触过程中,书面语语法呈现出某些类似的特点,而这些语法特点如果可以判定是古代汉语和近代汉语所无或少见,且无法由汉语自身语法体系发展出来,那么,我们说这些语法便是欧化语法。因此,各家争论的主要问题其实不是欧化语法有无的问题,而是欧化语法多少的问题。

限于篇幅,关于欧化语法的不同意见,我们在此不展开讨论。本章后文将适当列举一些需要尽量规避的欧化语法现象。

二、语法相关的若干错误

常见的语法错误体现在以下六个方面:

---

[1] 贺阳.现代汉语欧化语法现象研究[M].北京:商务印书馆,2008:1.

（一）虚词使用

本章前文讲到现代汉语语法的特点时指出"语序（或叫词序）和虚词显得特别重要"，因此我们在使用虚词时要格外小心。用错或者缺失虚词，会导致句子或者不通顺，或者意思大相径庭。下面以常用虚词如介词、连词、助词、代词等的使用为例来加以说明。

1. 介词使用不当

（1）介词缺失。

  这种丸药<u>对</u>敏感而懦弱的知识分子的诱惑力，显然远远超过工人、农民和一般市民。①

上面句子将第二个分句中引进"工人、农民和一般市民"的介词"对"承前省略了，虽然意思没有多大差别，但不合现代汉语的语法规则，应该添加介词"对"，补出中心语。可改为：

  这种丸药<u>对</u>敏感而懦弱的知识分子的诱惑力，显然远远超过<u>对</u>工人、农民和一般市民的诱惑力。②

（2）介词错误。

  步入数智化时代，大数据分析与智能技术不断进步，打破时空界限的网络教育、在线教育、虚拟教学等教育新方式走进大众的视野，<u>于</u>不同程度上被试验和推行，在收获经验的同时反映出教育新模式施行过程中的问题。结合自身经验与观察，作者认为，<u>于</u>后疫情时代下，数智教育的发展模式与存在的问题仍值得讨论。③

上面一段话中，两处介词"于"都应该换成"在"。这位同学全文多处在该使用介词"在"的地方都使用了介词"于"，大概是该同学以

---

① 林骧华.文字纠错3000例[M].上海：复旦大学出版社，2017：5.
② 同上书：259.
③ 北京大学"学术写作与表达"课程学生作业初稿。

为学术论文是书面语,书面语应该使用介词"于"。其实,"于"是文言虚词,在现代汉语书面语中,介词"在"已经替换了"于"。

(3) 介词冗余。

> 对于有关信息化时代背景下的经典阅读问题,已经有不少学者进行过深入的研究。①

此句中,"有关"二字多余,当删。

2. 连词使用不当

(1) 连词缺失。

> 对他们来说,慕课不受空间时间的限制,完全符合他们进行泛在化学习的要求。②

上面句子中,"空间时间"中间应该添加连词"和"。

(2) 连词错误。

> ① 各家之说从实用性上都是基于对传统训诂学方法的补充,**不仅**是词义引申和用字假借,**而是**把现代的语言学理论考虑进来。③

上面句子中,"不仅……而是……"使用不当,应改为"不仅……而且",表示递进。

> ② **无论**是麦卡锡的方案,**以及**克拉克的方案,都无法有力地**处理**心理预设对于语境判断的影响。④

上面句子中,"无论……以及……"不是连词的惯用搭配,应当改为"无论……还是……"。另外,"处理"应该换成"解释"。

(3) 滥用连词。

滥用连词的写作习惯较为常见。不少学生在写作中,一句话经常

---

① 北京大学"学术写作与表达"课程学生作业初稿。
② 同上。
③ 北京大学学士学位论文初稿。
④ 林骧华.文字纠错3000例[M].上海:复旦大学出版社,2017:7.

用"而"开头,如:

① 王世伟认为经典是"由第一流圣贤和杰出学者著述和创作的具有超凡典范权威特性并体现持续优异性的学术与学科文献作品",不能与"名著"直接画等号。**而**对于当代大学生经典阅读薄弱的现状的原因分析,主要可以归为以下几个方面:……①

上面句子中的"而"当删。

② 之所以选择用"平行引申"进行概括,**则**是因为"平行引申"的说法很好地回避了在这种词义衍生中的时间序列问题。②

③ 大众对宝钗、袭人等人物的误解仍要大于对宝黛二位主角的偏见,这既和大众对原著的熟悉程度不够有关,也有可能是因为对前者命运的悲剧性的理解**则**需要更强的同理心和共情能力才能实现。③

上两例中的"则"字应当删去。

④ 赵元任将形容词归入动词,并认为动词是原有的可以受副词"不"修饰,后头又可以加句尾后加成分"了"字的词,**而**形容词(又称性质内动词)**则**是在此基础上又能和"很"及词尾"了"连用的词。④

上面句子中的"而"和"则"都可以删去。

有的学生喜欢用"但是",但是前后分句之间的转折意味并不明显,如:

⑤ 这种新的观点区别于引申,**但是**同时和"相因生义"也有相关之处,它们词义产生的方式都和类推有关,**但是**区别在于"组合同化"是组合关系中的词义演变,"相因生义"是聚合关系中的

---

① 北京大学"学术写作与表达"课程学生作业初稿。
② 北京大学学士学位论文初稿。
③ 北京大学"学术写作与表达"课程学生作业初稿。
④ 北京大学硕士学位论文初稿。

类推演变。①

上面句子中的两处"但是"都应该删去。还有学生喜欢用"然而"作为一句话的开头,但没有转折的意思,这种情况也应注意。

⑥ 此外,当下社会,随着科技进步、社会发展,国家需要更多领域的人才,个人的学习需求与兴趣点也不尽相同,因此个性化学习成为一股主流的需求,很多学生希望获得更多领域的知识。**故而**对于很多跨专业、进行交叉学科学习的学生而言,慕课提供了快捷、便利的学习渠道。这类学生日校课程已经相对完善与紧凑,**故而**只能抽取零碎或课余时间参与自主化学习,而慕课的特性刚好能满足这一需求。②

上面句子中,两处"故而"都可以删去,不影响意思表达。

⑦ 这是在古文献中的词义训释的用法,**同时**基于"相因生义"的词义来源分析也成为近些年"相因生义"研究的重要表现视点。③

上面句子中,"同时"当删。也可以进一步修改整个句子如下:

这是运用"相因生义"理论在古文献中进行词义训释。基于"相因生义"的词义来源分析也成为近些年"相因生义"研究的重要方面。

3. 助词使用不当

(1) 助词缺失。

系统**地**提出"组合同化"理论的是张博(1999),她把"组合同化"当作一种与传统引申**相**区别词义衍生途径。④

---

① 北京大学学士学位论文初稿。
② 北京大学"学术写作与表达"课程学生作业初稿。
③ 北京大学学士学位论文初稿。
④ 同上。

上面句子中,"相区别"后缺助词"的"。

(2)助词错误。

> 因为大部分人已经适应了这样的模式,可以更专注、按部就班**的**学习,不需要个人过多**的**规划设计。①

上面句子中,"按部就班的学习""过多的"中"的"当作"地"。这类错误相当普遍。

(3)助词冗余。

> ① 比如近年来文化方向的电视节目中出现的"才子才女"的曝光往往会引发一阵追捧的热潮。但事实是他们在现代社会的竞争中并不能获得更多优势甚至**有所劣势**,单凭理想与热爱不能支持经典阅读,当然一刀切式的应试教育也不能。②

上面句子中,"有所劣势"中助词"所"多余,应当删去。③

> ② 纸质阅读的文化与精神**使得其**具有数字阅读不具备的优势,二者的不同正是二者得以共存的基础。④

上面句子中,助词"得"多余,应当删去。

> ③ 当然,不可否认经典作品中的理论和思想价值**是**具有跨越时代的意义**的**。⑤

上面句子中,"是……的"多余,应当删去,整个句子可进一步改为:

> 当然,不可否认的是,经典作品中的理论和思想价值具有跨越时代的意义。

---

① 北京大学"学术写作与表达"课程学生作业初稿。
② 同上。
③ 此外,该句还存在连词"但"使用多余的问题,应将"但"删去。
④ 北京大学"学术写作与表达"课程学生作业初稿。
⑤ 同上。

4. 代词使用不当

代词"其"的使用错误比较常见,如:

① 虽然目前数字化阅读作为一种阅读方式已经无可避免地占据了重要位置,但是**对其的负面评价**一直存在,甚至还引发了阅读危机。①

上面句子中,"其"的用法错误,当改为"对它的"。

② 例如"古诗文网"App,**其**能提供古诗文的阅读、赏析、评论、摘抄、线上讨论等诸多功能,且其技术也已经相当成熟。②

上面句子中,"其能"错误,当删"其"和前面的逗号。

(二)句式组织

1. 长句表意不清

① 在现实生活中,应当秉承依照事件结果而非依照过程来判定善恶、依照证据与逻辑而非依照阴谋论来推导真相的善恶观。③

全句定语太长,影响理解。建议改为:

在现实生活中,应当秉承这样的善恶观,即依照事件结果而非依照过程来判定善恶、依照证据与逻辑而非依照阴谋论来推导真相。

② 全体俄国人民能以组成该民族的每个个人为由国家官僚主义为代表的所谓的集体利益而正当地被牺牲。④

全句冗长复杂,表达的意思却不太清楚。应该化长为短,修改如下:

---

① 北京大学"学术写作与表达"课程学生作业初稿。
② 同上。
③ 同上。
④ 林骧华.文字纠错3000例[M].上海:复旦大学出版社,2017:1.

全体俄国人民,即组成俄国民族的每一个个人,都为所谓的集体利益而正当地被牺牲了,而这种利益是以国家官僚主义为代表的。①

2. 句读不当,语义不清

复旦大学教师陈国栋,爱画水墨虾,把画的作品请喻老题诗,喻老奖掖后进,不辞辛苦,一一题诗,新意迭出,无一雷同。②

上面句子中,问题有三:主谓之间不该停顿的地方停顿了;更换主语后,应该使用句号;最后一个句子主语残缺。修改如下:

复旦大学教师陈国栋爱画水墨虾,他请喻老为作品题诗。喻老为了奖掖后进,不辞辛苦,为作品一一题诗。诗句新意迭出,无一雷同。③

3. 句式套用

由短文倒数第四句话可知乔姆斯基对于人类学习语言的能力的观点是这是我们天生的一样东西。④

整个句子没有合理停顿,应该化繁为简,修改如下:

由短文倒数第四句话可知,乔姆斯基认为人类学习语言的能力是天生的。⑤

(三)语序安排

1. 主语漂移

当然,江村归旌德,**这个江村女人**要不是江村成为旅游景点,

---

① 林骧华.文字纠错3000例[M].上海:复旦大学出版社,2017:257.
② 同上书:6.
③ 同上书:261.
④ 同上书:13.
⑤ 同上书:266.

估计也就能给家里男人孩子烧个家常菜。①

上面句子中,"这个江村女人"应该是后面分句的主语,却被提到前面当作话题,表达不是很通顺。修改如下:

  当然,江村归旌德。要不是江村成为旅游景点,估计这个女人也只能给家里男人孩子烧个家常菜。②

2. 定语漂移

  ① 一些如清北这样代表了中国高等教育最高水平的学校,将它们的课程分享到网络上,使得大量接触不到高水平教育的学生与已经步入社会的人们能够有这样的机会,接触之前没有渠道获得的知识,与名校学生享受同样的教育资源。③

上面句子的第一个分句中,定语"一些"应当在中心语"学校"之前。句子当作"如清北这样代表了中国高等教育最高水平的一些学校"。

  ② 第三个王室和贵族之间权力平衡的重要的结果包含了临时协议。④

上面句子中,"第三个"是"重要结果"的定语,提到最前面不太妥当。应该让定语紧贴中心语。可进一步修改如下:

  王室和贵族之间权力平衡的第三个重要结果包含了临时协议。⑤

3. 状语漂移

状语靠前。如:

  ① 根据调查得出,高校学生更加倾向于纸质阅读的方式来

---

① 林骧华.文字纠错3000例[M].上海:复旦大学出版社,2017:14.
② 同上书:266.
③ 北京大学"学术写作与表达"课程学生作业初稿。
④ 林骧华.文字纠错3000例[M].上海:复旦大学出版社,2017:54.
⑤ 同上书:292.

接触传统经典,而如果推动高校学生自购图书,**则会一定程度上增加学生的经济负担**,更无法充分有效地利用好每一本纸质图书,从而造成经济资源和生态资源的浪费。①

上面句子中,"则会一定程度上增加学生的经济负担"有3个错误:"则"多余;"会"远离中心语"增加";缺介词"在"。此句当改为"在一定程度上会增加学生的经济负担"。②

② 科技的迅速发展让人类**拥有了对交流**不切实际的幻想,渴望更加迅速、高反馈、完全性的交流——**虽然似乎**互联网的广泛应用已经让这件事情在某种程度上成为可能,**但**人类从未放下交流的梦想。③

上面句子中有两个语序方面的错误:"让人类拥有了对交流不切实际的幻想"当作"让人类对交流拥有了不切实际的幻想";状语"似乎"应该后移到"已经"之前。修改如下:

科技的迅速发展让人类**对交流拥有了**不切实际的幻想,渴望更加迅速、高反馈、完全性的交流——**虽然**互联网的广泛应用**似乎**已经让这件事情在某种程度上成为可能,**但**人类从未放下交流的梦想。

状语靠后,如:

① 本文将探究网友传播情绪煽动性网络虚假信息的原因,并给出**针对其传播的特征因素**的治理建议。④

上面句子中,状语"针对其传播的特征因素"当在"给出"之前,且"的"当删去。

---

① 北京大学"学术写作与表达"课程学生作业初稿。
② 该句还存在一些问题,如:"根据调查得出"句式杂糅,可改为"根据调查"或"调查得出";"纸质阅读的方式"前应加介词"以"或"通过";等等。
③ 北京大学"学术写作与表达"课程学生作业初稿。
④ 同上。

② 其中"毗邻相因生义"属于**在我们看来是**"组合同化"的范畴。

上面句子中,状语"在我们看来是"当在"属于"之前。

③ 值得重视的是朱彦(2011)从类推的新类型解释其本质动因等问题的研究,把语义类推用认知的手段进行了本质解释。①

上面句子中,状语"用认知的手段"当在"把语义类推"之前,且"把"应该改为"对"。其他错误一并修改如下:

值得重视的是,朱彦(2011)《从类推的新类型解释其本质动因》用认知的手段对语义类推的本质和动因进行了解释。

4. 因果倒置

但是最终未能引起经济学家的足够重视,由于缺乏微观基础和没有与经济增长理论结合两个重要原因。②

上面句子中,原因分句和结果分句颠倒顺序,给理解带来困难。修改如下:

但是由于缺乏微观基础和未能与经济增长理论结合,最终未能引起经济学家的足够重视。③

(四) 成分残缺

1. 缺少主语

缺少主语的现象比较常见,如:

数字经典阅读空间是通过完善的数字阅读环境配置,为读者提供一个获取、阅读、交流经典阅读的自由空间,并为之提供指导、推广等各类服务的综合体。与传统阅读空间相比,**具有**更适

---

① 北京大学学士学位论文初稿。
② 林骧华.文字纠错3000例[M].上海:复旦大学出版社,2017:73.
③ 同上书:304.

合当下年轻人偏爱的个性化、私密性强、互动性强、时空限制性低等特点。①

上面句子中,"具有"前面缺主语,当补"数字经典阅读空间"。

2. 缺少介词

缺少介词也偶尔发现,如:

人工智能翻译和人工翻译由于其工作特点的互补性,完全可以未来的翻译领域进行合作。②

上面句子中,后半句话不通顺,缺介词"在",当改为"完全可以在未来的翻译领域进行合作"。

(五)复杂错误

① 因此,德治需要更加强调对百姓的教化,希望通过使行为个体自身靠近善的一方来完成德治理念的实现。③

上面句子中,存在多个问题,既有语法问题,也有词汇问题。问题有五:一是主语缺乏,故在"更加强调"之前添加"政府";二是"德治需要……"不太通顺,改为"实施德治需要……";三是"希望通过使行为个体自身靠近善的一方"中,三个动词连用,不太自然,故改为"使得";四是"自身靠近"应该是"主动靠近";五是"希望……"句太长,故在"来完成"前断开,改为"从而实现德治理念"。修改后的句子如下:

因此,实施德治需要政府更加强调对百姓的教化,使得行为个体主动靠近善的一方,从而实现德治理念。

② 在教学的空间尺度上,因为学习空间的虚拟,教学场所不再具有固定性,失去了对学生学习时空的监控,家长与老师难以

---

① 北京大学"学术写作与表达"课程学生作业初稿。
② 同上。
③ 同上。

做到同传统教育模式下的管制与约束。①

上面句子存在三个错误:一是"在教学的空间尺度上"应该是"从教学空间的角度看",介词使用不当,中心词语"尺度"当作"角度","的"当删;二是缺乏关联词"从而";三是"难以做到同传统教育模式下的管制与约束"当作"难以做到与传统教育模式相同的管制与约束"。修改如下:

> 从教学空间的角度看,因为学习空间的虚拟,教学场所不再具有固定性,从而失去了对学生学习时空的监控,家长与老师难以做到与传统教育模式相同的管制与约束。②

③ 一方面,实现了对于经典阅读的推广和传播,另一方面再加工过程中对于经典阅读的解读有助于加强受众对于经典的了解和理解,乃至进而引起其阅读原文的兴趣,起到了促进纸质阅读发展的目的。③

上面句子存在五个错误:一是成分残缺,"实现了"前面缺主语"这种做法";二是标点符号使用不当,"传播"后面应该用分号,"另一方面"后面当加逗号;三是连词冗余,"乃至进而"重复,"乃至"可删;四是代词错误,"其"可删;五是助词"了"可删。修改如下:

> 一方面,这种做法实现了对于经典阅读的推广和传播;另一方面,再加工过程中对于经典阅读的解读有助于加强受众对于经典的了解和理解,进而引起阅读原文的兴趣,达到促进纸质阅读发展的目的。

④ 个体地产<u>被</u>贡献给军事领主以换取有条件的占有<u>以及</u>,更为重要<u>地</u>,换取保护。④

---

① 北京大学"学术写作与表达"课程学生作业初稿。
② 同上。
③ 同上。
④ 林骧华.文字纠错3000例[M].上海:复旦大学出版社,2017:54.

上面句子中,问题有三:一是"个体地产"做整个句子的主语,但"个体地产换取有条件的占有"的说法不妥,应该删去被动介词"被",换用表处置的介词"将",用在"个体地产"之前,使得第一个分句变为处置式;二是连词"以及"的使用也不妥当,可以删去;三是"更为重要地,换取保护"中,助词"地"后面停顿,表达也不通顺,"地"应该换成"的"。修改如下:

将个体地产贡献给军事领主,以换取有条件的占有,更重要**的是**换取保护。①

(六) 欧化语法

欧化语法既有成功的范例,也有不尽如人意的地方。有些欧化语法表达,与汉语表达习惯不太相容,因此显得有些生涩,甚至影响理解,给人以生搬硬套、强行直译或者错误类推的感觉。在学术论文写作中,我们应该吸收欧化语法中能够增强表意效果、为大众乐意接受的表达形式,比如一些有助于表意精确的介词、连词和助词;对于部分违背汉语语法规则或有碍表达效果的句式、结构和用词,应该尽量避免,或者换用现代汉语地道的表达形式。下面归纳几种应该避免或者需要改造,以及可以吸收运用的欧化语法现象。

1. "代词的 VP"结构

① 我本就看不起他,正如**他的看不起我**。(鲁迅:《评心雕龙》,《莽原》1925 年第 32 期)②

② **我的学会了煮饭**,就在这时候。(鲁迅:《伤逝》,1925 年)

以上两个句子中的"的",都可以删去,并不影响句子的意思。这种结构应该尽量避免。

---

① 林骧华.文字纠错 3000 例[M].上海:复旦大学出版社,2017:292.
② 贺阳.现代汉语欧化语法现象研究[M].北京:商务印书馆,2008:1.

2. "VP 的代词"结构

① <u>有了四千年吃人履历的我</u>,当初虽然不知道,现在明白,难见真的人!(鲁迅《狂人日记》,《新青年》1918 年第 4 卷第 5 号)①

② <u>当时正为了生活问题在那里操心的我</u>,也无暇去怜惜这还未曾失业的工女。(郁达夫:《春风沉醉的晚上》,《创造》1924年第 2 卷第 2 期)

"VP 的代词"结构也应该尽量避免。以上两个句子中,"我"字提到句首做主语,"的"删去,并不影响句子的意思:

我有了四千年吃人履历,当初虽然不知道,现在明白,难见真的人。

我当时正为了生活问题在那里操心,也无暇去怜惜这还未曾失业的工女。

三、做到文从字顺的若干方法

(一)多读经典学术论著,学习语法典范

1. 多读的重要性

学术论文的写作,要做到文从字顺,除了语法要合乎规范,内容要符合逻辑之外,还应该多读学术大师的经典著作,学习他们字斟句酌、锤炼语言、精炼准确、言简意赅的写作风格。学术写作一开始其实就是一个不断研读、反复模仿的过程。

2. 多读哪些学术经典

这方面我们应该注意的是,一是要读名家的经典学术著作,二是要读名刊的重点学术论文,三是要善于总结和吸收经典论著的写作经验。

---

① 贺阳.现代汉语欧化语法现象研究[M].北京:商务印书馆,2008:85.

  名家的经典学术著作经受了时间的检验,得到了学界的认可,无论是形式还是内容,都有大量值得学习的地方。有的经典,一版再版,每一版不断吸收最新研究成果和新的观点,纠正旧版的错误,不断更新,这样的经典可谓千锤百炼,是阅读的首选。拿汉语言文字学学科领域来说,可学习下列经典学术名著:文字学方面,裘锡圭先生的《文字学概要》;语法学方面,朱德熙先生的《语法讲义》《语法答问》、吕叔湘先生的《汉语语法论文集》《汉语语法分析问题》;音韵学方面,王力先生的《汉语音韵学》《汉语史稿》;训诂学方面,郭在贻先生的《训诂学》《训诂丛稿》;词汇学方面,蒋绍愚先生的《古汉语词汇纲要》《近代汉语研究概况》;文献学方面,张舜徽先生的《中国文献学》《清人笔记条辨》;理论语言学方面,高名凯先生的《语言论》;等等。

  要想写好学术论文,必须经常研读学术期刊。学术期刊中,有一些期刊经常刊载名家撰写的重要学术论文,或者一些青年学者撰写的有创见的论文。这些期刊审稿规范,编校认真,质量较高,是重要的文献载体。如文学方面的《文学评论》《文学遗产》《文艺研究》《中国现代文学研究丛刊》《古典文学知识》等;语言学方面的《中国语文》《民族语文》《语言研究》《语言科学》《古汉语研究》《世界汉语教学》《方言》《当代语言学》;等等。这些都是比较知名的刊物,上面的论文需要经常浏览,有的还需要精读,以了解学术前沿及最新动态。

  关于经典论著中介绍的治学和写作经验,也需要自己在阅读过程中不断归纳总结,了解作者在选题、选材、谋篇布局、逻辑论证、语言表达等各方面的经验。严绍璗先生在演讲稿《我的五十年学术生涯的感悟》[①]中,提到他在作为晋升职称材料的专著《中日古代文学关系史稿》中,因为使用了一个古代汉语中的代词"其"不太妥当("其曰"什么,应该是"其文曰"什么)而受到导师的批评。这给他很大的震撼,从此他在写作相关论著的时候就非常谨慎。从这个例子可以看出,即便是学术名家,在表达方面也还存在各种各样的问题,尤其是古汉语

---

① 严绍璗.我的五十年学术生涯感悟[M].2版.北京:北京大学出版社,2015:146.

语法和词汇知识对于写好学术论文、处理好文言和白话的关系、处理好雅和俗的关系,有着重要的意义。

介绍治学和写作经验的学术名著有很多,如徐有富先生的《文献学管窥》《学术论文写作十讲》、严耕望先生的《治学三书》、游国恩先生的《游国恩学术论文集》、裘锡圭先生的《裘锡圭学术论集》、顾颉刚先生的《古史辨自序》、张岱年先生的《中国哲学大纲》、吕思勉先生的《吕思勉谈读书治学》、杨伯峻先生的《杨伯峻治学论稿》、杨树达先生的《积微居读书记》、王力先生的《龙虫并雕斋文集》,等等,都介绍了丰富的治学经验和独到的写作心得。精读这些著作对于我们端正写作态度,提高写作技能,写出文从字顺、内容充实的学术论文具有重要意义。

(二) 多写笔记综述论文,掌握写作规范

1. 多写的重要性

通过阅读,积累了一定的有关学术写作的知识和经验,并根据研究的需要进行了材料收集或田野调查,初步形成了自己的学术观点以后,就可以开始撰写论文了。要做到文从字顺,除了上面讲到的多读经典,还要多加练习。学术论文的写作不是一蹴而就的,经过长时间的积累和练习,方能掌握写作格式、技巧和语言表达方面的基本要求。

青年学子持之以恒地进行科学严谨的学术训练是非常有必要的。这种训练,可以是做批注、写日记、写札记、写小论文、写综述,等等。通过这些训练,可以学会用学术语言来写作,逐步掌握语法规范,培养学术表达语感,做到准确精炼、语法通顺、文字平实易懂。初学学术论文写作的学生,往往会带入日常的口头语言,或者行文随意,或者拖沓松散,或者重复啰嗦,或者重点不突出,或者表述含混晦涩,故作高深,不知所云。这都需要在写作中不断改进,逐步提高。

2. 写什么

多写读书笔记。古人云"不动笔墨不看书",这句话强调了写读书笔记的重要性。俗话说,"好记性不如烂笔头",这句话提醒我们要养

成记笔记的好习惯。多写读书笔记的好处在于：

第一，可以加深对书本内容的理解。写读书笔记时，我们可以或摘录主要观点，或摘录优美词句，或写下自己的读书心得，或分类摘抄以备选材。在抄写或者点评的过程中，我们阅读原书的速度降低了，理解的效率却提高了。尤其是通过反复摘录或评点原文，我们对原文的语言风格更为熟悉，印象更为深刻，在后续的研究写作中无论是引用还是评论，都能驾轻就熟，甚至模仿超越。

第二，可以弥补记忆能力的不足。撰写一篇学术论文，需要阅读大量文献，如果仅凭记忆，时间一长，很多有用的资料势必遗忘，回头再看，浪费很多时间。因此，平时应该注意随时动笔，分类整理，注明出处，日积月累，增加信心，启发灵感，益处多多。

第三，可以培养学术论文写作能力。在阅读经典学术论文的同时，如果能够多写读书笔记，无论是复述原文、模仿原文，还是评论原文优缺点，都是学习经典语言表达的过程。这种能力提升的过程是潜移默化的，久而久之，一定能逐步提高思维水平和表达能力。

多写学术综述。多写学术综述益处多多，能够让作者和读者迅速了解相关学术研究的历史和现状，加深对研究课题的价值或意义的理解，从而为下一步的学术研究提供重要的基础信息和研究指南。写综述还能够锻炼作者的概括能力和评述能力，逐步做到概括全面、点评准确、条理清晰，这可以减少重复劳动，避免遗漏重要研究成果。写综述也是缩写或改写原文的一种方式，可以增强写作学术论文的语感，培养规范写作的意识。

多写短小论文。作为青年学子尤其是本科生，在初步接触学术研究时应该先学会撰写短小论文。短小论文一是题目小，二是篇幅短。题目虽小，但小中见大，虽小实大，积小成大，通过对某一个具体小问题的研究，培养问题意识，熟悉写作流程，利用各种语料库收集材料，熟练运用各种研究方法分析材料，分类总结，概括规律，准确表述研究结论，尽量减少语法、词汇方面的错误，时刻注意追求表达的准确、精炼、生动。时下论文写作有一个不好的趋势,就是言之无物,越写越长,水分较多,不够精炼。这是我们要尽量避免的。关于科研小论文的撰写,推荐大家阅读华中师范大学出版社于2007年出版、由卢卓群先生撰写的《汉语小论文写作初步》。

(三) 多改学术论文习作,减少表达错误

1. 多改的重要性

除了多写多练,还要多改,好文章是改出来的。吕叔湘在《学文杂感》中说:"好文章是改出来的。古今中外有名作家修改文稿的故事很多,我不想重复引述。我的看法是:下笔成文者有之,改而改坏者也有之,但都是少数。多数情形,甚至可以说是大多数情形,是改好了的。"[①]老舍在《关于文学的语言问题》中说:"我的文章写的那样白,那样俗,好像毫不费力。实际上,那不定改了多少遍! 有时候一千多字要写两三天。"[②]

为什么要多改呢? 主要有两个原因:

作者的思考不断深入和全面,通过修改可以使论文在内容和观点方面更加完善和深刻。张寿康在《修改艺术——修饰之学》中说:"从认识上说,文章是客观事物的反映。人们在反映客观事物的时候,在头脑里加工的时候,已在反复思考,反复修正,把这种反复思考的内容写出来之后,如果觉得认识深刻了,能够反映事物的逻辑层次了,就可以不再修改或者不再作大的修改。如果认为这种认识仍不全面,对写出的东西不满意,那么就要修改。属于什么性质的内容就是什么性质的修改,比如主旨、内容属思想认识方面,结构、语言属表达形式方面。在写的过程中或写完之后,觉得有想得不对的地方,觉得语句何处应形象些、生动些,觉得句式选择得不好,韵律有不协调处,词语前后不搭,用词不甚确切,那就可随时改动。**所以修改文章是写文章过程中

---

① 吕叔湘.学文杂感[J].中学语文教学 1983(9):12.
② 老舍.出口成章:论文学语言及其他[M].北京:作家出版社,1964:64—65.

的必要工序,不是外加的手续。"①

在事理、逻辑、前后照应和语言表达方面,反复修改可以使论文更加通顺和准确。胡双宝的《听朱德熙先生评改文章》生动地记述了朱德熙先生评改1963年8月11日《北京晚报》刊登的通讯文章《在洪水包围中战斗》的经过。通讯文章比较长,有四五千字。朱先生把通讯文字表达等方面的问题分为117"点",从事理、逻辑、前后照应和字句表达等方面逐一加以评改,连一个标点都不放过。如全文最后一个自然段:"一片战斗的气氛,笼罩着黎各庄!"朱先生说:"这一句不长,说的时候当中没有停顿,逗号是多余的。"通讯本有个副标题"夜访黎各庄"。朱先生改为"黎各庄人民抗洪斗争记实",理由是,全文主要说的是紧张的抗洪,记者是在最后才说到去黎各庄访问。另外,原来的副标题过于平静,不符合紧张战斗的气氛。胡双宝说:"对照评改原文和改文,丰富了对修改文章的理性和感性认识,逐渐树立了文章需要修改的意识:经过修改,才能改进语文表达,去除各种毛病,收到比较好的效果。"②

胡双宝的记述,让我们对朱德熙先生一丝不苟、认真帮人修改文章的精神心生敬意,对他高超的语言文字表达水平和修改作文的语文能力表示由衷的敬佩。

2. 怎样修改学术论文

文章如何进行修改呢?首先,我们要熟悉学术论文在语言表达方面常见的错误类型,有针对性地检查论文。前面我们列举了语法相关的常见错误,包括:虚词使用问题;句式组织问题;语序安排问题;欧化语法问题。北京大学中文系现代汉语教研室编的《现代汉语》第五章"语法"第十五节"常见的语法错误"列举了四类错误:

一、残缺,包括:(一)残缺主语;(二)残缺谓语;(三)残缺宾语中心;(四)缺漏必不可少的虚词。二、赘余。三、词语的位置摆得不对,

---

① 语言文学自修大学讲座编委会.语言文学自修大学讲座(35)[M].北京:地质出版社,1985:12-13.

② 胡双宝.语文随笔[M].北京:语文出版社,2014:314.

包括:(一)修饰语位置放得不对;(二)虚词的位置放得不对。四、相关的成分配合不当。五、杂糅。

第十六节"检查语法错误的两种方法"提出类比法和简缩法来检查语法错误。① 这些都值得我们认真学习。其次,我们应该注意书面语和口语的语体差别,在学术论文中减少口语表达色彩。

以上,我们在第一部分介绍了现代汉语语法的若干特点和汉语欧化语法的十个特点,第二部分归纳了学术论文中常见的若干语法错误,主要有:虚词使用不当;句式组织不当;语序安排不当;成分残缺;复杂错误;欧化语法。第三部分总结了让论文文从字顺的若干方法:多读经典学术论著,学习语法典范;多写笔记综述论文,掌握写作规范;多改学术论文习作,减少表达错误。

结束语

写作是将语言付诸笔端的工作,掌握一些语言学知识十分重要,比如本章中我们就学习了基础的现代汉语语法常识。撰写论文时,我们需要注意在虚词使用、句式组织、语序安排、成分残缺、复杂错误、欧化语法等方面可能出现的错误。想要把话说通顺、说准确,还要多阅读经典著作、学术期刊,学习优秀文章的写作语言,并且练习写作、反复修改,关注语法和逻辑问题。词汇也是语言学的重要领域,写作时容易犯哪些词汇使用方面的错误呢?下一章我们将一探究竟。

---

① 北京大学中文系现代汉语教研室.现代汉语[M].增订本.北京:商务印书馆,2012:397-416.

第十章　词汇与学术写作

📖 开场白

继第九章聚焦于写作中的语法问题后,本章将介绍运用词汇的注意事项。第一部分介绍了现代汉语词汇的三个重要特点,并提出学术论文写作用词的两个要求:准确和自然。第二部分分类整理了形形色色的词汇问题,用例皆取自已经发表于刊物的学术论文、北京大学本科学位论文初稿、北京大学硕士学位论文初稿和学术写作课程学生作业初稿。第三部分介绍了积累词汇的四个方法。

一、博大精深的汉语词汇

(一) 现代汉语词汇的三个重要特点

1. 现代汉语双音节词占绝对优势

这一局面的形成与汉语从古到今一直持续的双音化发展趋势有密切关系。但这并不意味着现代汉语的单音节词在减少,也并不意味着现代汉语的三音节词没有增加。在常用的高频词中,单音节词出现频率较高。邹嘉彦指出现代汉语三音节词有增多的趋势①,刘中富等也指出,现代汉语的词汇以双音节词为主体,单音节词仍占有突出的地位。刘中富统计过 1978 年版《现代汉语词典》中的双音复合词,发现:在该词典所收的 56 000 多个词语中,双音复合词就有 32 346 个,约占 57.8%;在现代汉语的新生词汇中,三音节词的比重越来越大。②

2. 现代汉语的语素和词、复合词和词组较难区分

根据目前通行的定义,语素是语言中最小的音义结合体,词是语言中最小的能独立运用的音义结合体,二者的最大区别是能否独立运用。所谓能否独立运用,就是看能否充当句子成分。如"民"是语素不是词,就是所谓的"不成词语素"③,不能说"这位是山东民";"人"既是语素也是词,因此可以说"这位是山东人"。但在有些仿古格式或者四字格中,"民"可以独立运用,如"爱民如子""拥政爱民"。因此,有时候语素和词的区分并不容易。有的语素正处于向词转化的过程之中,有的词则处于语素化过程之中。

现代汉语的复合词和词组(也称短语)如何区分,也是一个难题。词组是由两个或两个以上的词构成的组合,大于词而小于句子。学界通常使用的办法是插入扩展法,就是在构成复合词或者词组的 AB 组合中插入虚词,看看意思是否发生改变,或者插入后能否成立。如"黑板"是词,中间不能插入"的"。"黑的板"虽然能说得通,但意义发生了改变。"白板"则可以插入"的"说成"白的板",意思不变。类似不能插入"的"的凝固结构有铁路、马路、白菜、火车等;不能插入虚词"和"的词有开关(指电源开关)、买卖(指交易)、大小(指尺寸)、矛盾

---

① 邹嘉彦在《泛华语地区多音节词的近 20 年发展:从 LIVAC 大数据探讨》(首届汉语历史词汇语法国际学术研讨会论文,北京大学,2019 年 10 月)中,通过统计香港地区常用 4 万字和北京话的用字情况,认为多音节词,尤其是三音节词使用频率高,如反气旋、光形态,等等。
② 刘中富.现代汉语词汇特点初探[C]// 刘中富等.对比描写与统计分析——《现代汉语词典》专题研究.济南:山东人民出版社,2006:204-205.
③ "民"作为一种后缀具有一定的能产性,如构成"彩民""股民""网民""烟民"等。

等。可在中间插入虚词"的"的词有白纸、红布、大床、木头桌子等,有的中间可以插入"和",如牛羊、鸡鸭、桌子椅子等。现代汉语的词组和词有时难以区分:如"心疼"是词,而"胃疼"是词组(主谓关系);"潮湿""讲解"是词,而"湿冷""讲读"是词组;"敬礼""鞠躬""理发"等可以插入动量、时量成分的离合词是词,可以说"敬三次礼""鞠一个躬""理半小时发",而"打球""爬山""吃饭"等组合形式,虽然可以插入时间成分,但却只能视为词组。现代汉语的复合词和词组可以互相转化,有的正处于转化过程之中,这也给我们区分词和词组带来了困难。

3. 现代汉语的构词法和造词法既有联系,也有区别

根据构词语素的多少,现代汉语的词可以分为单纯词和合成词。单纯词只包含一个语素,无所谓构词法。"分析构词成分的性质、构词成分之间的结构关系,这是对词的结构的静态描写,一般称之为构词法。分析词是如何创造出来的,用的是什么材料、什么手段,这是对词的创造方法的分析,一般称之为造词法。"①

构词法　主要包括"词根+词根"和"词根+词缀"两类。词根是指有实际意义且能出现在合成词前中后等不同位置的语素,如人、民、丰、富等。词缀是指意义不太实在且只能出现在合成词词首或词尾的语素,如老、阿、第(以上只能出现在词首,叫前缀)、子、头、儿、乎乎、兮兮(以上只能出现在词尾,叫后缀)等。

"词根+词根"类合成词根据词根之间的意义关系可分为以下几种:

并列式:政府、机关、出发、回归、简约、复杂
偏正式:肺炎、羊肉、高手、好吃、火热、雪白
主谓式:耳鸣、眼花、口臭、地震、心动、公办
述宾式:停产、动工、开会、动人、司机、扎心
述补式:缩小、增加、提高、降低、接近、看透
重叠式:妈妈、弟弟、妹妹、星星、爷爷、奶奶

---

① 北京大学中文系现代汉语教研室.现代汉语[M].增订本.北京:商务印书馆,2012:196.

"词根+词缀"类合成词根据二者之间的位置先后可分为以下两种:

前缀+词根:老师、老板、老虎、第一、第二、第三、阿姨、阿哥

词根+后缀:凳子、瓜子、石头、风头、皮儿、馅儿、胖乎乎、脏兮兮

造词法① 现代汉语的造词法有词法造词、句法造词、修辞造词、语音造词和综合造词。

A. 词法造词:包括附加构词和重叠构词。

附加构词:板——板子;滑——滑头;面——面儿

重叠构词:姨——姨姨;刚——刚刚;将——将将

B. 句法造词:语素或词按照句法关系组合成词,类型与构词法中的"词根+词根"类合成词类型基本相同。此外,句法造词还包括部分简称造词。例如:

并列式:领导、出售、道路、开关、丰满、肥胖

偏正式:迟到、顶层、臭嘴、好玩、规定、笔直

主谓式:春分、眼红、自大、民办、国营、私有

述宾式:留心、关心、扎心、动情、感人、烦人

述补式:扩大、拔高、绑定、推动、改善、吃透

重叠式:哥哥、姐姐、婆婆、姑姑、叔叔、猩猩

简称造词:空姐(空中小姐)、基建(基础建设)、民警(人民警察)

C. 修辞造词:运用修辞手段来创造新词的方法。主要包括:

比喻造词:心腹、虎穴、圈套、陷阱、后浪、刺头

借代造词:手腕、领袖、嘴脸、桃李、饭碗、同窗

---

① 本节关于造词法的分类主要参考任学良.汉语造词法[M].北京:中国社会科学出版社,1981. 内容略有调整,如将音变构词列入语音造词,将简称归入句法造词,综合造词法中增加"词法—修辞—句法综合造词",等等。

夸张造词：天价、海量、绝顶、刀山火海、枪林弹雨

委婉造词：丁忧、百年、谢顶、方便、夜壶、怀璧

D. 语音造词：包括音变、拟声、叠音、合音等几种。例如：

音变造词：空（kōng）——空（kòng）、把（bǎ）——把（bàr）

拟声造词：滴答、蛐蛐、布谷、嘻嘻、叮呤咣啷

叠音造词：铮铮、潺潺、猩猩、淙淙

合音造词：不用——甭、不好——孬

E. 综合造词：运用两种或两种以上造词方式来构造新词。例如：

词法—句法综合造词：菜篮子、花架子

"菜"、"花"与"篮子、架子"组合是句法造词中的偏正式造词，"篮子""架子"是用附加式构词法造出的词。

语音—句法综合造词：呱呱叫、癞蛤蟆

"呱呱"是语音造词，"呱呱"与"叫"组合是偏正式造词；"蛤蟆"是语音造词，"蛤蟆"与"癞"组合是偏正式造词。

修辞—句法综合造词：牛饮、鱼跃、蛙跳

"牛、鱼、蛙"与"饮、跃、跳"构成偏正式复合词，"牛、鱼、蛙"是比喻用法，因此三个词又都是通过修辞手段构造的复合词。

词法—修辞—句法综合造词，老油条、高帽子

油条是兼用句法造词中的偏正式造词法和修辞造词中的比喻造词法；老油条是附加构词法；帽子是附加构词法，高帽子是兼用句法造词中的偏正式造词法和修辞造词中的借代造词法。

（二）学术论文写作的用词要求

无论是口头表达还是书面表达，无论是文学写作、公文写作还是学术写作，在词语运用方面，都有一些共同的要求。词语运用不当，或故作高深，将导致表意不清，不知所云，读来让人费解。朱德熙的《写

作和写作教学》一文批评了年轻同志堆砌形容词的不良文风,提出初学写作的人应该提倡两条:一是准确,二是自然。朱先生说:"准确就是符合客观实际,不歪曲,画马像马,画人像人。自然就是不造作,不装腔做势,要说老实话、心里话。"①

学术论文的写作,在用词方面要符合准确和自然的要求。

第一是准确。所谓用词准确就是词语要用得恰如其分,表达意思清楚明白。古人讲究"炼字",就是为了表达的准确,如"僧推月下门"和"僧敲月下门"中关于"推""敲"的选择,"春风又绿江南岸"中"绿"字由"满""过""到"改换而来。有时为了找到一个准确的词,作者要冥思苦索,绞尽脑汁。

第二是自然。所谓用词自然就是用词要平实易晓,通俗易懂,不堆砌辞藻,不故作高深。下面举一个反面的例子。

2020年浙江省高考语文考试有一篇满分作文,在《教学月刊》上刊登出来之后,引起极大争议,其中很重要的一个原因就是该文的"遣词造句"。作者故意使用一连串冷僻词语以炫耀其词汇丰富,阅读量大,加上句式特别,大量提及西方哲学名家而不加解释和论证,表达艰涩,引起很多读者的不满。让我们看看这篇作文。

《生活在树上》

现代社会以**海德格尔**的一句"一切实践传统都已经瓦解完了"为**嚆矢**。滥觞于家庭与社会传统的期望正失去它们的借鉴意义。但面对看似无垠的未来天空,我想循**卡尔维诺"树上的男爵"**的生活好过过早地**振翮**。

我们怀揣热忱的灵魂天然被赋予对超越性的追求,不屑于古旧坐标的约束,钟情于在别处的芬芳。但当这种期望流于对过去观念不假思索的批判,乃至走向虚无与**达达主义**时,便值得警惕了。与秩序的落差、错位向来不能为越矩的行为**张本**。而纵然我

---

① 朱德熙.写作和写作教学[M]//中国写作研究会华北分会.写作论.北京:北京师范大学出版社,1984:366.

们已有翔实的蓝图,仍不能自持已在浪潮之巅立下了自己的**沉锚**。

"我的生活故事始终内嵌在那些我由之获得自身身份共同体的故事之中。"**麦金太尔**之言可谓切中了**肯綮**。人的社会性是不可**祓除**的,而我们欲上青云也无时无刻不在因风借力。社会与家庭暂且被我们把握为一个**薄脊**的符号客体,一定程度上是因为我们尚缺乏体验与阅历去支撑自己的认知。而这种偏见的傲慢更远在知性的傲慢之上。

在**孜孜矻矻**以求生活意义的道路上,对自己的期望本就是在与家庭与社会对接中**塑型**的动态过程。而我们的底料便是对不同生活方式、不同角色的觉感与体认。生活在树上的**柯希莫**为强盗送书,兴修水利,又维系自己的爱情。他的生活观念是厚实的,也是实践的。倘若我们在对过往借**韦伯**之言"**祓魅**"后,又对不断膨胀的自我进行"**赋魅**",那么在丢失外界预期的同时,未尝也不是丢了自我。

毫无疑问,从家庭与社会角度**一觇**的自我有偏狭过时的成分。但我们所应摒弃的不是对此的批判,而是其批判的廉价,其对批判投诚中的反智倾向。在**尼采**的观念中,如果在成为狮子与孩子之前,略去了像骆驼一样背负前人遗产的过程,那其"永远重复"**洵**不能成立。何况当矿工诗人陈年喜顺从编辑的意愿,选择写迎合读者的都市小说,将他十六年的地底生涯降格为桥段素材时,我们没资格斥之以媚俗。

蓝图上的落差终归只是理念上的区分,在实践场域的分野也未必明晰。譬如当我们追寻心之所向时,在途中涉足权力的**玉墀**,这究竟是伴随着期望的泯灭还是期望的达成?在我们塑造生活的同时,生活也在浇铸我们。既不可否认原生的家庭性与社会性,又承认自己的图景有轻狂的失真,不妨让体验走在言语之前。用不被禁锢的头脑去体味**切斯瓦夫·米沃什**的大海与风帆,并效**维特根斯坦**之言,对无法言说之事保持沉默。

用在树上的生活方式体现个体的超越性,保持**婞直**却又不拘泥于所谓"遗世独立"的单向度形象。这便是**卡尔维诺**为我们提供的理想期望范式。生活在树上——始终热爱大地——升上天空。

在上面这篇不到1000字的文章中,作者使用了嚆矢、振翮、张本、沉锚、肯綮、孜孜矻矻、塑型、祛魅、赋魅、一觇、洇、降格、玉墀、婞直等十多个冷僻词语。文中使用的哲学术语也令人眼花缭乱,如实践、客体符号、认知、觉感、体认、反智倾向、自身身份、共同体、蓝图、场域、图景、单向度、范式等。文中引用国外哲学家的观点有:海德格尔的一句话"一切实践传统都已经瓦解完了";达达主义;麦金太尔之言"我的生活故事始终内嵌在那些我由之获得自身身份共同体的故事之中";韦伯和他的"世界的祛魅";维特根斯坦和他的"对无法言说之事保持沉默";尼采的观念"狮子、孩子、骆驼"。文中引用的文学家及其作品有:卡尔维诺的《树上的男爵》;切斯瓦夫·米沃什的"大海与风帆";矿工诗人陈年喜。以上冷僻词语完全可以用浅显易懂的常用词替代,作者引述的哲学家的观点均不太准确,使用的哲学术语也不加解释。总之,这篇作文的词语运用既不准确,也不自然,有故意使用冷僻词语、炫耀高深词语、词语堆砌不加解释等多方面问题,无怪乎网上的批评铺天盖地。这些问题是我们在学术写作中需要特别注意的。

二、形形色色的词汇问题

(一) 词汇贫乏

贺建国和胡玉留认为:"如果一个人的词汇很贫乏,只能是词不达意或用词不当,再高明的技巧也无用武之地。所谓的谋篇布局,选词造句全成了空话。"①该书举了一个词汇贫乏的例子,如下:

---

① 贺建国,胡玉留.语言与写作[M].北京:农村读物出版社,1993:30.

秋天的颐和园,到处是一片非常动人的景色,实在美极了。它那优美的风景简直难以形容,一到傍晚,那就更美了。昆明湖上红光反射更吸引人。身临其境,我简直找不出一句恰当的话来表达心中那种说不出的激情。

在学术论文写作中,词汇贫乏尤其是专业词汇贫乏,会严重影响论文的质量。第一,词汇贫乏反映出作者对相关学术研究领域还不太熟悉,对学术前沿关注不够,缺乏对常见学术选题、名词术语的系统梳理和比较分析。第二,词汇贫乏反映了作者对相关研究材料搜集、掌握得不够,对材料缺乏分类和整理,对现象及其原因缺乏深入的分析,其研究还停留在浅层次。第三,词汇贫乏还反映了作者缺乏原创性观点或者有独到见解的观点,不能提出自己的理论创建或者修正、完善现有的理论体系或观点,只能停留在人云亦云、"炒剩饭"、重复劳动的层面。因此,表面上的词汇贫乏,其实反映了写作者对论文写作的准备不足,如果勉为其难写出一篇学术论文,该论文的学术贡献之小可想而知。

(二)堆砌术语

杂文家陈四益先生曾经举过一个例子[①],请看:

"一群蚂蚁停在一根枯枝上,枯枝在湍急的河流里漂行。如果蚂蚁各自逃生,有可能跌入河水而丧生;如果它们抱成一团,树枝或许会在某个河湾搁浅,这群蚂蚁就会因此而得救。"——这么说,太没有学问。

换一个说法如何?请看:

"枯枝上的蚂蚁,如果不能从更为宏观的全部自然情境把握自身的行为,不能摆脱经验层面的认识原则,不能顾及各种动态与静态的综合效应,仅仅凭借观念史中原子化个人主义主张行动,从广义后果论观察,它们就会步入误区。在原子化个人主义

[①] 陈四益.学术的水准.新华文摘[J].2002(7):216.

的支配性语境中,蚂蚁群体的集体无意识将使自身解救活动趋于低效甚至完全失败。

"如果枯枝上的蚂蚁能凭借某种集中化手段,以聚集的组织模式为活动框架,达成一种互惠的构成方式和因果关系,而不陷入已被充分形式化的既有分析框架,从而对现有情境作出新的创制与解释,使自身的行动建立在更深层次的原则上,消除个体与群体二元对立的固有语境,那么,借助其肢体语言建立的集体意识,可以实现新的规范层面的积极义务与消极义务的统一,在这样一些群体行为的解构下,集体主义作为普世话语进入观念史,进而得到狭义后果论意义上的集体的获救。"

——这么说,学问可就大了。要是在这样一段话中再加入一些外语词汇,学问就更大了。

您把这些半生不熟的术语弄明白,至少就得花上半天的时间。等你全都弄明白了,会有一种受到愚弄的感觉。如果你根本弄不明白或者没有耐心弄明白这些劳什子,那么你就会因其高深莫测而自叹浅薄。"高深学问家"却站在学术殿堂里朝你冷笑。

真理本来是明明白白的。但我们一些学问家的特长却是把明明白白的事情说得不明不白。现在大家在讨论学术规范,我希望能加入一条:不要把简单的问题复杂化,浅显的问题艰深化,不要靠堆砌术语以"震其艰深"。我还希望报刊的编辑,不要因为害怕被人讥为浅薄而刊发自己也看不懂的文章。

看完上面的文字,难免不哑然失笑,且深有同感。一个简单的道理,在有些学术论文中被论述得云山雾罩,不知所云。语言学家杨琳读罢此文批评说[①]:

这是给刻意玩弄理论者设立的哈哈镜,从中映射出某些学术论著的畸形和虚浮。有人嘲讽说:"诗歌之美在于煽动男女出轨,

[①] 杨琳.训诂方法新探[M].北京:商务印书馆,2011:270.

学问之美在于使人一头雾水。"神圣的学术在人们眼里竟是这副模样,恐怕云山雾罩的虚浮理论难辞其咎。

陈四益先生文章中提到的那段冗长乏味的论述,显然是作者编造出来的一个十分极端的堆砌术语的反面例子。学术论文的写作,主要是为了提出并证明自己的学术观点,用典型的例证、严密的逻辑、严谨的结构、准确简洁的语言来展开论述,使读者读完之后能够理解作者的学术观点、理论体系及论证思路。如果一篇学术论文堆砌名词术语,故弄玄虚,无病呻吟,冗长晦涩,只会令读者望而却步,甚至心生反感。

(三)用词不当

1. 用词不准确、不规范

(1) 名词。

> 美国目前有 87 700 多个不同类型的政府,许多政府只提供一种服务。①

上例中,两处"政府"当作"政府机构"。

> 本文在原有研究的基础上,借助问卷调查、文本分析等**方式**,进一步探索 AI 科幻创作。②

上例中,"方式"用词不准确,当作"方法"。

(2) 动词。

> 律师工作时对当事人的情感态度,以及**有否**理解和应对涉及情感因素的案件的能力,更具体地,**有否**理解复杂利益、道德、伦理和人情的能力,……。③

上例中,"有否"不妥,可以改为"是否具有"或"有没有"。

---

① 林骧华.文字纠错3000例[M].上海:复旦大学出版社,2017:27.
② 北京大学"学术写作与表达"课程学生作业初稿。
③ 同上。

这里面的学问就大了去了,**涉及到**家族遗传,**涉及到**知识产权,**涉及到**古方秘制。①

上例中的三处"涉及到"均应该作"涉及","到"字多余,当删除。

(3) 量词、系词。

施叔青有**个**小说,大概叫《窑变》,**说的**一对中产阶级中年男女**情感事务**。②

上例存在量词使用不规范、系词缺乏、词语搭配不妥等问题,可改为:

施叔青有**一篇**小说,大概叫《窑变》,**说的是**一对中产阶级中年男女**情感故事**。

(4) 综合错误。

首先,我们的分析和叙述**含有两种需要区分的"历史"和"阶段"**。这**两个**历史,**一个**是不同国家组成的"世界大历史线条",另**一个**是"单一民族国家自身的历史线索";这**两种**阶段分别是"人类历史线条上的组成阶段"和"国家自身发展线条上的阶段"。③

上例存在两方面问题:一是量词使用不当,二是句式杂糅。"历史"应该搭配量词"种","阶段"应该搭配量词"个"。句式也需要调整,如下:

首先,在我们的分析和叙述中,有两种需要区分的"历史"和两个需要区分的"阶段"。这**两种**历史,**一种**是由不同国家组成的"世界大历史线索",另**一种**是"单一民族国家自身的历史线索"。**两个**阶段分别是"人类历史线索的组成阶段"和"国家自身发展线索的阶段"。④

---

① 林骧华.文字纠错3000例[M].上海:复旦大学出版社,2017:14.
② 同上.
③ 同上书:203.
④ 同上书:391.

2. 同音错误

常见的容易用错的同音词语有:"情节"与"情结"、"以致"与"以至"、"反应"与"反映"、"权力"与"权利"、"形式"与"形势";"裹腹"当作"果腹","想像"当作"想象","好象"当作"好像","本份"当作"本分","名份"当作"名分","成份"当作"成分","侦察"当作"侦查",等等。例如:

现当代英国文学充斥着怀旧的情怀,对过去神话的迷恋**情节**,尤其对已经消失已久的兄弟之情倍感亲切。①

"情节"当作"情结"。

至二十世纪末,伟大的诗人很少有人提及,影响渐渐式微;而以技术见称的大诗人**以致**次等的诗人,却占据了中心位置。②

"以致"当作"以至"。

寻常人家的孩子自小就**没有着力细节培养**,长大后独自打拼,更是**裹腹**远重于品味。③

"裹腹"当作"果腹"。另外,"着力"改为"得到"为好。

豆沙红是古董里面比较常见的一种颜色,经过了时间与风尘的洗礼,豆沙红呈现出深沉丰富而又内敛。我**想像**是上好的重磅真丝或巧克力,绵密里透着股子滋润。④

"想像"当作"想象"。

提起茶,**好象**人人都有一肚子话想说,却不是词不达意就是话不投机。⑤

---

① 林骧华.文字纠错3000例[M].上海:复旦大学出版社,2017:11.
② 同上书:3.
③ 同上书:16.
④ 同上.
⑤ 同上.

"好象"当作"好像"。

他的心愿,也只不过是一种很**本份**的期望。①

"本份"当作"本分"。

我知道,他们纪念他,并非因为他曾经有过尊贵的**名份**。②

"名份"当作"名分"。

也许,我们会质疑此间到底有多少可靠的**成份**。③

"成份"当作"成分"。

唯物主义告诉我们,认识是人脑对外界的**反应**。④

"反应"当作"反映"。

有关沈钧儒等"七君子"案的**侦察**笔记,有关重庆较场口事件的文件,高树勋反对内战的公报等。⑤

"侦察"当作"侦查"。

向国王请愿,乃臣民之**权力**。⑥

"权力"当作"权利"。

限制国王的**权利**,体现了卢梭天赋人权的思想。⑦

"权利"当作"权力"。

还有一些同音错误纯粹是同音词打字错误,如:

塑造好主人公的形象后,小冰模拟人脑的神经结构,学习乐曲和歌词数据中的符号以及与之对应的抽象意义,**是**选出可以触

---

① 林骧华.文字纠错3000例[M].上海:复旦大学出版社,2017:30:14.
② 同上书:2.
③ 同上书:4.
④ 同上书,277.
⑤ 同上书:27.
⑥ 同上书:29.
⑦ 同上.

动人们视觉、听觉等感官享受的**此举**,引起听者的共鸣。①

上例中,"此举"当作"词句",为同音错误。另外,"是"当删。

3. 成语误用

有的成语感情色彩是贬义的,在需要褒奖的场合使用不合适,这叫"贬词褒用"。这种成语误用的现象比较常见。例如:

> 有很多我们的志工团体,不管是政府代表或者是民间企业帮忙等等,这些都是**罄竹难书**,非常感人的成功故事。

2006年5月20日,陈水扁在赞扬台湾义工精神时所言"罄竹难书"典出《旧唐书》卷五十三《李密传》:"罄南山之竹,书罪未穷;决东海之波,流恶难尽。"后世于是就用"罄竹难书"比喻罪状之多,难以写尽。② 这是一个贬义成语,不能褒用。再如:

> 齐白石画展在美术馆开幕了,国画研究院的画家竞相观摩,艺术爱好者也**趋之若鹜**。

赵丕杰批评说:"'趋之若鹜'语本《史记·货殖列传》:'走死地如鹜者,其实皆为财用耳。'这句话的意思是,像一群鸭子那样不顾性命奔赴险地的人们,其实都是为了追求财物啊。后用'趋之若鹜'比喻许多人争先恐后地追逐某个目标。把苦苦追求的人们比作一群鸭子,其为贬义可知。"③

> 这些年轻的科学家决心以**无所不为**的勇气,克服重重困难,去探索大自然的奥秘。

这是1995年全国高考语文试卷中一道选择题中的选项。句子中的"无所不为"是贬义词,例句把它用在决心付出一切、探索大自然奥秘的科学家身上,显然很不恰当。例句宜改为"决心以无所畏惧的勇气"。"无所不为"不能望文生义地理解为没有哪方面做得不好、行行

---

① 北京大学"学术写作与表达"课程学生作业初稿。
② 赵丕杰.成语误用辨析200例[M].北京:商务印书馆,2013:283.
③ 同上书:286.

精通之义。①

有些成语误用主要是由于使用者随意改动成语。朱自清指出："应用成语的正确或错误,是测验诵读程度一个简易的标准,特别从成语书写上看。"②例如：

> 经典与科技的结合将是新时代的一种创新,也有可能让文学"跃然纸上",跳出文字的表达,模拟出当时的社会场景和文学环境,让人**身如临境**,给予文学不一样的解读。③

上例中,"身如临境"当作"身临其境"。

> 除了微软小冰,网络上还有许许多多的诗词生成器,只需输入心仪的主题,在数秒内就能得到一首**似模似样**的作品,而这些诗词生成器的原理也很容易理解。④

上例中,"似模似样"当作"像模像样"。

> 其实她的系列文章厉害得多,发表的时间也早得多,只是**身微言轻**,没有引起注意罢了。⑤

上例中,"身微言轻"当作"人微言轻"。

> 下功夫阅读、练习、思考,慢慢领悟,坚持下来,会有**功到垂成**的一天。⑥

上例中,"功到垂成"当作"功到自然成"。

> "**前车之鉴,后车之覆**",不可不提醒。⑦

上例中,"**前车之鉴,后车之覆**"当作"前车之覆,后车之鉴"。

---

① 文海.中国学生最容易犯的语言错误[M].北京:中国华侨出版社,2012:254.
② 陈中梅.朱自清经典[M].沈阳:辽海出版社,2009:229.
③ 北京大学"学术写作与表达"课程学生作业初稿。
④ 同上。
⑤ 林骧华.文字纠错3000例[M].上海:复旦大学出版社,2017:1.
⑥ 同上书:19.
⑦ 同上书:30.

这些作品中所描写的人类间和谐的性爱代表了超越资本主义**成规陋习**与腐朽道德观的力量。①

上例中,"成规陋习"当作"陈规陋习"。

我们应该牢记"**满招孙,谦受益**"的古训,踏踏实实地做事、做人。②

上例中,"满招孙,谦受益"当作"满招损,谦受益"。

以上错误,有的属于对成语改动不当,不合规范;有的属于音同或音近错误。

(四)重复啰嗦

另外,还有一些非在读考研党,他们只能利用网络资源进行考试的准备,对他们来说,慕课可以作为**长期长时间**的日常课程,只要做好规划,加强自律性,巩固学习的节奏性,他们就能很好地开展自主规划学习。③

上例中,"长期长时间"语义重复,"长时间"当删。

与之相关的是伍铁平(1985)提出的"词义感染"说和蒋说有相关之处,其中提到的"聚合感染"**或者是**"联想感染"实际上**也是指的是**相似的词义演变现象,**伍文更关注**的语法位置上的聚合。④

上例中存在多个错误。一是关于"是"的使用,该用"是"的地方("伍文更关注的"后面)缺"是",不该用"是"的地方("或者是")却用了。还有的地方重复啰嗦,如"也是指的是",当作"指的也是"。介词"和"当改为"与"。全句修改如下:

---

① 林骧华.文字纠错3000例[M].上海:复旦大学出版社,2017:11.
② 同上书:29.
③ 北京大学"学术写作与表达"课程学生作业初稿.
④ 北京大学学士学位论文初稿.

与之相关的是,伍铁平(1985)提出的"词义感染"说与蒋说有相关之处,其中提到的"聚合感染"或者"联想感染"实际上指的也是相似的词义演变现象,伍文更关注的是语法位置上的聚合。

又如:

> 对《史记》的语法现象进行专书研究,有利于我们从中发现断代的规律,司马迁对不同材料的剪裁和借鉴**更有能够让我们看到语言现象历时演变的可能**。①

上例中,"更有能够让我们看到语言现象历时演变的可能"当作"更有可能让我们看到语言现象的历时演变"。

> 因为这种词义的演变方式也是不经过引申直接获得的词义,**随后随着**现代语言学理论的不断提出,"组合同化"成为概括这种词义演变方式的专有的名词。②

上例中,"随后随着"语义重复,"随后"当删。

> **越是水温越高**,炒米越软,沸水泡出的炒米,用句家乡话,有人说滑达达地好吃。③

此例中,"越是水温越高"表述重复,删去"越是",保留"水温越高"即可。

> 上海**最早的第一条**"平民菜市",要属东新桥的菜市街,临近大世界,共和台。④

此例中,"最早的第一条"重复啰嗦,"菜市"与"第一条"搭配也不妥,应该删去"第一条"。

---

① 北京大学硕士学位论文初稿。
② 同上。
③ 林骧华.文字纠错3000例[M].上海:复旦大学出版社,2017:14.
④ 同上书:31.

这说明研究者所占有的资料不同或是**见仁见智不同**,结论也不同,这可以讨论。①

此例中,"见仁见智不同"意思重复,应该删去"不同"。

这间为**家道小康的家庭**而开设的旅店,坐落在一个质朴无争、除海拔外再无过人之欲的村子里。②

此例中,"家道小康的家庭"表达重复啰嗦,应该改为"小康家庭"。

(五) 表意不清

表意不清有时候是由不当使用双重否定所致。例如:

在最初试图为他们的行为辩护后,在之后接近四十年时间里,台湾官方**简单地否认1947年的血案从来不曾发生**。③

上例中,"简单地否认……从来不曾发生"的意思是承认发生过,这与本句话想要表达的意思正好相反。应该改为:

在最初试图为自己的行为辩护之后接近四十年时间里,台湾官方简单地否认1947年发生过的血案。

不管摩尼教教义中有多少非伊朗因素,**都不能据此怀疑它是伊朗宗教**。④

上例中,"都不能据此怀疑它是"应该改为"都不能据此怀疑它不是"。

表意不清有时候是由于作者并未考虑清楚要表达什么,如:

元宇宙所模拟的,究竟是单纯的图像化和数码化文字,还是构造出文字背后想要表达的最终精神?⑤

---

① 林骧华.文字纠错3000例[M].上海:复旦大学出版社,2017:19.
② 同上书:26.
③ 同上书:6,260.
④ 同上书:24.
⑤ 北京大学"学术写作与表达"课程学生作业初稿.

（六）翻译错误

  笔者认为,谋求优生学计划的主要原因是对于优秀的种子被劣等的种子所驱除的"**逆选择的原理**"感到**愤怒(anxiety)** 之故。①

上例中,"anxiety"应该翻译为"焦虑";"逆选择的原理"应该是"逆选择原理"。

  每一个试图对**社会世界**分化进行探求的人都要首先分清群体内外人们所关心的利益。②

上例中,"社会世界分化"当作"社交界的分化",原文是"social world"。句子应该改为:

  每一个试图弄清社交界的分化情况的人,都要首先分清群体内外人们所关心的利益。③

以上是词汇运用中的五种常见错误类型。下面再看两个错误比较多的例子:

  远至世界范围来审阅,革命无疑是一种带有彻底的社会否定性力量的展示过程,其本质就是拆除掉多余的社会机制,并力图使大众的思维简单化。④

上例中,"审阅"当作"审视",属于用词不当。另外,这段话对"革命"的定义有误,需要适当改造,如下:

  扩大到世界范围来审视,革命无疑是一种带有彻底的社会否定性力量的展示过程,其本质就是改造不适应社会发展的社会机制。⑤

又如:

---

① 林骧华.文字纠错3000例[M].上海:复旦大学出版社,2017:17.
② 同上书:25.
③ 同上书:25.
④ 同上书:21.
⑤ 同上书:271.

那一年我随团出访法国,有一项活动是到学校去参观,是巴黎边上一个小镇上,叫马兰小学,一共才一百多个人、三间教室。①

　　上例中,句式比较杂乱,除首句外,连续使用四个无主句,不妥。可以改为:

　　那一年我随团出访法国,有一项活动是去参观学校。那所学校在巴黎附近的一个小镇上,叫马兰小学。该校一共才一百多个人、三间教室。②

三、形式多样的词汇积累方法

积累词汇的方法很多,我们概括为四句话:从文言中来,在书本中学③,到生活中去,在写作中练。

(一)从文言中来

现代汉语由上古汉语经由中古汉语、近代汉语逐步发展而来,现代汉语的词汇、语音、语法是对古代汉语的继承和发展,其主要特征根植于古代汉语,大都能从古代汉语中找到源头或者发展脉络。学术写作范围较广,但在词汇的运用过程中,经常需要精心选择最合适的词语、反复打磨词语搭配和成语使用,经常需要对文言材料进行加工改造以强化表达效果。因此,熟练研读文言文,练习将文言文翻译成白话文,或者将白话文翻译成文言文,吸收文言文中的精粹,内化到写作者的头脑词汇库之中,日积月累,久而久之,就能做到引用准确,表述精确,言简意赅,含蓄蕴藉,文风典雅。这方面要注意两点:

---

① 林骧华.文字纠错3000例[M].上海:复旦大学出版社,2017:32.
② 同上书:278.
③ "从文言中来"本来也属于"在书本中学",我们为了突出学习文言对于词汇积累的重要性,故将其独立出来,放在首位。

1. 多做古文今译练习

朱自清在《再论中学生的国文程度》①一书中曾提到西南联大时期举行高中生选拔考试,国文试题里面有一题是将文言翻译成白话,选自《晏子春秋》卷六:

> 灵公好妇人而丈夫饰者,国人尽服之。公使吏禁之,曰:"女子而男子饰者,裂其衣,断其带。"裂衣断带相望而不止。晏子见,公问曰:"寡人使吏禁女子而男子饰者,裂断其衣带,相望而不止,何也?"晏子对曰:"君使服之于内,而禁之于外,犹悬牛首于门而卖马肉于内也!公何以不使内勿服?则外莫敢为也。"公曰:"善!"使内勿服,不逾月而国人莫之服。

很多学生在把这段文言文译成白话的过程中闹了笑话,反映出他们并没有真正理解这段话中部分词语的含义。比如,有人把"相望而不止"译成"但女人们却只互相看看大家而已;让来往行人观看不止";有人把"君使服之于内,而禁之于外"译成"你何以不先教里面的不要穿男子的衣裳,则外面的也就不敢再穿了""你叫你的夫人穿,而禁止别人穿""王命衣穿内面,但是不禁穿在外面";有人把"灵公好妇人而丈夫饰者,国人尽服之。公使吏禁之,曰:'女子而男子饰者,裂其衣,断其带。'裂衣断带相望而不止"译成"灵公欢喜妇人,就用男子来扮成。于是人民都效学起来。灵公就教官吏去制止,说:'凡男子扮成女子的,便扯碎他的衣服,扯乱他的带子。'然而,虽是有人被破了衣,断了带,扮妇人的,仍然不止";还有人把这段文言文译成"卫灵公很好色,使人把全国的女子驱禁在一起,说女子若是献媚男人的,就要处以裂衣断带的罪。晏子见卫灵公就问道:我使人禁女子,但是许多与他们爱好的男子,都是依恋不舍,这是何故呢?晏子回答道,你虽外表上禁止,但是在内面仍然照常的行着,这好像是外面挂牛头,但在内则卖马肉了。你为什么不由内部做起,然后才施行呢!这样他们就不敢再

---

① 陈中梅.朱自清[M].沈阳:辽海出版社,2009:229-230.

违犯了。卫灵(公)说曰:这是一种妙法"。①

以上翻译,没有忠实于原文,有些是望文生义,甚至是脱离原文的创造,令人哭笑不得。朱自清先生因此呼吁:"我可还主张中学生应该诵读相当分量的文言文,特别是所谓古文,乃至古书。这是古典的训练,文化的教育。一个受教育的中国人,至少必得经过这种古典的训练,才成其为一个受教育的中国人。"②

2. 学习用文言写作

朱自清先生曾指出:"翻译是很有用的练习,但似乎不必教学生译为文言,只教他们用自己的白话文重述出来就成。文言课文的练习,也可多用翻译,译文自然是用白话。"③朱自清先生虽然不太提倡将白话翻回文言,但是我们在平时写日记或者写散文时,如果能有意识地恰当使用一些文言表达,或用文言写作,对于提高文言素养,增加词汇量,提高表达的质量,无疑是有较大帮助的。

3. 不受文言束缚,文言打底,平淡出新

在学术论文写作过程中,深厚的文言功底,会使我们的表达更加典雅、精炼,更富有表现力。这方面,张舜徽先生的《中国文献学》及其他系列论著可谓典范。张先生的论著使用规范的现代汉语书面语,不晦涩难懂,不佶屈聱牙,文从字顺,洗练自然,但又显得典雅古朴、学养深厚,让人击节称赞,百读不厌。如下面几段文字:

> 我国古代藏书的机构,虽设立很早,但是将所有图书作有系统的分门别类,编为图书目录,一直到汉代才正式出现。当公元前二六年(汉成帝河平三年)刘向受诏校书的时候,他自己整理经传、诸子、诗赋三类书籍;其余兵书、术数、方技,各委专才,分工合作,而由刘向总其成。那时显然已将天下的书分成了六部分。校书工作没有做完,刘向死了。哀帝又令他的儿子刘歆卒其业,歆

---

① 朱自清.语文杂话[M].北京:生活·读书·新知三联书店,2014:70-72.
② 同上书:73.
③ 同上书:78.

于是写成一部总的图书目录,叫做《七略》。这部书分为辑略、六艺略、诸子略、诗赋略、兵书略、术数略、方技略七部分。但其中辑略,是综述学术源流的绪论,和《汉书·艺文志》中各部类小序相似。所以实际登录书名的门类,只有六略。①

上面这段话看似平淡,但其实是作者在精读《汉书·艺文志》等文言记载的基础上,全用现代书面语表述,朴实厚重,精确自然。又如:

> 谈到整理文献,不是单纯校勘注释几本书就完了,更重要的,在能从丛杂的资料中,去粗取精,去伪存真,将内容相近的合拢来,不同的拆出去,经过甄别审断、整理纂集的过程,写定为简约可守的新编。让人们在研究中国古代文化方面,能够节省时间、精力,较有条理有系统地了解过去,这诚然是文献学工作者的重任。②

> 远古留下的写作,最初多属单篇流传。到了某一时期,才有人把较多相近的材料,汇集在一起,成为一部书。在每一部书之内,篇目虽多,但从写作本身来讲,多不出于一时,不成于一手,这是常有的事,我们可以总称之为"古代遗文"。整理这些丛杂的遗文,再也不要为封建社会所加上的所谓"五经"、"九经"、"十三经"这些名目所束缚和局限了。无论"经"的称号,是后世所加,非古人所固有,即经传标题,也要重新考虑。③

上面这两段话看似无奇,但大气磅礴,可以看出作者志存高远,有学识、有气度,其文字表述明白如话,清新自然,毫无矫揉造作、掉书袋之感,朴实的文字与深邃的思想融为一体。这是我们应该学习的榜样。

(二) 在书本中学

在书本里面,我们不仅仅可以学到文字所记载的各种知识,还能

---

① 张舜徽.中国文献学[M].武汉:华中师范大学出版社,2004:103.
② 同上书:260.
③ 同上.

学到语言表达技巧。同样的内容,不同的书籍,不同的作者,所使用的词不同,句式不同,修辞不同,整体表达风格各有特点。在书本中学,就是要学习典范作品的语言表达技巧,掌握作者行文过程中在谋篇布局、遣词造句、引经据典和精雕细琢方面的长处。典范作品的语言往往是经过仔细打磨的书面语或经过加工的口语,经历了时间的考验和读者的选择,内容和形式俱佳,能够让读者在阅读过程中少走弯路。

具体而言,有以下几种学习方法:

第一,阅读经典名著。学术写作的范围极其宽泛,很难指定哪些书是必读书。但若从积累词汇、增强表达效果的角度考虑,有些经典是值得阅读的,比如《古文观止》就是一部值得反复阅读的经典。巴金在《谈我的散文》中说:"老师平日讲得少,而且讲得简单。他唯一的办法是叫学生多读书,多背书。当时我背得很熟的几部书中间有一部《古文观止》。这是两百多篇散文的选集……读多了,读熟了,常常可以顺口背出来,也就能慢慢地体会到它们的好处,也就能慢慢地摸到文章的调子。……这两百多篇'古文'可以说是我真正的启蒙先生。我后来写了二十本散文,跟这个'启蒙先生'很有关系。"[①]

由此可见,熟读《古文观止》具有重要意义,有助于理解好文章的标准和风格,进而提高写作水平。除了古代经典之外,现当代的一些经典文学著作和学术著作,也要有选择地阅读。

第二,养成抄书习惯。霍松林在《记忆深处的读书生涯》中有一段话强调抄书的重要性,很有道理,他说:"童年读书'手到'养成了勤于动笔的习惯,既勤于写作,又勤于抄书和写读书札记之类。读借来的好书,固然要抄;自己有的书,其中的诗文名篇或精粹之处,也要抄。仅在初中阶段,就有用毛笔小楷抄录的十多个抄本。……如果为了单纯搞资料,那么,只要用最省力、最快速的办法搞到就行,确实不必抄书,更不必背书。但如果为了练好基本功,为了加深理解,为了扎扎实

[①] 巴金.巴金读书与做人[M].北京:国际文化出版公司,2013:119-120.

实地掌握知识,使书本上的东西变成自己头脑里的东西,随时随地为我所用,则前人行之有效的抄书、背书的办法依然有用处。'眼里过千遍,不如手里过一遍',这是前人的经验总结。这所谓'手里过',当然指边揣摩、边抄写而言。假如复印一遍或用电脑打印一遍,快是够快的,却还不如'眼里过一遍'能多留一些印象。"①

第三,多查工具书。

(1)关于容易误写、误读和误用的字及多音字的音和义,建议参考或者查阅李行健主编的《常用字词辨误手册(修订本)》②中的"一、字的形音义"。

(2)关于容易误读、误写的词和同音词、近义词的辨析,建议参考或者查阅《常用字词辨误手册(修订本)》③中的"(二)词语的意义和用法"之"(一)容易误读误写的词"和"(二)容易误用的词"。

(3)关于避免成语误用,建议参考或者查阅《常用字词辨误手册(修订本)》④中的"二、词语的意义和用法",该部分的"(三)容易误读误写的成语"和"(四)容易误用的成语"辨析了多组成语。

(4)关于语言文字的规范应用,可以参考或者查阅费锦昌主编的《语言文字规范应用指南》⑤和张觉编著的《现代汉语规范指南》⑥。《语言文字规范应用指南》涉及"国家通用语言文字法""规范汉字""数字""异形词""标点符号""汉语拼音""异读词""校对符号及其他"等内容,收录了相关文件、法律文本、文件导读、规范标准、应用指南、参考资料、附录等内容。《现代汉语规范指南》涉及现代汉语的含义、现代汉语规范的含义和规范工作的主要任务、语音标准、书写规范等内容。

---

① 霍松林.记忆深处的读书生涯[M]//陈忠实,等.我的读书故事.西安:陕西人民出版社,2011:261-262.
② 李行健.常用字词辨误手册[M].修订本.北京:人民出版社,2018:1-147.
③ 同上书:148-549.
④ 同上书:550-609.
⑤ 费锦昌.语言文字规范应用指南[M].上海:上海辞书出版社,2015.
⑥ 张觉.现代汉语规范指南[M].修订本.北京:知识产权出版社,2017.

(三)到生活中去

1. 学习口头语言

虽然学术论文不宜过多使用口头语言,但同样应当做到质朴、简洁。在日常生活中多读一些文学作品、学习口头语言表达,有助于改进学术研究中的文风。《史记》的作者司马迁自青少年时代就仗剑远游,踏遍名山大川,凭吊历史古迹,考察各地风土人情,接触各阶层人群,感受民间疾苦,学习群众口头语言,整理各种历史素材和口传素材,并将其融会贯通,最终写成了《史记》这部不朽的名著。学界公认《史记》的语言接近西汉时期的口语,即便是引用的古代典籍素材,也经过了司马迁的加工整理或者翻译,口语化程度较高。金圣叹《水浒传·序三》中说:"《水浒》所叙,叙一百八人,人有其性情,人有其气质,人有其形状,人有其声口。"①这里的"声口"是指说话的口音、方音、语气或语调等。"人有其声口"是称赞《水浒传》对人物语言的描写非常成功,每一个人所说的话都能充分展现该人物的个性特征和精神风貌。

到生活中去,除了学习人民群众的口头语言之外,还要善于观察生活,将生活百态、所见所闻所感用准确的词语记录下来。如此日积月累,词汇量和表达能力一定能逐步提高。我们在日常生活中要善于观察不同性格的人讲话的特点,在文学创作中能通过人物的口头语言再现人物的性格特征,在文学研究中就能准确分析和评价作品的语言是否真实、传神和富有个性。

2. 积累专业词汇

易莉说:"学术写作有另一套话语体系,不追求文学效果,而是力求有条理、精准、简洁地表达一个科学观点,描述一个科学现象和发现,阐明背后的机制等。"②冯长根在《有关学术论文表达的几点提醒》

---

① 沈启无.近代散文抄[M].黄开发,校.北京:东方出版社,2005:190.
② 易莉.学术写作原来是这样:语言、逻辑和结构的全面提升[M].北京:机械工业出版社,2020:13.

中指出:"对学术论文来说,最重要的是精确、简练、清晰,并且具有逻辑性、客观性,格式统一。专业词汇就是为此目的而产生的。"①

以上观点都指出学术论文不宜使用夸张或者隐晦的文学语言,而应该使用书面语言和专业词汇。那么,专业词汇如何积累?阅读专业论著、查阅专业工具书,当然是首选。除此之外,积极参加各种学术活动,如学术会议、学术沙龙、学术演讲、专题讲座、读书会等,可以让我们接触到大量选题新颖、内容充实、风格各异的学术论文和研究成果。各种专业词汇在会上被反复提及,充分讨论,久而久之,受到熏陶,初学者就能从初步接触发展到逐步掌握,进而熟练运用各自专业领域内的专业词汇;积累到一定程度,熟能生巧,就能养成准确、自然、简练的表达习惯,甚至形成自己的表达风格。阅读论著是积累词汇的一种途径,在会上听论文宣读和讨论评价也是一种途径,尤其是作报告者如何用口语表达书面语言,往往令人印象深刻。

(四) 在写作中练

前面我们介绍的"从文言中来、在书本中学、到生活中去"这三方面,都是为写作所作的各种储备。写作是一种再创造,如果知识储备,未能转化为有效表达,便不能发挥作用。因此,我们还应该通过"在写作中练"来巩固词汇、使用词汇,达到运用自如、熟能生巧的程度。写作练习其实也是积累词汇的重要方法。有一些同义词或近义词,只有在具体运用中才能体会到它们细微的差异,如"线路"和"路线"、"成果"和"结果"、"发明"和"发现"、"成功"和"成就"、"忽然"和"突然"等。这些同义词或近义词,仅仅看《同义词辨析》之类的书或者查阅词典,很难真正掌握其准确用法,只有自己用过、错过、改正过,印象才更深刻,才能牢牢记住。

下面,我们再介绍一下如何通过写作练习来积累词汇。可以多写学术综述、述评和小论文。这一点在上一章"语法与学术写作"中已经

---

① 冯长根.与研究生师生一席谈:冯老师成功讲座系列[M].北京:北京理工大学出版社,2019:206.

介绍过,积累词汇时同样需要注意这一点。写学术综述或者述评,我们首先要充分阅读原文,领会其写作意图和主要观点,熟悉其框架结构、重要名词术语、概念阐释和事例数据、论证方法、规律概括、结论总结等,其次是要对不同的论著进行比较归纳,评骘高下、分析利弊、总结贡献、指引方向。在这个过程中,我们会沿着参考文献,不断阅读下一篇论文,像滚雪球一样接触到越来越多的专业词汇。另外,也可以每天坚持写日记,或者每周坚持写周记,这也是很好的积累词汇的途径,相关的书籍较多,这里就不一一介绍了。

以上我们介绍了现代汉语词汇的特点、学术论文写作对词汇运用的要求、词汇运用中常见的一些问题或错误,以及积累词汇尤其是专业词汇的几种方法。其中,多练习写作是最重要的一环,只有不断写作,才能发现词汇积累不够、词汇运用不妥等问题。有人评价别人的学术论文头头是道,但是眼高手低,自己一出手就破绽百出,无疑是写得太少了。这是应该引起我们注意的。

结束语

现代汉语词汇有三个特点:双音词占绝对优势;语素和词、复合词和词组区分较难,可以互相转化;构词法和造词法联系与区别并存。掌握了这三个特点后,我们再来检查写作中存在的词汇问题。词汇贫乏、堆砌术语、用词不当、重复啰嗦、表意不清、翻译错误,都是常见的问题。想要积累词汇,请多读书,多观察生活,多写作。解决了语法和词汇问题,下一章我们来看看修辞对行文的影响。

第十一章　修辞与学术写作

📖 开场白

　　文从字顺不仅需要使用正确的语法和词汇,还需要适当的修辞为之增色。本章的第一部分介绍了"修辞"这个概念的古今差异,修辞的定义,修辞学与逻辑学、语法学、语用学的区别,以及学习修辞、进行修辞活动、掌握修辞规律的多方面意义。第二部分介绍了学术写作的基本公式,指出学术论文也需要文采,也能使用积极修辞,在此基础上,举例介绍了常见辞格。第三部分从论文内容剪裁和谋篇布局的角度介绍了冗余、重复、互见等三种修辞手段。

吕叔湘曾在《漫谈语法研究》中说[①]:

　　从原则上讲,语法讲的是对和不对,修辞讲的是好和不好;前者研究的是有没有这种说法,后者研究的是哪种说法比较好。从修辞的角度看,没有绝对的好,倒可能有绝对的坏,例如使用生造的、谁也不懂的词语。哪种说法最合适,要看你是在什么时间、什么地方、对谁说话,上一句是怎么说的,下一句打算怎么说。不同的场合有不同的要求,有时候典雅点儿较好,有时候大白话最为

---

① 　吕叔湘.漫谈语法研究[J].中国语文,1978(1):15-22.

相宜。好有一比：我们的衣服，上衣得像个上衣，裤子得像个裤子，帽子得像个帽子。……总之是各有所宜。修辞就是讲究这个"各有所宜"。

上面一段话将语法和修辞的区别讲得很透彻，也很形象，让我们对学习修辞的意义有了一定的了解，那就是：讲究修辞是为了说话得体。无论是日常的口头交流，还是文学创作，或是学术写作，都要特别讲究修辞。本章将介绍修辞的本义和今义、常见的修辞格及其例证，以及篇章内容安排和结构谋篇方面的几种修辞手段。

一、修辞立其诚

（一）"修辞立其诚"的本义

"修辞立其诚"出于《周易》的《文言传》，是用来解释《周易》的《乾》卦"九三"爻辞的。① 原文为："九三曰'君子终日乾乾，夕惕若厉，无咎'，何谓也？子曰：'君子进德修业。忠信，所以进德也；修辞立其诚，所以居业也。'"唐代孔颖达解释说："'修辞立其诚，所以居业'者，辞谓文教，诚谓诚实也；外则修理文教，内则立其诚实，内外相成，则有功业可居，故云居业也。"

王齐洲先生对"修辞立其诚"历来的各种解释有过全面的回顾，并且做出过自己的解释，其观点主要有三：一是《周易·系辞上》中所说的"辞"都是指圣人所作卦爻辞；二是"修辞立其诚"的第一要义就是"中正"，"诚"的正解也应该是"中正"；三是"修辞立其诚"与我们今天的修辞学有一定的联系。② 总之，王齐洲先生认为，《易传》的"修辞立其诚"虽然有其特定的文化内涵，但也包含有许多可供进一步引申发展的思想资源，需要我们细心分辨。我们认为，王先生的观点比较符

---

① 《周易》分为六十四卦，三百八十四爻，每一卦、每一爻后面都有简短的注释，这些注释分别就是卦辞和爻辞。"卦辞""爻辞"都是判断吉凶的断语。

② 王齐洲.裸学存稿：王齐洲自选集[M].武汉：华中师范大学出版社，2013：85-103.

合实际,"修辞立其诚"的"修辞"与今天所言修辞,有一定的联系,但区别也是很明显的。我们不能以今律古,而应该仔细分辨,理解"修辞"的内涵及其演变。

(二) 修辞、修辞学及其他

关于修辞的定义有很多,归纳下来,修辞主要包括两方面:修辞活动或修辞现象;修辞规律和研究修辞规律的修辞学。本章介绍"修辞与学术写作",主要是介绍常见的修辞活动和修辞规律。修辞活动,指言说者在语言交际过程中,为了达到更好的表达效果或者实现既定的交际目的,根据所要表达的内容,结合题旨情境①,对语言表达形式所采取的积极而有效的言语活动。修辞规律,指各种修辞现象反复出现所呈现出来的客观规律,它是一种客观存在,需要我们进行总结和归纳,以便更加有效地指导各种言语活动,提高表达效果。修辞规律,包括音节调配、遣词造句、辞格运用等多方面的规律。

关于修辞学与逻辑学、语法学的区别,北大中文系现代汉语教研室编《现代汉语》指出:

> 修辞学是一门研究修辞规律的语言学科,即研究如何提高语言表达效果的规律的学科。如果说逻辑学研究思维及语言表达的对不对(是否符合定义、推理和证明等的规律),语法学研究语言表达形式的通不通(是否符合词法、句法等的规律),那么,修辞学研究语言表达形式的好不好(是否切合题旨情境、表达效果怎么样)。总而言之,修辞学最关心的问题主要是:在什么场合、说什么、怎么说、为什么这么说、效果怎么样。②

关于修辞学与语用学的区别,吴礼权的《现代汉语修辞学》列举了

---

① 陈望道的《修辞学发凡》提出所谓"题旨",就是表达者说写时所要表达的主要意旨;所谓"情境",具体说来,可以包括说写时的上下文语境乃至说写时特定的时代背景等,还包括说写时的场合,说写时所面对的交际对象的具体情况如交际对象的职业、文化水平、心理等。参见吴礼权.现代汉语修辞学[M].3版.上海:复旦大学出版社,2016:1.
② 北京大学中文系现代汉语教研室.现代汉语[M].北京:商务印书馆,2012:419-420.

九种语用学定义,然后指出"修辞学与语用学是有相当差异的两门学科。学科性质不同,研究的侧重点不同,研究的任务也不同","修辞学与语用学在研究内容上有重合点,语用学的一些理论对修辞学有可资借鉴之处"①。掌握修辞学的研究对象和内容,可以使之与逻辑学、语法学、语用学等学科互相补充,从而更加全面地理解人类的言语活动特征,掌握语言表达的规律。

(三) 学习修辞的意义

修辞的含义较为丰富,学习修辞的意义也是多方面的。具体来说,学习修辞至少具有以下几方面的意义:

第一,掌握各种修辞技巧能使口语表达更为得体,从而使言语交际更为顺利、成功。

请看下例:

> 当你面对一个失败的时候,不妨这样去考虑:是的,这是一次失败,面对它!这个失败,将会是我们未来最终成功的时候,身上所悬挂的勋章。②

这是我国著名篮球运动员姚明的一篇励志演讲稿中的一句话,将失败比喻成身上所悬挂的勋章,鼓励人们不怕失败。划线部分使用了暗喻的修辞手法,形象生动,催人奋进,令人印象深刻,取得了非常好的演说效果。

第二,掌握各种修辞格的运用能使书面表达更为完美,从而给读者留下更为深刻的印象。

请看下例:

> 来世不可知者也,先生之著述,或有时而不彰。先生之学说,或有时而可商。惟此独立之精神,自由之思想,历千万祀、与天壤

---

① 吴礼权.现代汉语修辞学[M].上海:复旦大学出版社,2016:27-28.
② 央视网.当全世界都在说放弃时,告诉自己再试一次![N/OL].(2016-08-02)[2024-10-28].https://news.cctv.com/2016/08/02/ARTI4XuJP rqRKsiFaaiKwdjq160802.shtml.

而同久、共三光而永光。①

这是陈寅恪先生在王国维先生投水自沉后两周年写的纪念碑铭,感情深沉真挚,思想深刻,态度鲜明,以其标举"独立之精神、自由之思想"而成为激励一代又一代人的座右铭。这两句话综合运用了排比、对偶、借喻、引用等多种修辞手法,凝练含蓄、整饬押韵,充满韵律之美。再如下例:

> 这两种的安全使得楚人的生活充满了优游闲适的空气,和北人的严肃紧张的态度成为对照。这种差异从他们的神话可以看出。楚国王族的始祖不是胼手胝足的农神,而是飞扬缥缈的火神;楚人想象中的河神不是治水平土的工程师,而是含睇宜笑的美女。楚人神话里,没有人面虎爪、遍身白毛、手执斧钺的蓐收(上帝的刑神),而有披着荷衣、系着蕙带、张着孔雀盖和翡翠旍的司命(主持命运的神)。适宜于楚国的神祇的不是牛羊犬豕的膻腥,而是蕙肴兰藉和桂酒椒浆的芳烈;不是苍髯皓首的祝史,而是采衣姣服的巫女。再从文学上看,后来战国时楚人所作的《楚辞》也以委婉的音节,缠绵的情绪,缤纷的词藻而别于朴素、质直、单调的《诗》三百篇。②

以上这段文字,出自著名史学家张荫麟的《中国史纲》。这段文字对楚国的历史文化、风俗民情以及文学创作,都有准确的把握、形象的表达;文字优美,句式整齐而富于变化,排比、对仗、比喻等修辞手法运用自如,读之令人陶醉。历史著作有此生动的文笔、深厚的底蕴、鲜明的情感,实在是难能可贵。

第三,掌握修辞学有助于提高文学鉴赏水平,提高审美感悟能力。

在阅读一本文学经典,或研读一篇学术论文,或欣赏一篇演讲稿,或听一段脱口秀时,我们常常觉得有的文字和表达令人击节称赞,但

---

① 陈寅恪.清华大学王观堂先生纪念碑铭[M]//陈寅恪.陈寅恪文集:纪念版.上海古籍出版社.2020:218.
② 张荫麟.中国史纲[M].北京:中华书局,2009:58.

又不知好在哪里；有时候觉得文字和表达含混晦涩，读之令人昏昏欲睡，但又不知问题究竟出在哪里。如果我们对修辞学有一定的了解，在阅读一本经典著作或者一篇优秀论文的过程中，就能体会到作者的匠心独运，体会到字里行间的思想之美，从而受其感染，潜移默化，不断提高鉴赏能力和审美感悟能力。让我们欣赏一下闻一多《唐诗杂论》中的一段文字：

> 他目前那时代——一个走上了末路的，荒凉、寂寞、空虚，一切罩在一层铅灰色调中的时代，在某种意义上与他早年记忆中的情调是调和，甚至一致的。惟其这时代的一般情调，基于他早年的经验，可说是先天的与他不但面熟，而且知心，所以他对于时代，不至如孟郊那样愤恨，或白居易那样悲伤，反之，他却能立于一种超然地位，藉此温寻他的记忆，端详它，摩挲它，仿佛一件失而复得的心爱的什物一样。早年的经验使他在那荒凉得几乎狞恶的"时代相"前面，不变色，也不伤心，只感着一种亲切、融洽而已。于是他爱静、爱瘦、爱冷，也爱这些情调的象征——鹤、石、冰雪。黄昏与秋是传统诗人的时间与季候，但他爱深夜过于黄昏，爱冬过于秋。他甚至爱贫、病、丑和恐怖。他看不出"鹦鹉惊寒夜唤人"句一定比"山雨滴栖鹉"更足以令人关怀，也不觉得"牛羊识僮仆，既夕应传呼"较之"归吏封宵钥，行蛇入古桐"更为自然。也不能说他爱这些东西。如果是爱，那便太执著而邻于病态了。（由于早年禅院的教育，不执著的道理应该是他早已懂透了的。）他只觉得与它们臭味相投罢了。更说不上好奇。他实在因为那些东西太不奇，太平易近人，才觉得它们"可人"，而喜欢常常注视它们。如同一个三棱镜，毫无主见的准备接受并解析日光中各种层次的色调，无奈"世纪末"的云翳总不给他放晴，因此他最热闹的色调也不过"杏园啼百舌，谁醉在花傍"……"身事岂能遂？兰花又已开"和"柳转斜阳过水来"之类。常常是温馨与凄清糅合在一起，"芦苇声兼雨，芰荷香绕灯"，春意留恋在严冬的边缘

上,"旧房山雪在,春草岳阳生"。他瞥见的"月影"偏偏不在花上而在"蒲根","栖鸟"不在绿杨中而在"棕花上"。是点荒凉感,就逃不脱他的注意,哪怕琐屑到"湿苔粘树瘦"。①

这段文字与上例张荫麟《中国史纲》中的那段文字有异曲同工之妙,一论唐诗,一论历史,侃侃而谈,思想博大精深,文字表述从容不迫,叙述张弛有度,用词典雅考究,情感含蓄蕴藉,将学术论文的写作与修辞手法的运用完美结合,读起来轻松惬意,绝无当下部分学术论文高深莫测、故弄玄虚、逻辑混乱、语言不通等各种弊端。这也是20世纪前半叶历史学者和文学大师们撰写学术论文的一种风格:用文学化的表述来写学术论著。遗憾的是,当今能够做到的人已经越来越少了。

二、 修辞知多少

(一) 学术写作的基本公式

刘大生在《张三说 李四说 我认为——论文写作的基本公式》中把写文章最基本的技巧和规范归纳成一句话:"张三说,李四说,我认为。"他认为,从古至今,学术论文绝大部分都符合这个公式,都是"张三说,李四说,我认为";从今以后,可以说百分之百的论文都要符合这个路子。②

王岩云所著的《大学生学术规范教育与论文写作指导》认为学术写作必然是讲求修辞的,学术写作过程中的"文本借用行为"其实就是一种修辞。作者说:

> 笔者赞同"他们认为,我认为"和"张三说,李四说,我认为"作为学术写作的基本公式或称为基本修辞,并认为二者其实是相通的。……学术写作实际上是与专家学者(起码是业内人士或者

---

① 闻一多.唐诗杂论[M].上海:上海古籍出版社,1998:34-35.
② 刘大生.张三说 李四说 我认为——论文写作的基本公式[M]//刘大生.论文写作基本公式.北京:中国民主法制出版社,2016:238-275.

对同一话题感兴趣者)进行学术对话,在对话语境中阐发自己的观点。

学术写作的本体既是内容性的,也是修辞性的。从本体角度看,学术写作中既要重视内容也要重视修辞。好的学术写作应是在沿袭学术修辞下将核心内容渐次呈现,或者说论述内容不是无章可循的,而是有公式可以利用的。"他们认为,我认为"或者"张三说,李四说,我认为"就是学术写作最重要的修辞。①

刘大生和王岩云二位先生讲的都是关于学术论文写作两个非常重要的要素:一是研究综述,即"张三说,李四说"或"他们认为"所述部分;二是自己的观点,即"我认为"所述部分。

学术论文不能没有研究综述。绝大部分学术论文都是在前人研究基础上提出自己的观点,或修正,或补充,或推翻已发表论著的观点。因此,在提出新观点之前,很有必要全面介绍别人的学术观点,梳理前人所做工作,肯定前人所做出的贡献,同时也指出既有研究的不足之处。

一篇学术论文更不能没有自己的学术观点。刘大生说:

那么,我们写文章,都是"张三说""李四说",没有"我认为"行不行呢?一篇文章从头到尾都是"张三说""李四说""王五说""马六说",行不行?这也不行。这样容易出现两个问题。第一,都是"张三说""李四说",没有自己的想法,写论文就变成了编论文。写论文和编教材不一样。你说你在写论文,结果没有一句"我认为",那你其实就是编论文。……第二,没有"我认为"就可能将别人的"我认为"模糊为自己的"我认为"。②

有一类研究综述类学术论文,看上去似乎就是把各家观点综合到一起,分类介绍,看似没有自己的学术观点,但最后还是要对这些既有

---

① 王岩云.大学生学术规范教育与论文写作指导[M].北京:中国检察出版社,2018:188-189.

② 刘大生.论文写作基本公式[M].北京:中国民主法制出版社,2016:248.

的研究成果加以点评。这些评论往往蕴含着作者的学术观点,为今后的研究指明了方向。因此,综述类论文也是有作者的学术观点的。一篇综述论文,不能只是摘抄各篇论文的摘要,如果只是摘要凑在一起,那还不能叫综述或述评,只能叫论文观点汇编。

(二) 学术论文与修辞文采

1. 学术论文需要文采吗?

2013 年,《文化学刊》曾刊出一组论文,讨论学术论文与修辞文采的关系。在这组论文中,段宝林指出:"如果能把散文的笔法运用到写论文上来,是可以使文章有文采的,因为散文必须有文采才行。用散文的笔法写论文似乎比较有文采。"段先生用散文笔法写了一篇学术论文,向一家杂志投稿,结果被退稿了。后来,这篇文章被收入多个评论贺敬之同志诗作的论文集之中,被视为最有新意的好文章之一,受到不少人的欣赏。如何使文章有文采呢?段先生认为语言的文采对于学术论文来说,就是要求学术创新,观点鲜明,内容充实而不空洞,语言尖锐、泼辣,风格生动活泼。[①]

丁功谊发现"随着学术期刊和学术论文的大扩容和大发展,文章的思想性在降低,文章的可读性在下降。虽然文章写得条理分明,但语言枯燥无味,晦涩难懂,让读者无法卒读"[②]。他指出,"重视文采,是数千年学人的传统"。作者以闻一多为例,通过分析闻一多关于贾岛、孟浩然、张若虚的论述,指出闻一多既继承了乾嘉学派朴学的传统,又将时代思潮、个性精神、文采激情都融汇到学术中,使其呈现出现代思维、史家视野、文化意识相兼的学术品格。作者最后提出:"学术论文不仅需要语言的准确和严密,还需要生动和雅驯。这对研究者提出了较高的要求。"[③]

谭汝为认为:"学术论文现存数量过多、质量不高、可读性不强等

---

① 段宝林.学术论文如何有文采[J].文化学刊,2013(6):13-14.
② 丁功谊.论学术论文的文采[J].文化学刊,2013(4):13-18.
③ 同上.

三大弊病。论文的修辞文采表达,受学科、论题、作者性情等因素的制约。注重文采是古今一脉相承的学术传统。一般的社会科学人文领域学术论文的写作,应讲求修辞,追求文采,以增强可读性。写作理念应更新,文风宜端正,写法应调整,学术论文写作大有文采的用武之地。学者应开阔胸襟,扩大视野;见贤思齐,效法前贤;虚心揣摩,在实践中锻炼表达能力,提升写作的可读性。"①

由以上三位的论述可知,学术论文也应该重视修辞文采表达,提高可读性。

2. 学术论文只能使用消极修辞吗?

杜兴梅说:"有人认为,科学语体中的修辞只能是消极修辞,即只着眼于词语的锤炼、句式的运用等,不宜采用积极修辞的方式,也就是说一般不能运用修辞格。**实际上,许多修辞格已被有效地运用于论文写作,尤其是文科论文的写作中。**诸如:比喻、夸张、排比、对偶、拈连、反复等。一般说来,比喻、夸张可以使所表达的人或事物形象更加鲜明,排比、对偶可以增强文章的气势,拈连、反复可以产生节奏感。……可见,修辞手法运用妥帖,确实能为论文增光添彩,读起来抑扬顿挫,朗朗上口。如果用得不当,就会适得其反,妨碍或有害于内容的表达。所以,在行文中一定要从内容表达的实际需要出发,合理地选用修辞手法,切忌照搬乱用。"②祝京旭和徐婧提出:"很多人认为修辞手法只会出现在文学作品中,与科技论文沾不上边。事实上,**科技论文如果能加上一些适当的修辞可以使文章更为精彩,文章的质量也更高**。科技英语是非常严谨的文体,往往需要对事实进行客观的描述,把科学道理解释清楚,具有简洁、准确、平实的特点。在科技英语中运用修辞,切忌堆砌辞藻,使用抒情、夸张、讽刺等等任何带有不客观成分的语言。**但恰当的修辞可以使文章减少晦涩,显得生动易懂**,

---

① 谭汝为.学术论文与修辞文采[J].文化学刊,2013(4):19-26.
② 杜兴梅.学术论文写作ABC[M].2版.广州:广东高等教育出版社,2010:128-129.

在讲述科学道理的同时更能吸引住读者。"①

由这些研究观点可知,学术论文写作不是不能运用积极的修辞格,如果运用妥帖,还是很有意义的。关键则是根据需要去选择合适的修辞格,运用要适度。

(三) 常见辞格与修辞举例

北京大学中文系现代汉语教研室编《现代汉语》把常见的辞格分为四类共16个:(1)基于联想的辞格,包括:比喻、借代、比拟、夸张;(2)基于感知的辞格,包括:通感、移就、移情、拈连;(3)基于模式的辞格,包括:对偶、排比、顶针、回环;(4)基于引发的辞格,包括:引用、仿拟、转类、设问。②

我们从这四大类共16个修辞格中,选择介绍其中的15个("回环"除外,因为其在学术写作中很少使用;"转类"改称"词类活用"),并结合我们在阅读写作过程中的体会,补充一些日常交流与演讲、文学作品以及学术论文写作中成功运用这些修辞格的例子。

1. 比喻

比喻即打比方,可分为明喻、暗喻和借喻三类。先看文学作品中的比喻:

(1)**你的心如小小的寂寞的城**。(郑愁予:《错误》③)这是明喻。

(2)**每个人都是闪亮的星星。大家汇聚在一起便成了篮球宇宙中的浩瀚银河**。篮球运动激励了全世界几十亿人,作为其中一员,我会尽力继续推动篮球运动发展,共同期待未来之星冉冉升起。④ 这是暗喻。

---

① 祝京旭,徐婧.英文科技论文写作指南[M].北京:中国科学技术出版社,2022:163.
② 北京大学中文系现代汉语教研室.现代汉语[M].北京:商务印书馆,2012:472-492.
③ 李少君.台湾现代诗选[M].北京:现代出版社,2017:184.
④ 星人物:亚洲第一人 姚明入选名人堂[EB/OL].(2016-09-09)[2024-11-08]. http://tv.cctv.com/2016/09/09/VIDEtjKE8SDc4YLuqKMy5nLZ160909.shtml.

（3）方鸿渐不知道自己会来教论理学的,携带的《西洋社会史》《原始文化》《史学丛书》等等一本也用不着。他仔细一想,慌张得没工夫生气了,希望高松年允许自己改教比较文化史和中国文学史,可是前一门功课现在不需要,后一门功课有人担任,**叫花子只能讨到什么吃什么**,点菜是轮他不着的。（钱锺书:《围城》①）这是借喻。

再看学术论文中的比喻:

（4）当他这种审美特质与山水发生联系的一刹那间,原本静默的、沉睡的审美特性立即会在主、客体的对撞中发出耀眼的电光石火,从而产生巨大的、汹涌澎湃的力量狂潮。（傅刚:《魏晋南北朝诗歌史论》②）

2. 借代

借代指的是在提到某一人或者事物时,不直接说出来,而是用与之有密切关系的人或事物来代替它。如用"光头"来分别称呼剃了光头或没有头发的人,用"书虫"来称呼热爱读书、沉迷于书籍的人。借代又叫转喻,常用于以部分代整体,或用特征代本体,如用"鸭舌帽"代指"戴鸭舌帽的人",用"红领巾"代表少先队员,用"白宫"代表美国总统府,用"圆规"指代杨二嫂,等等。

3. 比拟

比拟这种修辞格就是把物当作人来描述,或把人当作物来描述,或把一物当作另一物来描述。下面各举一例:

（5）什么人家吊脚楼下有匹小羊叫,固执而且柔和的声音,使人听来觉得忧郁。（沈从文:《鸭巢围的夜》③）这是拟人。

（6）题中的"张丞相"指曾任宰相,后任荆州长史的张九龄。

---

① 钱锺书.围城[M].北京:人民文学出版社,1980:202-203.
② 傅刚.魏晋南北朝诗歌史论[M].北京:商务印书馆,2017:279.
③ 沈从文.湘西散记[M]//杨宪益,戴乃迭,译.南京:译林出版社,2021:37.

历来投赠达官的诗,多有乞求之意,甚至摇尾乞怜。此诗实有乞求,却以"望洞庭"托意,不露痕迹。(霍松林、霍有明:《唐诗精品附历代诗精品》①)这是拟物,把人当作物来描述。

(7)孩子们欢快的笑声在整个校园上空盘旋飞翔,他们高昂的情绪也感染了周围所有的观众。(《语文知识大全集》②)这是拟物,把一物当作另一物来描述。

4. 夸张

夸张是故意夸大或者缩小事实,以增强语言的艺术感染力或表达效果,给人异乎寻常又合乎情理的感受。如:

(8)飞流直下三千尺。(李白:《望庐山瀑布》)写瀑布之高之大。

(9)燕山雪花大如席,片片吹落轩辕台。(李白:《北风行》)写幽州思妇怀念丈夫的情感之深之痛。

(10)君不见高堂明镜悲白发,朝如青丝暮成雪。(李白:《将进酒》)写岁月流逝之快、人生在世时间之短。

这些夸张的诗句都成了不朽名句。

5. 通感

人类的各种感觉如视觉、听觉、味觉、嗅觉和触觉等可以互相联通,因而在描述某一具体事物时,有时候会发生感觉转移,从而产生一些超常的词语搭配。这种现象就叫通感,又叫移觉。如:

(11)促织声尖尖似针。(贾岛:《客思》)这是以触觉来写听觉。

(12)红杏枝头春意闹。(宋祁:《玉楼春》)这是以听觉来写视觉。

---

① 霍松林,霍有明.中国古典文学名著精品:唐诗精品附历代诗精品[M].长春:时代文艺出版社,2018:52.
② 《语文知识大全集》编委会.语文知识大全集[M].北京:中国华侨出版社,2011:42.

（13）已觉笙歌无暖热，仍怜风月太清寒。（范成大：《亲邻招集强往即归》）这是以温觉来写听觉和视觉。

（14）微风过处，送来缕缕清香，仿佛远处高楼上渺茫的歌声似的。（朱自清：《荷塘月色》）这是用听觉来写嗅觉。

（15）塘中的月色并不均匀；但光与影有着和谐的旋律，如梵婀玲上奏着的名曲。（朱自清：《荷塘月色》）这是用听觉来写视觉。

6. 移就

在自然界和人类社会，不同事物之间有时具有某种类同关系，或者在某一点上容易引起人的相似联想，于是就用一些词语或者超常规的搭配描写不同类事物，从而产生令人意想不到的表达效果。这种修辞格就是移就。如：

（16）黑色的背上刷过枯的风，踏一步吐一个感叹。①

一般形容"风"用"大风""暴风""狂风""疾风""和风"等词语，"枯"一般用来形容树木花草等具体植物，"枯的风"属于超常规搭配，其实是运用了移就的修辞手法，把本来形容缺少水分的植物的词"枯"直接移用来描写"风"，极写天旱。

因此，判断某一句话是否运用了移就的修辞手法，关键要看是否存在超常规搭配，如"愁思愈抽愈长""绽开了笑容""这话可更辣了""灵车碾过我的心"等，都属于移就，移就"是比拟和通感的综合运用"②。

7. 移情

"所谓移情就是作者有意识地赋予客观事物一些该事物本不具有的特性，使事物和自己的情感相一致，再用该事物来衬托自己情感的

---

① 王一心.车水[M]//全国二十所著名中学著名教师.2002年高考实战手册·阅读.长春：吉林人民出版社，2001：126.
② 北京大学中文系现代汉语教研室.现代汉语[M].北京：商务印书馆，2012：481-482.

修辞方法。这种方法可以帮助作者表达复杂的思想感情,使物我一体。"①如:

(17) 感时花溅泪,恨别鸟惊心。(杜甫:《春望》)

黄偲奇说:"这两句诗运用了互文的手法,可以从两个角度来理解:一是诗人因感伤时局、怅恨别离而不禁对花落泪,听鸟鸣而感到惊心;二是将花、鸟人格化,国家的分裂、国事的艰难使长安的花、鸟都为之落泪惊心。无论哪一种理解,花、鸟的身上都凝聚着诗人厚重的情感,进而突出了诗歌所表达的亡国之悲、离别之痛。而这两种理解正好代表着花与情感关联的两大方向——花木有情与寄托抒怀。"②

"花"和"鸟"自无人类情感,按后一种理解,诗中"花溅泪""鸟惊心"则赋予花鸟以人类的感怀伤时之心。这便是移情,这种修辞手法也可以说是拟人。

(18) 来时春社,去时秋社,年年来去搬寒热。语喃喃,忙劫劫,春风堂上寻王谢,巷陌乌衣夕照斜。兴,多见些;亡,都尽说。(赵善庆:《山坡羊·燕子》③)

在此曲中,作者托情于燕,抒历史兴亡之叹。

8. 拈连

陈望道指出:"甲乙两项说话连说时,趁便就用甲项说话所可适用的词来表现乙项观念的,名叫拈连辞。"④在现代文的有些句子里,拈连的修辞手法常表现为,一个动词或形容词前后出现两次,在前后分句里,该动词或形容词或者意思不同,或者搭配的名词明显不同类,给人造成一种超常搭配、用词灵活生动的印象,从而增强了语言的艺术感染力。如:

---

① 思履.元曲三百首[M].昆明:云南人民出版社,2013:189.
② 过常宝,黄偲奇.花文化[M].北京:中国经济出版社,2013:21-22.
③ 赵善庆.山坡羊·燕子[M]//思履.元曲三百首.昆明:云南人民出版社,2013:189.
④ 陈望道.修辞学发凡[M].上海:复旦大学出版社,2008:93.

(19) 丢什么东西都可以,请千万不要丢人。

　　(20) 这丢掉的不是馒头,这丢掉的是节俭的优良传统。①

例(18)和(19)中,"丢什么东西""丢掉的不是馒头"的"丢"是"丢弃、扔掉"的意思;"丢人"是一个词,"丢掉的是节俭的优良传统"意思是"丢失尊严、丢失功德、丢失面子"等。两个例句中,前后两个分句中的"丢"意义有别。

　　(21) "他的眼睛有点近视,是吗?""他的眼睛近视,思想可不近视。"(周立波:《山乡巨变》)

　　(22) 乡邮员同志过来了,这么大的风雪,这么远的道,暴戾的冰雪封了山和水,却封不住乡邮员的脚。(李瑛:《乡邮员》)

　　(23) 凭它怎么样虐待,热血依旧在沸腾,铁窗和镣铐,坚壁和重门,锁得住自由的身体,锁不住革命的精神。(杨沫:《坚强的战士》)②

　　(24) 惜春冷笑道:"我虽年轻,这话却不年轻。"(曹雪芹:《红楼梦》七十六回)

上述前三例中,"眼睛近视""冰雪封了山和水""锁得住自由的身体"中的"近视"指眼睛看不清远方物体,"封"指包裹、覆盖,"锁"指上锁以限制人身自由,都是这些词常用的意义;"思想可不近视""封不住乡邮员的脚""锁不住革命的精神"中的"近视"是目光短浅的意思,"封"是限制使之不能活动的意思,"锁"是禁锢、压抑思想的意思,都是引申义或者比喻义,与前一分句中那三个词的本义或接近本义的意思有差异。第(24)例中,人说的话,本无所谓年轻还是年老,但这句话却出现了超常搭配"不年轻"。朱钦舜分析这句话时指出:"前一个'年轻'是指自己年纪小,后一个'不年轻'是指我说的话分量重,突出

---

①　例(19)(20)转引自席联鑫.智慧短诗文:文学短信鉴赏[M].南昌:江西教育出版社,2014:319-320.
②　例(20)(21)(22)转引自陈毓瑾.新编汉语实用修辞手册[M].北京:金盾出版社,2008:159.

了后者。第二句话同时运用了移就修辞手法。"① 按:"我虽年轻,这话却不年轻"这句其实是运用了拈连的修辞手法。

再看学术论著中运用拈连的例子:

(25)始皇能**焚去**一切《诗》《书》和历史的记录,却不能**焚去**记忆中的六国亡国史;他能**缴去**六国遗民的兵器,却不能**缴去**六国遗民(特别是一班遗老遗少)的亡国恨;他能把一部分六国的贵族迁到辇毂之下加以严密的监视,却不能把全部的六国遗民同样处置。(张荫麟:《中国史纲》)②

9. 对偶

对偶这种修辞手法非常常见,也叫对仗、对对子等。上下两个句子中,实词对实词、虚词对虚词,字数相同,意义相关,结构相同或者相近。对偶有时还讲究上下两句平仄大致相对,以达到音律和谐、结构对称、语义强化、意境突出的多重效果。如:

(26)春种一粒粟,秋收万颗子。(李绅:《悯农》)

(27)山河破碎风飘絮,身世浮沉雨打萍。(文天祥:《过零丁洋》)

(28)惨象,已使我目不忍视了;流言,尤使我耳不忍闻。(鲁迅:《记念刘和珍君》)

10. 排比

在语言表达中,将三个或三个以上结构相同或者近似的句子连续说出或者写出来,以达到增强话语气势的效果。这种修辞手法叫排比,是常见的一种修辞手法。如:

(29)看,**像牛毛,像花针,像细丝**,密密地斜织着,人家屋顶上全笼着一层薄烟。(朱自清:《春》)

(30)**我梦想有一天**,这个国家将会奋起,实现其立国信条的

---

① 朱钦舜.新编学生实用修辞赏析辞典[M].上海:上海大学出版社,2014:66-67.
② 张荫麟.中国史纲[M].北京:中华书局,2009:157.

真谛:"我们认为这些真理不言而喻:人人生而平等。"**我梦想有一天**,在佐治亚州的红色山岗上,昔日奴隶的儿子能够同昔日奴隶主的儿子同席而坐,亲如手足。**我梦想有一天**,甚至连密西西比州——一个非正义和压迫的热浪逼人的荒漠之洲,也会改造成自由和公正的青青绿洲。**我梦想有一天**,我的四个小女儿将生活在一个不是以皮肤的颜色,而是以品格的优劣作为评判标准的国度里……(马丁·路德·金:《我有一个梦想》①)

上例取自马丁·路德·金于1963年8月28日在华盛顿哥伦比亚特区林肯纪念堂台阶上所作的演讲"我有一个梦想"(I Have a Dream),其大量运用排比,感情激越,文字优美,高潮迭起,演讲效果非常好,成为不朽的经典佳作。

再看学术论著中的排比句:

(31)在现实生活中,**他是一个自我意识极强烈的人**,他有积极的进取心,富贵功名乃至经济私欲,无时不在留意之中;**他又是极为躁动的人**,喜怒怨愤,常常形于言表;但是他还是一个审美悟性极高,艺术感极强的人,这两种差别极大的特点并集于诗人一身,同时也就并集于他的诗歌中。(傅刚:《魏晋南北朝诗歌史论》②)

11. 顶针

顶针又叫顶真、联珠或蝉联,这种修辞手法使用上句结尾的词语或者短语来做下句的开头,如此重复两次或两次以上,以形成一种层层递进,逻辑严密,朗朗上口的效果。如:

(32)返咸阳,过宫墙;过宫墙,绕回廊;绕回廊,近椒房;近椒房,月昏黄;月昏黄,夜生凉;夜生凉,泣寒螀;泣寒螀,绿纱窗;绿纱窗,不思量。(马致远:《汉宫秋》第三折③)

---

① 林肯等.人一生要读的60篇演讲词[M].北京:华文出版社,2009:181.
② 傅刚.魏晋南北朝诗歌史论[M].北京:商务印书馆,2017:281.
③ 陈望道.修辞学发凡[M].上海:复旦大学出版社,2008:173-174.

(33)理想是石,敲出星星之火;理想是火,点燃熄灭的灯;理想是灯,照亮夜行的路;理想是路,引你走到黎明。(流沙河:《理想》①)

12. 引用

作文或者演讲交流时,我们常常要引用一些名人名言、格言警句、成语典故、诗词歌赋等,以丰富表达内容,增强表现力和说服力,增加文章的可信度,这种修辞方式就叫引用。引用无处不在,恰当的引用对于提高演讲水平和学术写作能力非常重要,所谓旁征博引、信手拈来说的都是引用的技巧。如:

(34)中国有句老话:"以铜为鉴,可以正衣冠;以史为鉴,可以知兴替;以人为鉴,可以明得失。"下面我想借此机会,与大家分享自己生命中的几位"明镜"。②

13. 仿拟

仿拟就是借鉴现成的表达形式,仿造出类似的词语或句子。这种修辞手法其实是借助大家已经比较熟悉的表达形式,来表达自己的思想内容,或描写某个场景、叙述一件事等,以引起读者或者听众的注意和兴趣,从而达到对比鲜明、幽默风趣的表达效果。如:

(35)我的所爱在山腰;想去寻她山太高,低头无法泪沾袍。爱人赠我百蝶巾;回她什么:猫头鹰。从此翻脸不理我,不知何故兮使我心惊。(鲁迅:《我的失恋》③)

上例模仿的是:

(36)我所思兮在太山。欲往从之梁父艰,侧身东望涕沾翰。美人赠我金错刀,何以报之,英琼瑶。路远莫致倚逍遥,何为怀

---

① 张志公.现代汉语[M].北京:人民教育出版社,1982:138.
② 星人物:亚洲第一人 姚明入选名人堂[EB/OL].(2016-09-09)[2024-11-08]. http://tv.cctv.com/2016/09/09/VIDEtjKE8SDc4YLuqKMy5nLZ160909.shtml.
③ 陈望道.修辞学发凡[M].上海:复旦大学出版社,2008:92.

忧,心烦劳。(张衡:《四愁诗》①)

14. 词类活用

古代汉语中,词类活用比较常见。学界多视之为一种修辞手法,如:

(37) 公若曰:"尔欲吴王我乎?"(《左传·定公十年》)

(38) 孔子对曰:"君君,臣臣,父父,子子。"(《论语·颜渊》)

现代汉语中,词类活用也有很多用例。活用如果流行开来,活用的词可能会发生转类,由名词变为动词、形容词,或者由动词、形容词变为名词。如:

(39) **虎**着脸;**猫**着腰;**铁**了心;**猴**在那儿。②

(40) 宝马集团大中华区总裁兼首席执行官史登科在8年任期内,将宝马年产量从1.5万辆提升到30.3万辆。史总早年留学中国,深谙中国人的思维方式,但行事作风又**很德国**,因此,他在保持德国人严谨的同时,又能很好地结合中国国情不断创新。③

15. 设问

言说者或作者有时候明知故问,或自问自答,或问而不答,以设置悬念,引人注意,达到突出、强调的表达效果,这种修辞手法就叫设问。设问在演讲交流或写作中应用频繁,范围很广,使用起来并不难。如:

(41) 人的正确思想是从那里来的?是从天上掉下来的吗?不是。是自己头脑里固有的吗?不是。人的正确思想,只能从社会实践中来,只能从社会的生产斗争、阶级斗争和科学实验这三项实践中来。(毛泽东:《人的正确思想是从那里来的?》④)

---

① 陈望道.修辞学发凡[M].上海:复旦大学出版社,2008:92.
② 周国光.现代汉语词汇学导论[M].广州:广东高等教育出版社,2004:197.
③ 赵崇甫.微论品牌——微时代的最佳品牌营销读本[M].北京:当代世界出版社,2014:52.
④ 毛泽东.毛泽东著作选读 乙种本[M].北京:中国青年出版社,1966:192.

(42) 而且始皇只管"忧恤黔首",他的一切丰功烈绩,乃是黔首的血泪造成的!谁给他去筑"驰道",筑"直道",凿运渠?是不用工资去雇的黔首!谁给他去冰山雪海的北边伐匈奴,修长城,守长城?谁给他去毒瘴严暑的南荒,平百越,戍新郡?谁给他运粮转饷,供给这两方的远征军?都是被鞭扑迫促着就道的黔首!(张荫麟:《中国史纲》①)

三、 修辞步步高

以上介绍的修辞格,往往出现在一个词语、一个短语、一句话、一段话之中,我们将其总称为"局部修辞"。还有一些修辞手法贯穿在整篇文章甚至全书之中,需要读完全篇或全书,才能体悟出其中之妙。这属于更高层次或更大范围的修辞,我们称之为"整体修辞"。这里主要介绍三种:冗余、重复和互见。重复是主动制造冗余,是冗余最主要的表现,互见则是为了避免冗余。重复和互见相辅相成,是超越一个词、一句话或者一段话的篇章结构修辞。

(一) 冗余

1. 冗余类别及修辞效果

冗余,或称"羡余",是指言语表达者发出的信息超出实际需要的一种客观存在的语言现象。言语信息在传递过程中不断被耗损衰减,如果没有适度的冗余,接收者可能难以准确理解言语发出者的意思。有学者认为:"冗余现象并非多余的语言现象,任何语言都具有冗余性……。冗余现象作为语言的一种修辞手法,它总是在人们表达关键意义时反复出现,是对意义的一种升华。"②有学者则从修辞角度把汉语的冗余分为两类:一是没有提供新信息但是有用的积极意义的冗余;二是没有提供新信息又是无用的消极意义的冗余。作

---

① 张荫麟.中国史纲[M].北京:中华书局,2009:158.
② 陈天助.文学语言与都市文化[M].广州:世界图书出版广东有限公司,2019:62.

者认为探讨汉语冗余在修辞中的积极意义,有助于指导人们正确地利用它进行成功的交际。该书认为冗余在汉语修辞中的积极意义主要体现在两个方面:一是冗余在语音修辞中的体现,二是冗余在语义修辞中的体现。后者包括三类:(1)内容的复现,即①同一个语言单位的复现词语的复现、短语或句子复现、语段复现,②同义单位的复现,③共指单位的复现。(2)内容的蕴含。(3)看似废话的冗余。① 该书中提到的**内容的复现**贯穿于全篇或者几段完整的对话之中,只有读完全篇或全部对话才能领略这些冗余使用的妙处所在。不过,我们在语言交际中,应尽量避免该书提到的"消极冗余"。

冗余是言语表达者故意为之的积极修辞行为,可以达到不错的表达效果。特别是"刻意追求的冗余表达可以发挥理想的修辞功用",其效果主要有:强调突出;丰富多样;平衡匀称。②

2. 学术论著中的冗余

学术论著表达上应该追求准确、简洁,不应该使用冗余表达或者出现较多冗余信息。但有时为了强调、突出作者的主要观点,加强论证效果,使论文结构整饬匀称,也会使用冗余这一修辞手段。钱冠连曾提出"语言冗余信息的容忍度"这个概念,指"语言使用人运用、控制语义性冗余信息时所掌握的分寸"。作者将冗余信息分为结构性冗余信息和语义性冗余信息。前者带有强迫性质,无论在英语中,还是在汉语中,一般情况下,应该是容忍的;而语义性容忍度则分为三种情形:容忍度为零;容忍度大于零,但其值还小,学术论文、新闻报道中通常就有着了较小的容忍度;容忍度很大,最主要的场合是在文学作品里。③

我们认为,学术论著中的结构性冗余信息非常常见,语义性冗余信息也并非少见。首先,关联词语属于结构性冗余成分,虽然"汉语由于可以以心领神会来'意合'两者之间的关系,可以不要关联词语,因

---

① 王磊.现代汉字与规范书写教程[M].上海:立信会计出版社,2012:83-88.
② 赵明.语际翻译与文化交融:汉英互译的理论与实践[M].徐州:中国矿业大学出版社,2003:180-183.
③ 钱冠连.汉语文化语用学[M].北京:清华大学出版社,1997:215-222.

而也可以将结构性冗余信息删除掉",但是"政论、科技文体中,说理、辩论(如法律场合)、会谈(如商贸场合)、宣告(如外交场合)、谈判(如军事场合、国际会议)等等言语事件或活动中,即使是语境充分了,使用关联词语的'形合'也是必要的,也就是说,必须接受关联词语的强制,删除不得"①。其次,论文的摘要和文中每一部分的小结、全文的总结,正文中已有,也应该属于冗余信息,但是这些总结信息在论文中必不可少,能够起到概括主要观点、提示读者、方便引用的重要作用。最后,在论证某个观点举例时,同类例子按道理举一个就可以了,其余多是冗余信息,但有的作者举出三个甚至更多,无疑是为了增加论文的说服力。

下面,我们看一个学术论文中合理使用冗余修辞的例子:

先说农业。……从历史上看来,我们的农业是经过长期的发展,才达到了近世的阶段,在这长期发展过程中,**兄弟民族的贡献是很大的**。即以耕种所用的家畜而言,中国农民——特别是北方农民——常用的驴、骡,这便是少数民族对于中国农业的贡献。……到了秦、汉以后,驴、骡大批地由塞外输入,以后汉人也学会了豢养繁殖的方法,农民遂得到了两种驯顺耐劳、易于豢养的家畜,**对于农业的进展,当然起了很大的作用**。……

在农业方面,我们的兄弟民族,不但介绍进来了新的家畜,提高了农民的生产力,并且**还介绍了许多新的农业物,增加了我们的生产,也丰富了我们的生活**。在秦、汉以前,中原方面农作物的种类并不很多。……但是现在华北最普通的农作物如高粱、玉米、花生、芝麻、棉花等,都是古代所没有的,秦、汉以后才输入中原。其余许多瓜果蔬菜的种籽和种植方法也是秦、汉以后才传入的。**其中大部分是各兄弟民族的伟大贡献**。

秦、汉以后,第一批农作物种籽输入中原区是张骞通西域的结果。……在沟通中原和西域文化方面,**他的功绩是不可磨灭**

---

① 钱冠连.汉语文化语用学[M].北京:清华大学出版社,1997:216-217.

的。西域处在中国本部、印度和西亚之间,历来是中、西、印三方面文化交流的桥梁,在我们的兄弟民族中,**对于中国文化的贡献尤为伟大**。……这些植物虽然未必都是张骞一人带回的,但是都是从西域传入的,似无问题。

自秦、汉以后,又有许多新的农作物传入中原。譬如现今在华北、东北种植很广的高粱,便是外来的植物。……高粱大概是西南少数民族首先种植,以后逐渐普遍于全国。

不但许多植物是先由兄弟民族发明了培植的方法而后普及于全国,即是制作饮食的方法,我们的兄弟民族也有很重要的贡献。我们都知道我国古代和秦、汉以后的膳食最大的分别,是古代一切五谷都是用来作饭,而秦、汉以后,磨面的方法传入中原,不但增加了膳食的种类和滋味,并且使得麦粉更易于消化,更易于吸收营养。**这种进步又是西域少数民族的贡献**。……可见磨面之法是到了汉代才有的。汉代称一切面食为饼,相传其法是从外边传入的。……面食是食物史上一个大发明。在古代麦饭仅居于次要的地位,远不如黍、稷重要。自从磨面的方法传入,然后麦的应用日广,遂成了北方的主要食粮了。

在饮食方面,除了制作面食以外,葡萄酒和烧酒酿制的方法,都是从西域传入的。葡萄酒是汉时传入的,用蒸馏法酿制的烧酒是阿拉伯人所发明,元时经西域人传入,成了现今中国人最喜爱的强烈性的饮料。

除了衣食、战术以外,我们的兄弟民族对于中国人居住的方法也有重要的贡献,特别是关于桌、椅的使用。①

上面几段文字中,"兄弟民族的贡献是很大的""对于农业的进展,当然起了很大的作用""增加了我们的生产,也丰富了我们的生活""其中大部分是各兄弟民族的伟大贡献""我们的兄弟民族也有很重要的贡献""这种进步又是西域少数民族的贡献"等句子,语义相同

---

① 齐思和.中国史探研[M].石家庄:河北教育出版社,2000:489-495.

或近似,属于冗余信息。作者本来可以先逐一列举兄弟民族在各方面的伟大贡献,然后在文末做一句总结"可见,兄弟民族的贡献是伟大的"即可,但在每一部分,作者都要对兄弟民族的贡献加以肯定,最后合而观之,得出非常肯定的结论。又如,"在农业方面,我们的兄弟民族,不但介绍进来了新的家畜,提高了农民的生产力,并且还介绍了许多新的农业物""不但许多植物是先由兄弟民族发明了培植的方法而后普及于全国,即是制作饮食的方法,我们的兄弟民族也有很重要的贡献""在饮食方面,除了制作面食以外,葡萄酒和烧酒酿制的方法,都是从西域传入的""除了衣食、战术以外,我们的兄弟民族对于中国人居住的方法也有重要的贡献,特别是关于桌、椅的使用"等句子,都是先复述前面介绍过的贡献,然后在介绍下一方面贡献之前再提一笔,形成冗余信息,但这种冗余其实是为了承上启下,实现叙述的自然过渡,重复也加深了读者的印象,便于读者理解和记忆。这种冗余信息就是积极的、有效的。

(二) 重复

1. 重复的修辞效果

重复属于冗余信息的一种,也是最重要的一种,因此我们将其独立出来介绍。文学作品中常常运用重复的修辞手法,来提高作品的艺术表现力。如《史记》中大量运用重复来描述历史事件,塑造人物形象,具有很高的艺术性。《史记》中描写项羽勇敢非凡的片段如下:

(1) 当是时,楚兵冠诸侯。诸侯军救钜鹿下者十余壁,**莫敢纵兵**。及楚击秦,诸将皆从壁上观。楚战士**无不一以当十**,楚兵呼声动天,诸侯军**无不人人惴恐**。于是已破秦军,项羽召见诸侯将,入辕门,**无不膝行而前**,**莫敢仰视**。项羽由是始为诸侯上将军,诸侯皆属焉。(《淮阴侯列传》)

(2) 项王令壮士出挑战。汉有善骑射者楼烦,楚挑战三合,楼烦辄射杀之。项王大怒,乃自被甲持戟挑战。楼烦欲射之,项王嗔目叱之,楼烦**目不敢视,手不敢发**,遂走还入壁,**不敢复出**。汉王使人间问之,乃项王也。汉王大惊。(《项羽本纪》)

《史记》中描写项羽自觉气数已尽、反复强调"此天之亡我,非战之罪也"的片段如下:

(3)项王乃复引兵而东,至东城,乃有二十八骑。汉骑追者数千人。项王自度不得脱,谓其骑曰:"吾起兵至今八岁矣,身七十余战,所当者破,所击者服,未尝败北,遂霸有天下。然今卒困于此,**此天之亡我,非战之罪也**。今日固决死,愿为诸君快战,必三胜之,为诸君溃围,斩将,刈旗,令诸君知**天亡我,非战之罪也**。"(《项羽本纪》)

(4)于是项王乃欲东渡乌江。乌江亭长檥船待,谓项王曰:"江东虽小,地方千里,众数十万人,亦足王也。愿大王急渡。今独臣有船,汉军至,无以渡。"项王笑曰:"**天之亡我,我何渡为**!且籍与江东子弟八千人渡江而西,今无一人还,纵江东父兄怜而王我,我何面目见之?纵彼不言,籍独不愧于心乎?"(《项羽本纪》)

再看《史记》中描写英雄及君王哭泣的片段:

(5)太子及宾客知其事者,皆白衣冠以送之。至易水之上,既祖,取道,高渐离击筑,荆轲和而歌,为变徵之声,**士皆垂泪涕泣**。又前而为歌曰:"风萧萧兮易水寒,壮士一去兮不复还!"复为羽声慷慨,士皆瞋目,发尽上指冠。于是荆轲就车而去,终已不顾。(《刺客列传》)

(6)项王军壁垓下,兵少食尽,汉军及诸侯兵围之数重。夜闻汉军四面皆楚歌,项王乃大惊曰:"汉皆已得楚乎?是何楚人之多也!"项王则夜起,饮帐中。有美人名虞,常幸从;骏马名骓,常骑之。于是项王乃悲歌慷慨,自为诗曰:"力拔山兮气盖世,时不利兮骓不逝。骓不逝兮可奈何,虞兮虞兮奈若何!"歌数阕,美人和之。**项王泣数行下,左右皆泣**,莫能仰视。(《项羽本纪》)

(7)高祖还归,过沛,留。置酒沛宫,悉召故人父老子弟纵酒,发沛中儿得百二十人,教之歌。酒酣,高祖击筑,自为歌诗曰:"大风起兮云飞扬,威加海内兮归故乡,安得猛士兮守四方!"令儿皆和习之。高祖乃起舞,**慷慨伤怀,泣数行下**。(《高祖本纪》)

洪迈《容斋随笔》评论说:

> 然予每展读至《魏世家》《苏秦列传》《平原君列传》《鲁仲连列传》,未尝不惊呼击节,不自知其所以然。魏公子无忌与王论韩事曰:"韩必德魏、爱魏、重魏、畏魏,韩必不敢反魏。"十余语之间五用"魏"字。苏秦说赵肃侯曰:"择交而得则民安,择交而不得则民终身不安。齐、秦为两敌而民不得安,倚秦攻齐而民不得安,倚齐攻秦而民不得安。"……是三者重沓熟复,如骏马下驻千丈坡,其文势正尔。风行于上而水波,真天下之至文也。①

洪迈的意思是,文词重复能够营造文章的气势,"如骏马下驻千丈坡",从而提高文章的表现力,让人"惊呼击节"。梁建邦对此也有很好的总结:"《史记》的重复修辞,有的构成了事件的完整性,有的揭示了时间发展的阶段性,有的使描写更为生动、人物形象更鲜明突出,有的抒发了作者强烈的感情,有的则增强了语言的生动性、节奏感和韵味。"作者举例如下:

> 《李斯列传》用两"天下"和五"叹"重复修辞来揭示事件发展阶段性,进而进行提示和强调。……《项羽本纪》描写项羽勇猛善战,曾四次重复"莫敢"……《魏公子列传》中司马迁称信陵君为"公子"者多达147处,比记载其他几位战国公子传中称"公子"的总数还要多出几倍,以此抒发他对信陵君的敬佩感情。……《项羽本纪》描写楚军将士在钜鹿之战中英勇拼杀情景和所向无敌气魄时,曾三次运用"无不"字眼,富有形象性和节奏性,使其情景鲜明活现。②

---

① 洪迈.容斋随笔[M].呼和浩特:内蒙古文化出版社,2007:355.
② 梁建邦:《史记》的语言艺术[C]//庞德谦.司马迁与《史记》研究年鉴:2009年卷.西安:陕西人民出版社,2010:12.

司马迁深深懂得"重要的事情说三遍"这个道理,在《史记》中反复使用重复的修辞手法,以达到增强说服力、增加感染力的艺术效果。

2. 学术论著中的重复

学术论著如果能运用好重复这一修辞手法,无疑能够鲜明而集中地体现出作者的论点,给读者留下深刻印象,如张荫麟《中国史纲》一书多次运用重复的修辞手法:

(8)**这还不够**。始皇生平有一种不可多得的嗜好——建筑的欣赏。他东征以来,每灭一国,便把它的宫殿图写下来,在咸阳渭水边的北阪照样起造。后来又嫌秦国旧有的朝宫(朝会群臣的大礼堂)太过狭陋,要在渭南的上林苑里另造一所,于三十五年动工。……**这还不够**。上说种种空前的兵役和工程所需的粮饷和别项用费,除了向黔首身上出,还有什么来源?据说始皇时代的赋税,要取去人民收入的三分之二。这也许言之过甚,但秦人经济负担的酷重,却是可想见的了。……**这还不够**。苦役重税之上,又加以严酷而且滥用的刑罚。秦的刑法,自商鞅以后,在列国当中,已是最苛的了。像连坐、夷三族等花样,已是六国的人民所受不惯。始皇更挟着虓虎的威势,去驭下临民。①

以上三段,每一段都以"这还不够"开头,然后用记叙的手法,历数秦始皇的种种罪过,层次清晰,爱憎分明。这种重复,还能形成一种段落排比的修辞效果,读后令人印象格外深刻。

(三)互见

1. 互见的修辞效果

清朝李笠《史记订补》说:"史臣叙事,有缺于本传而详于他传者,是曰互见。"②张舜徽在《中国古代史籍校读法》中说:

---

① 张荫麟.中国史纲[M].北京:中华书局,2009:158-159.
② 张大可,凌朝栋,曹强.史记学概要[M].北京:商务印书馆,2015:81.

古代历史书籍,特别是由一手写成的作品,在组织材料时,有着预定的义例,对于材料如何安排得更合理,更重要,是费了多番考虑的。尽管是一部规格庞大的书,也必然体现出篇与篇之间,错综离合、彼此关联的精神。这一精神运用在写作上最早而最成功的,自然要推司马迁的《史记》。司马迁已将某段材料摆在甲篇,遇着乙篇有关联时,便清楚地作出交代说:"事见某篇","语在某篇"。例如《周本纪》说:"其事在周公之篇";《秦本纪》说:"其事在商君语中";又说:"其语在《始皇本纪》中";《秦始皇本纪》说:"其赐死语,具在《李斯传》中"……这一类的交代,在全书中不能尽举。都是唤起读者们不要把每篇记载孤立起来看,应该联系他篇来参考问题。①

朱自清《〈史记菁华录〉序》认为"互见法"的功用有三:第一,避免重复。如对于管仲和晏婴这两个重要人物,《齐世家》记载了两人的重要事迹,《管晏列传》于管仲,只叙与鲍叔的交情及其政治主张,于晏婴,只叙他事齐三世、与越石父交和荐其御者三点。第二,寄托褒贬。《魏公子列传》中对魏公子褒奖有点过度,于是在《范雎列传》中通过对比魏公子和平原君,抑魏公子而扬平原君,还魏公子以本来面目。第三,掩饰忌讳。如《高祖本纪》从正面写高祖,高祖是一位长者,项羽是一个暴君;《张丞相列传》《佞幸列传》《萧相国世家》《陈丞相世家》《淮阴侯列传》从侧面写时,恰好相反。②

2. 学术论著中的互见

历史著作中运用互见手法比较多。单篇的学术论文,篇幅长的偶尔也会使用互见法,篇幅短的就无须使用。学术著作使用互见法比较常见,大体可以分为两类:

(1)有明确提示的互见。如陈松岑的《语言变异研究》第二章"人类对语言本质和语言存在形式的认识过程"第三节"近代语言变异理

---

① 张舜徽.中国古代史籍校读法[M].武汉:华中师范大学出版社,2004:389-390.
② 司马迁撰,姚苎田选评.史记菁华录[M].王兴康,周旻佳点校.上海:上海古籍出版社,2022:435-437..

论的建立和发展"论述了三个方面:第一,近代各语言学流派对语言变异的观点。这部分结尾说:"上面就是近代语言学中几个重要的流派,对我们前面归纳的两个问题的肯定回答。但是专就语言的变异提出系统的理论,却要推英国的伦敦学派和美国的社会语言学。"最后一句提示接下来两章分别论述这两个语言学流派:第二,伦敦语言学派的语言变异理论;第三,美国社会语言学的语言变异观。在这部分结尾又提示互见其他章节"我们将在下一章中,重点介绍其理论;在下篇中,对它的研究方法作进一步的介绍。"①这样的互见提示,使得论文条理清晰,方便读者理解;这样的互见安排,使得论文结构匀称,内容协调。

（2）无明确提示的互见。有的论著,在不同章节从不同角度讨论相关但不完全相同的问题,各章节之间并无互见提示。如果将分散在全书之中的有关这一问题的论述合而观之,则能形成整体印象。有的论著,在不同章节从不同角度使用同一材料或者例证,互相之间也没有互见提示。如果能够将散布在全书各处的同一材料或例证的不同表述集中起来,则可以看出作者对该材料或者例证的整体处理,以及该材料或者例证的多方面用途。下面以后者为例来略加说明。徐通锵的《历史语言学》②中,有三处方言点的材料分散在全书几个章节：

第一,关于浙江宁波方言的材料见于以下各节:"8.2 拉链和推链"（页 185—193）、"11.3 音变在词汇中的扩散和离散式音变"（页 253—258）、"11.4 离散式音变中的时间层次和它的演变规律"（页 258—264）、"11.5 中断的变化和音系中的不规则现象"（页 264—268）、"14.2 特殊的例外和它的原始形式的拟测"（页 329—334）、"14.3 原始形式的性质的确定"（页 334—340）、"14.4 语法形式的弱化和残存形式的产生"（页 340—347）、"15.2 叠置式音变和它与离散式音变的区别"（页 353—365）。

---

① 陈松岑.语言变异研究[M].广州:广东教育出版社,1999:23-46.
② 徐通锵.历史语言学[M].北京:商务印书馆,1991:185-192,253-268,329-347,365.

第二,关于山西祁县方言的材料见于以下各节:"8.3 循环的变化"(页 193—199)、"13.1 音系中的变异层和它的结构"(页 293—297)、"13.2 音位的渐进变移和连续式音变"(页 297—304)、"13.3 词中音类的更替和离散式音变"(页 304—312)、"13.4 变异和音系结构格局的调整"(页 312—321)、"13.5 音系内部的变异和语言的空间差异的内在联系"(页 321—325)。

第三,关于山西闻喜方言的材料见于以下各节:"10.4(每一个词都有它自己的历史)"(页 235—247)、"11.3 音变在词汇中的扩散和离散式音变"(页 253—258)、"15.1 文白异读的产生和系统中的叠置"(页 348—353)、"15.2 叠置式音变和它与离散式音变的区别"(页 353—365)、"15.3 叠置式音变和语言发展的时间层次"(页 365—371)、"15.4 叠置和内部拟测法的改进"(页 371—377)。

对材料进行合理剪裁,根据研究需要将经过剪裁的材料运用到不同的章节,这也是一种修辞手段。这种修辞手段既能充分发挥材料的多种用途,也能让整本书结构匀称,各章节之间互相呼应。

结束语

"修辞立其诚",学习修辞可以让我们的表达更得体,提升我们的审美感悟能力。正如第一章所讲:"学术写作就像是作者和读者之间的一场学术对话。"学术写作不能只注重条理分明,而忽略了语言的生动。比喻、借代、比拟、夸张、通感、移就、移情、拈连、对偶、排比、顶针、引用、仿拟、词类活用、设问等是基本的局部修辞;在此之外,我们还可以通过冗余、重复和互见等整体修辞提升文采。

第十二章 表格、公式与插图

📖 开场白

在学术写作中,除了主体的文字以外,常常会使用表格、公式和插图等内容,以便高效呈现数据、凸显数据间的规律、描绘抽象的概念和结构、提升可读性、展现推理过程……虽然不同学科使用它们的数量、类型、风格差别很大,但也有一定的共性。表格、公式与插图都有哪些类型,插入论文时又有哪些注意事项呢?

一、表格

在学术写作中学会使用表格的形式,可以把大量数据按行或列,比较有规则地、紧凑地堆积在一起。如果摆放和排版得比较合理,可以让读者直观地从表格中观察出一些规律。图12-1是一个典型的表格范例①。

从图12-1中可以看出,表格一般由下列部分构成:

(1)数据条目:表格中的数据条目是其核心内容(图12-1中灰底色的部分)。数据条目中不一定都是数字,也可以包含文字或简易符号。

---

① 林毅夫,李永军.中小金融机构发展与中小企业融资[J].经济研究,2001(1):10-18+53-93.

图 12-1　表格的典型排版布局

（2）编号和标题：它们一般位于表格外的上方。

（3）表头：对表格各行、各列单元格进行概括和提示的栏目。它们在有的表格中居于"列首"，位于表格顶部；在有的表格中居于"行首"，位于表格左侧。它们合称"表头"。表头一般呈现出数据条目中各列或各行的数据名称、关键词，能有效地对数据进行组织和分类。列首可以有多行（图 12-1 的列首就占了两行），类似地，行首也可以有多列。

（4）附注：表格的脚注，它们一般位于表格外的下方，或表格内的底部。如果需要对表格中的部分数据做特别的说明，可以在表格中的数据后面添加一些特殊符号（譬如 *、†、‡、§、¶、#等），然后在附注中对各个特殊符号进行说明。

在制作表格时，为了令其更加清晰易读，可以适当地在部分或全部行、列之间使用分隔线，并考虑其粗细、双线等风格。一般避免在表格中使用底色（哪怕是灰色）来提升可读性，以免复印时不可控的深浅变化影响表格的可读性。

同样出于清晰易读的考虑，数据条目中较短的文字一般居左或居中对齐，较长的文字居左对齐，而数字数据一般居右对齐；同类的数据尽量采用相同的格式（如是否使用科学记数法、小数点后的数字位数）；如果某列数据条目使有相同的单位，一般会直接将单位写在列首；如果整个表格的数据都使有相同的单位，则可以把单位写在表格标题、表格附注中，或直接在正文中说明。

虽然表格一般方方正正、完全填满所有的格子，但不必过于教条，只要能合理地解释部分格子数据空缺的原因即可(譬如数据不可获得、超出测量范围等)。

二、公式

不同学科的论文使用公式的情况差别极大:有的论文完全不使用公式;有的使用少量公式来说明模型;而有的论文则将公式作为核心内容,文字则寥寥无几。本节描述的是在论文中编制公式的典型规范。

公式一般在页面内采用居中对齐的方式,而公式编号则采用右对齐的方式,置于同一行的右端。

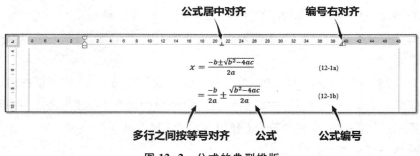

图 12-2　公式的典型排版

图 12-2 是微软 Word 中编辑公式的示意图。一种比较简洁的做法是:①在公式所在的行中,插入两个制表符——用鼠标左键点击水平标尺左端的"制表符类型"按钮,直到变成居中对齐制表符"⊥"之后,用鼠标左键在水平标尺正中央点击一下以同样方式,在标尺上的文字右边界处添加右对齐制表符"⌐";②在公式的前方插入一个制表符(Tab 键),使公式在该行居中;③输入和编辑公式;④在公式的后方再插入一个制表符,使公式编号居右对齐;⑤输入公式编号。

对于论文中的公式而言,最重要的规范是:**公式中出现的所有符号,都必须在论文正文中给出定义说明**——如果公式中某些符号从未在前文提及,也未在后文补充说明,那么公式就是不完整的,甚至失去了其应有价值。仅有最基础、日常的常数符号或运算符号可以例外，比如：圆周率 π、自然常数 e、求和号 Σ 等。

一般说来，论文中的公式最好都添加相应编号，尤其是需要自己在论文中引用、有明确的价值意义、可能会被他人的论文引用的公式。即使有些公式只是推演的中间步骤，并不会被后文引用，但由于添加编号并不麻烦，也不占用额外篇幅，而公式是否会被他人（包括审稿人）引用并不容易确定，也应先为这些公式添加编号。因此常见做法是给所有公式都添加编号，以便指代。

推演公式的详尽程度是需要斟酌的——细致地逐步推演公式，虽然便于阅读和审查错漏，但会占据较大的版面篇幅。一方面，如果受限于刊物对论文的篇幅限制，推演公式时步骤跳跃过大，将不利于理解和审阅检查；另一方面，如果在学位论文和项目报告这类无篇幅限制的写作中，推演步骤过于细致，把显而易见的变换也详尽写出，把与前文相似的推演过程不厌其烦地重复，把引用文献中的推演过程也大段地模仿，则会被读者或审稿人认为有"注水"撑长论文篇幅的嫌疑。

在论文中呈现多个公式时，可以使用少量介词、连词和辅助语言，以便阅读，譬如："尽管……，但是……，所以……"，"既然……，而……又……，那么自然可得……"等。不过，为了维持论文的客观观感，并不建议使用语气夸张、过于情绪化的句式。另外，不同的学科领域阐述公式时，也可以使用不同的句式。有的领域习惯使用主语，譬如："如果我们给定了 $x=a+b$，而前文已经证明了 $a=-b$，那么我们可以得到结论 $x=0$"；有的领域习惯略去主语，譬如"若假设 $x=y$，而又已知 $y=z$，则有 $x=z$"。对于这类学科领域的差异，基本原则就是"因循惯例"。

对于学术写作中的公式，还有一些建议供参考：

（1）如果收稿单位提供的格式模板和格式要求中对公式有专门要求，则需要严格遵循。

（2）不要引入太多或不必要的变量，除非它们有明确价值和含义。

（3）公式中同一类符号的格式风格（字体、大小写、斜体、粗体、花体、顶部装饰符号、英文字母还是希腊字母等）最好保持一致。

（4）公式与右端编号之间保持适当距离，以免被误读。

（5）公式所在的行，行距可稍大一些，以便公式更醒目。如果公式中符号有上标、下标，或者公式中有较高的符号（求和号、积分号之类），则行距可以酌情增加。

（6）非常短小的公式，或者前文公式中截取的一部分，一般不必单独成行，而和正文文字编排在一起。此时如果上下行之间显得过于拥挤，有可能需要微调行间距，但这样可能会影响美观和整洁。

（7）超过一行长度的公式，尽量在"＋""－""＝"这些低优先级的运算符号之前换行。如果实在难以拆开，可以尝试引入额外的符号来指代原公式的一个局部，从而把原公式变成较为简单的形式。

（8）尽量不要让非常长的公式跨页，这样会降低公式的可读性。如果排版临近结束时还有这样的问题，可以考虑在该公式中适当的位置截断，并用过渡的语句重新连接起来。

虽然关于学术写作中的公式，有林林总总的规范和要求，但编辑软件和模板其实会完成多数的自动调整，所以论文写作者可以充分利用这些软件和模板来提高效率。

三、插图

在学术写作中，插图是常用的要素之一，它们可以分为很多种类：

（1）图表：用于呈现数据，如折线图、柱状图、饼图等；

（2）示意图：用于呈现结构、逻辑流程等，如系统框图、组织结构图等；

（3）图片：用于呈现画面，如照片、漫画、艺术作品等；

（4）设计图：用于呈现设计意图，如建筑设计图、电路原理图、城市规划图等。

其中，不同学科的设计图差别很大，一般使用专业的计算机辅助设计(CAD)软件来绘制和导出。下文分别阐述与前三类插图相关的注意事项。

(一) 图表

图表主要用于呈现数据,大体对应英语中的 Plot、Chart、Graph 等类型的图。图表可以细分为很多子类,而不同子类的构成要素、风格、对数据的展现能力不尽相同,适用于不同的场景。

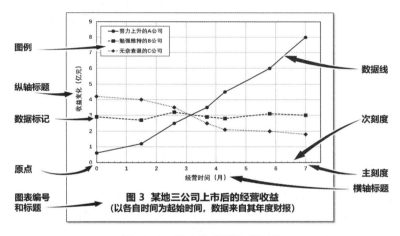

图 12-3　图表的典型组成要素

以图 12-3 所示的折线图为例,图表中常会包含以下要素:

(1)数据标记和数据线:真正展现数据的点、线、图形图块。在不同子类的图表中,数据会映射成相应的位置、面积、粗细、亮度、颜色等,以及其他风格样式。

(2)图例:图表中的辅助说明,指明图表中的图形和实际数据之间的对应关系。

(3)坐标系:包含横轴、纵轴、原点、主/次刻度、网格线等。不同子类的图表采用的坐标系差异很大:有的采用直角坐标系,而有的采用极坐标系;有的是单条横轴和单条纵轴,而有的只有一条横轴但左右各有一条纵轴。

(4)图表编号和标题:多数位于图表的下方。

表 12-1 罗列了一些常用的图表类型,并分别简要介绍其用途和说明。

表 12-1　常见图表

类型和示意图	用途和说明
折线图 Line Chart	• 最基本、最常用的图表之一 • 常以时间为横轴,展示数据的变化趋势 • 多组数据可以同时呈现,便于对比 • 数据点非常多时,可隐藏数据点,只绘制折线 • 可以通过拟合等手段绘制成平滑曲线
柱形图 Column Chart	• 常以时间为横轴,展示数据的变化趋势 • 也称为条形图(Bar Chart) • 多组数据可以用簇的形式并列呈现,进行对比 • 如果数据有正有负,常以 0 为横轴,以凸显增还是减 • 如果把矩形改为圆点+细棍,就成了火柴图(Stem Chart)
条形图 Bar Chart	• 可看成横过来摆放的柱形图 • 一般与时间无关,而是强调数据项之间的对比 • 常常先排序再绘图,并且一般从上向下降序的居多 • 有时对比两组数据时,一组数据从中央向左绘制,一组从中央向右绘制,就变成了蝴蝶图(Butterfly Chart)
堆叠柱形图 Stacked Column Chart	• 是柱形图的升级或变形 • 升级:如果柱形图的每个数据都可以划分为不同子项,那么可以说堆叠柱形图比普通柱形图增加了一个维度 • 变形:成簇的柱形图的数据从并列改为堆叠求和 • 有时为了体现随时间的变化过程,把各个柱形图的截断分界线横向连接起来,得到类似于面积图的图表
面积图 Area Chart	• 常以时间为横轴,展示数据的变化趋势 • 既表现了总量的变化过程,也能清晰地呈现各子类数值在总量中的变化过程 • 和堆叠柱形图没有本质的区别 • 常常把占比最大的数据放在低处,看起来比较"稳重" • 若数据是"相对占比",往往在顶部绘制横线表示100%

续表

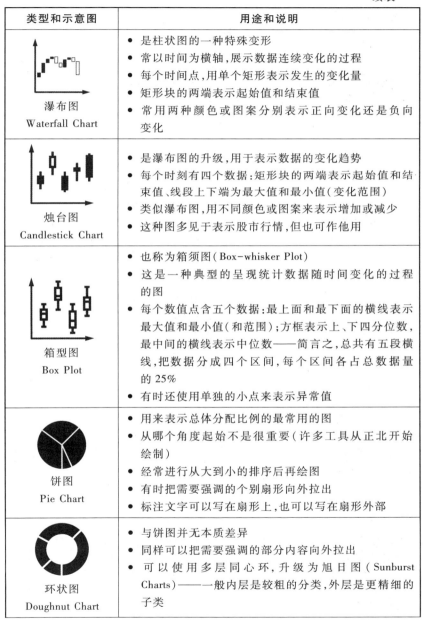

类型和示意图	用途和说明
瀑布图 Waterfall Chart	• 是柱状图的一种特殊变形 • 常以时间为横轴，展示数据连续变化的过程 • 每个时间点，用单个矩形表示发生的变化量 • 矩形块的两端表示起始值和结束值 • 常用两种颜色或图案分别表示正向变化还是负向变化
烛台图 Candlestick Chart	• 是瀑布图的升级，用于表示数据的变化趋势 • 每个时刻有四个数据：矩形块的两端表示起始值和结束值、线段上下端为最大值和最小值（变化范围） • 类似瀑布图，用不同颜色或图案来表示增加或减少 • 这种图多见于表示股市行情，但也可作他用
箱型图 Box Plot	• 也称为箱须图（Box-whisker Plot） • 这是一种典型的呈现统计数据随时间变化的过程的图 • 每个数值点含五个数据：最上面和最下面的横线表示最大值和最小值（和范围）；方框表示上、下四分位数，最中间的横线表示中位数——简言之，总共有五段横线，把数据分成四个区间，每个区间各占总数据量的 25% • 有时还使用单独的小点来表示异常值
饼图 Pie Chart	• 用来表示总体分配比例的最常用的图 • 从哪个角度起始不是很重要（许多工具从正北开始绘制） • 经常进行从大到小的排序后再绘图 • 有时把需要强调的个别扇形向外拉出 • 标注文字可以写在扇形上，也可以写在扇形外部
环状图 Doughnut Chart	• 与饼图并无本质差异 • 同样可以把需要强调的部分内容向外拉出 • 可以使用多层同心环，升级为旭日图（Sunburst Charts）——一般内层是较粗的分类，外层是更精细的子类

续表

类型和示意图	用途和说明
玫瑰图 Rose Chart	• 饼图的变形：各扇区的半径还能表示一组数据信息 • 表示扇区半径的数据信息，和扇区张角的数据可以是同一套数据，也可以是两套 • 用于绘图的数据往往先经过排序
矩形树图 Treemap	• 用于表示分配比例的图 • 本身外廓为方形，且使用两个维度进行划分，相对饼图更容易呈现更多、更细碎的微小部分 • 因为标注文字只能写在各个小块内部，所以在复杂的树状图中，往往对细小的小块不做标注 • 因为"切割"时有很大的自由度（横切纵切），因此树状图还可以呈现一定的分类情况
散点图 Scatter Chart	• 也称为散布图、分布图、点状图 • 一般用于表现横轴和纵轴两组数据之间的关联性 • 若二者独立或无关，则数据总体呈均匀分散的样子 • 若二者关联较强，则数据点向某条直线汇聚 • 若不强调数据间连续的过程，一般不绘制数据间的连线
气泡图 Bubble Chart	• 散点图的升级版 • 每组数据含三个量：两个确定位置，另一个确定大小 • 若每组数据含更多数值，可以通过颜色、图案来呈现 • 如果每个数据可以扩展为一个矢量，可把某个或所有气泡升级为饼图 • 如果发生覆盖的问题（譬如大气泡邻近/包含小气泡），可以调整叠放次序，把较大的气泡画在底层
表盘图 Gauge Chart	• 模拟成一个仪表盘的样式，用指针指示数据 • 表盘会画得更像车速表盘的马蹄形，又称为码表图 • 整个图表只需要一个数值，常用在数据极少的场景 • 表盘上可以标注几个刻度，表示一些范围或界限，能传递稍微多一些信息

续表

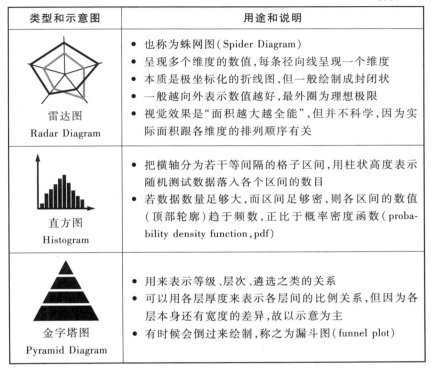

类型和示意图	用途和说明
雷达图 Radar Diagram	• 也称为蛛网图(Spider Diagram) • 呈现多个维度的数值,每条径向线呈现一个维度 • 本质是极坐标化的折线图,但一般绘制成封闭状 • 一般越向外表示数值越好,最外圈为理想极限 • 视觉效果是"面积越大越全能",但并不科学,因为实际面积跟各维度的排列顺序有关
直方图 Histogram	• 把横轴分为若干等间隔的格子区间,用柱状高度表示随机测试数据落入各个区间的数目 • 若数据数量足够大,而区间足够密,则各区间的数值(顶部轮廓)趋于频数,正比于概率密度函数(probability density function,pdf)
金字塔图 Pyramid Diagram	• 用来表示等级、层次、遴选之类的关系 • 可以用各层厚度来表示各层间的比例关系,但因为各层本身还有宽度的差异,故以示意为主 • 有时候会倒过来绘制,称之为漏斗图(funnel plot)

在制作图表时,有如下一些建议:

(1) 同一组数据可以用不同的图表来呈现,每类图表也可以有多种风格,但学术写作以简洁为原则,应尽量减少不必要的装饰。一篇论文中相近类型的图表应该采用相似的风格。

(2) 需要对比的数据,最好画在同一张图里;而不需要对比的数据,一般分画在不同的图里。

(3) 当版面受限时,把多组数据叠放在一个坐标系里是可能的,譬如在直角坐标系里,左侧和右侧各画一个纵轴(并各自具有相应的刻度)。

(4) 刻度的选择对视觉上理解数据很重要,需要考虑刻度的上限和下限范围、最小刻度间距、线性刻度还是对数刻度等。

(5) 在绘制图表时,虽然数据点、线本身代表了数值,但为了令图表更清晰,可以考虑在数据点旁边列写出数值。也有些场景,可以在正文中用表格或文字来阐述和分析数值。

(6)图表中文字(包含图例等)的字号可以略小于正文,但也应清晰可读。

(7)如果图表中的数据点比较多,但其中只有一部分关键数据需要强调,那么可以使用不同的形式来描绘它们——比如,使用较小的数据点和较细的连线来描绘普通数据,而使用较大的数据点和较粗的连线来描绘关键数据。

(8)如需要直接使用参考文献中的图表,需要在图表标题中标注引用;如果只是需要引用数据,可以在正文中说明引用数据的来源。

(9)目前都使用工具软件来绘制图表:①大部分办公软件能绘制常见的图表,基本能满足需求;②数据处理软件(如 Matlab、Origin、SPSS 等)都支持输出图表;③许多 CAD 中的计算机辅助分析(CAS)功能也能输出图表;④数据可视化工具(如 Tableau、Infogram、Microsoft Power BI、Google Charts、Visme 等),都具有很强的图表绘制功能,并以此为软件亮点;⑤如果写作者具有编程能力,那么可以利用 Apache Echarts、Google Charts 这类网站,或者 Python 的 matplotlib、pyplot 等程序包,在模板程序中导入自己的数据,精确而自由地绘制出与众不同的图表。

(二)示意图

示意图一般用于呈现关系、关联、顺序、结构等信息,配合文字的阐述,以便给读者留下更明确、清晰的印象。大多数示意图中并不包含大量的数值数据,至少不像图表那样"以数值数据为核心"。一般说来,绘制示意图时,即使稍微改变各元素的位置、尺寸、形状,一般也不会显著影响要呈现的内容,故而绘制示意图时存在相当的任意性。

示意图的种类非常多,其中最常见的几种如表 12-2 所示:

表 12-2　常见示意图

类型和示意图	用途和说明
文氏图 Wenn Diagram	• 也译作维恩图 • 这是教科书中表示集合关系时最典型的图表 • 能够非常方便地展示多个子集之间的包含、相交、相斥等关系 • 有时候会用一个大的方框或圆表示全集
框图 Block Diagram	• 框图是一种使用很广泛的示意图 • 框图最主要的用途是展现"系统是由哪些部分组成的,它们相互之间是什么关系" • 最主要的元素是方框和圆框,而特定的学科则习惯于采用相应的符号来表示特定含义 • 很多时候也会在线条上添加箭头,表示影响者/受影响者、传递方向等 • 在框图中可以添加文字,不管是框内、框外、线条箭头旁,或者任意空白处
流程图 Flow Chart	• 流程图用于描述一系列按顺序执行的操作(如算法等) • 流程图中有一些惯例,使用不同形状的符号来表示不同的含义,譬如圆角方形表示起始或结束、方块表示流程任务、菱形表示条件分支等 • 一般符号都是空心的,内部可以写较多文字 • 具体方块中的步骤,可以颗粒比较大(每个步骤包含较多任务),也可以颗粒比较小(每个步骤都非常简要)
关系图 Organization Chart	• 系统中有很多实体时,用相互之间是否有连线来表示二者之间是否有关系 • 连线可以是无箭头的——表示双向的关系,也可以是有箭头的——表示单向的关系 • 一般把最重要的、连接数最多的节点标在中央 • 如果节点之间的关系有层次感,往往会画成类似蒲公英的样式

续表

类型和示意图	用途和说明
组织结构图 Organization Chart	• 也称为树状图(tree diagram)或层次结构关系图(Hierarchy Diagram) • 这是用来表示隶属关系的最常见的图 • 相同层级节点绘在同一高度,最上方的根节点层级最高 • 下方节点从属于上方节点 • 这种图也可以横着画(从左向右),则根节点在最左侧 • 横竖两种风格可以搭配混合使用
甘特图 Gantt Chart	• 这类图有专门的用途,即描述项目时间进度安排 • 做法是: ①横轴为项目实施的总时间,用纵线绘出关键时间点 ②把项目任务分解成子任务 ③把子任务从上向下列于示意图左侧 ④各子任务的执行时间,画成水平长条(含起始与结束) ⑤用箭头表示子任务之间的前后约束关系 • 有时会增加一些列,写出各子任务的负责人等关键信息
思维导图 Mind Map	• 这种图很流行,其本质是一张细节丰富的树状图,也称为脑图,用于整理思维 • 典型特点:主题词绘制在正中间(根);越基础越重要的节点,越靠近根;细节、琐碎的信息绘于四周边缘处的叶子;连线表示从属关系,但连线不宜直;连线可以是粗细变化的;尽可能使用图、图标;尽可能手绘 • 目前思维导图软件工具较多,但一般不互相兼容

在制作示意图时,有如下一些建议:

(1)表 12-2 中罗列了一些常用示意图,而其他较为少见的、新创造出来的示意图其实层出不穷,有时给人耳目一新的感觉。

(2)类似于图表,学术写作时制作的示意图也应以简洁为原则,尽量减少不必要的装饰,相近类型的示意图应该采用相似的风格,示意图中的文字的字号可以略小于正文,但也应清晰可读。

(3)目前也都使用工具软件来绘制示意图,不过各种类型的示意图差异较大,往往使用专门工具绘制特定类型的示意图,譬如:用微软 Visio、SmartDraw 等绘制框图,用 Mindmap、Xmind 等绘制流程图。当然,也可以用通用的矢量图绘制工具(InkScape、Adobe Illustrator、Powerpoint 等)绘制各类示意图。

(三) 图片

在学术写作中很多时候会需要嵌入图片,譬如:①需要展示真人、实物、实景、现场、实验装置、仪器面板的照片;②某些领域的主要观察对象就是各类图片,譬如:微观领域的电子显微镜图像,医学领域的 X 光照片和超声成像,遥感和气象领域的卫星成像,雷达和射电望远镜的成像,绘画等艺术作品的照片或扫描件等;③在图像处理领域,作为原始素材和处理结果的图片;④涉及媒体时对视频媒体进行的截图,涉及计算机软件时对软件界面的截图;⑤此外,一些期刊和会议要求文末的作者信息部分需包含其肖像照片。

图片的使用相对比较简单,主要涉及如下几个问题:

1. 版权

在学术写作中使用他人图片时,需要明确图片的版权归属、获得的授权类型、照片中人物的授权情况等。与此相关的另一个问题就是"水印"——有的图片作者或软件,会在其制作的图片中嵌入半透明的标志图案或文字。而在获得授权使用时,都能获得去水印的图片。另外,一般不在学术写作中使用来自互联网而查无出处的图片。

2. 严谨性

学术创作虽然注重严谨性,但也并不完全拒绝使用装饰性的图片。学术和非学术并非完全对立的二元世界,有许多场景是学术性和科普性不同比例的混合体。如果按严谨程度递增的方式排列,大致排序如下:青少年科普读物<面向大众的科普读物<大学教科书<面向本专业的介绍性出版物<学位论文<专业期刊长论文<顶级期刊短论文。

3. 拉伸

前文中提及的图表、示意图大多可采用矢量图来制作,因此在任意拉伸时都能保持清晰可读。而基于像素的图片（也称位图）则不同，在拉伸超过原尺寸后就会因为插值而出现马赛克或变得模糊，这是需要尽量避免的。反之，如果大幅度压缩像素图片尺寸，又会受限于出版印刷的精度，导致图片难以辨认。

4．颜色

目前绝大部分期刊仍然是单色印刷的，只有线上出版发行的电子刊物以及少量顶级期刊才支持使用彩色图片。此外，毕业论文和项目报告等印刷数量很小，也可以使用彩色图片。对于其他情况，使用图片时需要转换成灰度图片或单色图片。早年没有很好的激光印刷技术，因此人们不得已只能想了一些变通的"凑合手段"，譬如图 12-4 中，(a)使用了图案填充来表示不同的大色块，(b)使用了所谓颜色抖动(dither)技术用单色近似模拟"只可远观"的伪灰度图片。时过境迁，现在很多出版单位都支持灰度图像了。

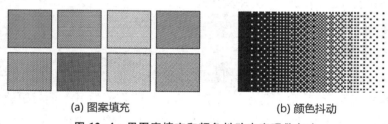

(a) 图案填充　　　　　　　(b) 颜色抖动

图 12-4　用图案填充和颜色抖动来实现伪灰度

5．修改

许多出版方不允许对显微照片、凝胶等图像进行"数字增强""非线性调整"等编辑处理，以免影响读者对实验效果做出客观的判断。有的甚至要求在提交初稿时，附带提交原始图像或照片。当然，对于没有这类问题的图片，自然是以处理得干净利落、清晰美观为佳。

四、图文混排

在印刷技术、编辑技术尚不发达的时期，文字部分和非文字部分往往是单独分开编辑之后再排版。直到近三十年来，计算机硬件和软件技术大为进步,作者才能直接在计算机上使用混合排版(混排)的方式,将文字和非文字的内容放在一起进行编辑。

学术写作一般以文字为主,而图、表和公式等发挥辅助、补充的作用,因此后者大多以分散的图块形式嵌入连贯的文字(如图12-5所示)。

(a) 页面采用分栏时的图块　　　　　(b) 页面不分栏时的图块

图 12-5　多种宽度的图块嵌入页面(分栏或不分栏)示意图

多数学术稿件在正式付梓之前,会安排负责格式调整的编辑来排版布局,一般不需要作者自己来做精细的调整。但对于学位论文、项目报告之类的文档,自然还是需要作者自己来完成排版布局。对于混排时的嵌入图块,最基本的注意事项包括:

(1) 图块应该与和它相对应的文字尽量邻近,有的期刊要求二者尽量在同一页上。

(2) 图块中的所有文字和数字都应该能看得清楚,包括数轴刻度、图例文字、符号的上下标等;各图块之间的文字和数字的尺寸应该基本相当;一般建议使用笔划等粗的字体,以便在字体较小、印刷和复印质量不佳的情况下也能认清。

(3) 图块中所有的缩写都应在前文中出现过,或在后文中加以解释。

(4) 为了便于正文提及图块中的内容,一般图、表、公式都会被赋予唯一的编号(除了推演公式时的中间步骤之外)。图和表除了编号之外,还可以有自己的标题(一般位于表格的上方,或插图的下方);而公式一般没有标题,其编号置于右端。

(5)图块不应该出现顺序的颠倒——文字中较早提及的图块,编号和位置也应靠前。

(6)在能够清晰显示的前提下,很多时候可以把多个小图块拼合成一个大图块,这样可以使排版更整齐紧凑,同时也便于进行图块间的对比。

(7)在一些篇幅较长的学术论文和报告中,图、表或公式的数量比较多,为便于读者查询和观看,有时会分别单独编列出它们各自的目录。

目前图文混排都是使用软件来编辑完成的,这需要写作者学习使用软件,以便符合出版单位对稿件的格式要求,并尽量让稿件美观和规范。出版单位在声明格式要求的时候,往往提供了相应的稿件模板,使得写作者能便捷、自觉地遵循其格式要求,将更多精力专注于内容的写作。譬如著名的 Science 杂志就在其主页上[1]提供了 LaTeX 和微软 Word 的两种模板。

不同的模板,意味着编辑时需要使用不同的软件。LaTeX 和 Word 之争由来已久——Word 是"所见即所得(WYSWYG)"的编辑软件,在文字编辑市场有很高的占有率,易于学习上手,但价格较贵;LaTeX 免费开源、效率不错,质量也很高,故获得了学术界的广泛青睐。相对而言,LaTeX 的学习曲线比较陡峭,对新手要求较高,一开始需要记不少关键词,要多加练习才能熟练使用。不过互联网上 LaTeX 的学习资料很丰富,方便搜索。

结束语

本章介绍了表格、公式与插图的规则与方法。插入表格时,要注意添加分隔线并合理对齐,使之清晰美观。插入公式时,要注意其中出现的所有符号都必须在论文正文中给出定义或说明,斟酌推演公式的详尽程度,使用少量辅助语言。插图分为图表、示意图、图片、设计图等,编辑时应以简洁为原则,尽量减少不必要的装饰,使之更好地辅助论证。随着技术的发展,相信这些目标将更容易实现。

---

[1] Science 杂志的格式要求和模板下载地址:https://www.science.org/content/page/instructions-preparing-initial-manuscript。

第十三章 学术演示

📖 开场白

学术演示是将学术想法或成果转化为口头表达的过程,不少同学在课堂上已经与它打过交道了。在前几章细致学习书面的学术写作知识之后,本章我们将了解什么是演示、它有哪些形式和工具、演示文档要如何编排、演示中使用动画有哪些优势等。在网络和技术如此发达的今天,制作出精美的学术演示文档已非难事,但如何让技术与学术内容相得益彰,仍有许多值得注意的细节。

一、演示的概念

学术想法和成果除了写成书面论文出版之外,在很多场景下还需要进行口头表达。图 13-1 中罗列了一些常见的口头表达场景,并根据场景的正式性、严谨性、趣味性和准备工作量的不同,把它们象征性地画在相应的位置。

虽然这张示意图并不严谨,但也蕴含着这样一些理念:

口头表达有正式与非正式之分。正式的口头表达可能涉及更多的听众、有较大的潜在收益(名、利、责任或后果),因此正式的口头表达也意味着较大的工作量和代价:工作量是指主讲者的时间精力;代

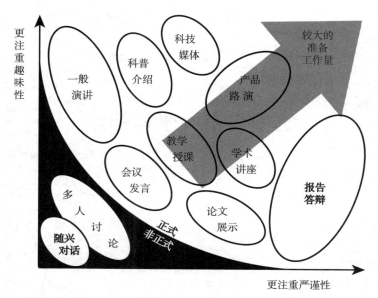

图 13-1　一些非正式与正式的口头表达场景

价则是指为了获得内容信息（数据、资料、图表等）而付出的购置费用、实验消耗、人力投入、计算力开支，以及从外部获取各种辅助材料（音视频媒体、发放给听众的印刷品、表达场地的布置物资）所需的花销，等等。

图中"产品路演"和"报告答辩"在准备工作量上有较大跨度，也正是因为这两种场景的潜在收益有很大的跨度。譬如同样是报告答辩，可以是某一门课程的课程汇报，也可以是决定是否授予博士学位的答辩，还可以是标的额上千万元经费的项目申请答辩。

趣味性和严谨性往往难以兼得。很显然，"无趣而且不严谨的口头表达"并不难做到，但"严谨且有趣"则非常之难，因为烘托趣味性时常常需要运用一些逻辑上并不严谨的比喻、类比甚至夸张之类的修辞手法，而维持严谨性时又不能随意舍弃枯燥乏味的术语和定式，甚至有时会给人"八股"的感觉。一般说来，"严谨且有趣的表述"要求主讲者既有学识又能说会道，并做了充足的准备，往往还牺牲了部分深涩的内容。

学术表达和非学术表达其实并没有本质的区别。除了学术表达相对更注重逻辑道理、理论体系之外，大部分非学术表达的讲者是口才相对较好的人，某种程度上可以说是一种"自然选择"；而在学术背景下，即使口才不好的人，出于学术交流、水平展示、技术辩论等目的，也不得不登台发言。

一般说来，表达者都期望在表达时获得较好的效果，如通过答辩、获得投资、完成沟通、赢得信任和尊重、说服听众、使听众能理解相关信息和知识，等等。对表达效果有影响的因素并不少，其中至少包括：

（1）主讲者在相关话题上的学术水平（深度和广度）；

（2）主讲者的口才和表演能力；

（3）主讲者为准备表达而投入的工作量，以及针对该话题曾经表达过的次数；

（4）所选用的表达形式是否适合相应话题；

（5）所选用的表达形式是否适合听众的水平、品位、习惯、爱好；

（6）主讲者给听众的先验印象和见面后形成的新印象，如所使用的宣传材料；

（7）现场的环境和氛围，如对现场观众的招待和安置、会场舞台的音响灯光、网络的顺畅程度，甚至包括"托儿"[①]的安排，等等；

（8）对于多人登台发言的场景，还需关注前面其他讲者造成的观众心情变化、前面所讲的内容是否和自己的内容有部分重复、前面的讲者是否拖延造成自己时间预算不足，等等。

这里罗列的因素很多。（1）（2）是需要主讲者经过长时间学习锻炼才能获得的，（7）（8）是主讲者自己无法掌控的。不过也有部分因素，即（3）（4）（5）（6），是主讲者在准备期可以留意的，它们会对表达结果产生直接影响。这些因素归纳成一句话就是：**主讲者需要尽可能提前了解现场环境和听众的情况，有针对性地采用最合适的表达技术和手段，并尽可能精心地做好准备。**

---

① 有时会为烘托气氛，找来一些现场陪听者或线上围观者。

那么，什么才是最合适的表达技术和手段呢？目前，在比较正式的口头表达场景中，主讲者大多会借助一些工具（幻灯片、黑板白板、道具物品等）来达到更好的表达效果，口拙的主讲者借此能顺利完成陈述，而舌灿莲花的主讲者更能充分发挥。这种借助工具的口头表达方式一般称为演示（Presentation）。随着技术的进步，演示时可以运用的工具也越来越丰富。到了信息时代，演示中使用的最主要工具是计算机上的媒体软件，以及支撑它们的相应硬件设备。

二、演示的形式与工具

1. 常见的演示形式

演示时需要工具的配合，因此演示可选用的形式主要依赖演示场地的配备情况，譬如是否有投影机、黑板、实物展示台等。而演示者能否娴熟地掌握和运用这些演示形式、能否扬长避短，会形成天壤之别的效果。目前比较常见的演示形式包括：

（1）基于电子投影的演示形式。

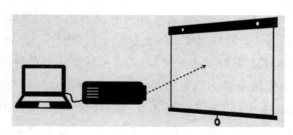

图 13-2　基于电子投影的演示形式

这无疑是目前运用最广泛的形式。如图 13-2 所示，来自计算机的视频信号通过投影仪显示到巨大的幕布或干净的墙面上。而主讲者口头表述时，通过计算机上的演示软件可以非常方便地呈现各种媒体内容。这种方式编辑效率高、呈现内容丰富，虽然也有缺点（在后文详述），但已经成为全球学术活动的默认方式。许多学术交流活动的主办方会提供演示文档的模板，甚至给出流程手续来接受主讲者的演示文档。

这种形式在最近十年中略有变化,"投影仪+幕布"正在被大型平板显示器所取代。后者显著提升了画质,而且改善了不能随时关机、散热风扇噪声大、不便移动、灯源寿命短、主讲者在幕布前会被投影机照射到等问题,不过它的价格较为昂贵,且不便于使用激光指示器。目前,少数高级会议场所或舞台使用固定的电视幕墙——或由多个 LCD 显示屏拼接而成,或是超大型的 LED 屏。

(2) 基于幻灯机的演示形式。

一般认为电子投影的形式是几十年前幻灯机的改进升级版。图 13-3 是一些使用较广的幻灯机类型:

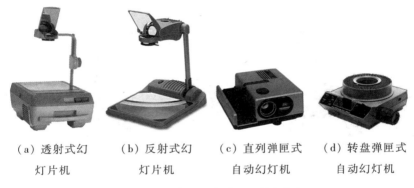

(a) 透射式幻　　(b) 反射式幻　　(c) 直列弹匣式　　(d) 转盘弹匣式
　　灯片机　　　　　灯片机　　　　　自动幻灯机　　　　自动幻灯机

图 13-3　一些工作方式不同的幻灯机

图 13-3 中(a)和(b)类幻灯片机使用大至 A4 幅面的透明胶片,而胶片可以通过打印来制作,也可使用记号笔在上面直接书写,适合一边讲解一边写板书的讲述方式,同时也可以用笔或手指直接指示,比较方便;(c)和(d)类自动幻灯机使用照相机拍摄正像底片(正片)来制作小型胶片①,在讲述时不能进行现场编辑,但在半个世纪前,它比其他显示方式的画质好得多,而且可以用遥控器切换幻灯片,是当时最高级的演示工具。

受限于胶片和制作的成本,这两类幻灯机当年在国内并没有普

---

① 一般家用相机使用的是负像底片,以便冲洗照片。

及。随着我国经济社会的发展,新一代的电子投影方式因便于编辑、画质更好、平均使用成本更低,基本上取代了幻灯机。

(3)基于实物展示的演示形式。

对于涉及实验实践、工艺工具、设备流程等内容的演示,主讲者大多意识到,若想获得较好的演示效果,最好带着听众来到实际设施所在的场地,或者带着实物来到展示现场。实物带来的感性认知可以吸引听众的注意力,也容易使听众形成清晰的印象,给演示加分很多。

如果展示的是较小的物品,在听众较少时,可以把物品直接置于听众面前,甚至让听众们传递、把玩物品;而在观众较多的场合,就需要借助如图 13-4 所示的实物展示台来放大显示的画面,以便所有人都能清楚地看到。

(a)附照明灯的实物展台　　　(b)文档相机(高拍仪)

图 13-4　一些实物展台

目前应用较多的实物展示台本质上就是一个便于调节的摄像头,有时会配一些照明灯光。它拍摄获得的视频信号还需要投影仪配合以呈现给观众。在很久以前还有一种装置是直接通过光学透镜之类把物品放大呈现,称为不透明投影仪(Opaque Projector),不过它不方便使用,也不便宜,所以已经很少见了。

实物展台景深不大,当展示对象比较扁平时,展示效果较为清晰。因此有时也称之为文档相机(Document Camera)、高速拍摄仪(高拍仪),其中的高速是相对于传统的扫描仪而言的。

（4）基于线上直播的演示形式。

当演示者与听众身处不同地点，需通过网络进行交流时，就构成了线上的演示方式。这种形式可以被视为早年基于电视或广播的交流形式的进化产物。除了画面更清晰之外，展示的形式也更灵活多样，譬如可以随时显示或隐藏主讲者的头像、可以通过共享桌面来呈现任意画面而不需要特别的演示软件等。它还引入了更自由的反馈渠道，譬如聊天室、弹幕、实时问卷、共享白板之类。比起半个世纪前只能通过向演播室打电话来反馈，线上直播的优势是显而易见的。

（5）基于板书的演示形式。

"黑板+粉笔"的板书是最古老的讲课、交流和讨论手段，具有极低的使用成本，也能达成最基本的演示需求，这里不再赘述。最近几十年开始流行的绿板和白板，与黑板的差别并不大，仅仅在于使用什么笔、笔迹是否清晰、颜色是否鲜艳、是否容易擦除、适合写多大的字、是否会掉落粉尘等。此外，有的绿板和白板还带有一些附加功能，譬如具有磁性，以便通过磁铁来张贴较大的图片；可以翻面或滑动，以便有更大的书写面积；柔性并带有背胶，以便粘贴在普通墙面上来使用；等等。高端的白板带有"自动版面卷轴+扫描+打印"的功能，可以自动记录、保存和复制当前版面上的内容，但售价高，普及率较低。

当需要绘制示意图、推演公式、演算数值、进行形象化思维，或者表达的内容并不成熟，需要大量地打草稿、绘草图的时候，主讲者和参与讨论者都习惯使用板书。

板书的优势在于：购置和使用成本低、与平时纸笔书写的方式最接近、书写绘图和擦除都很方便、易于集中精力于内容本身，而且书写速度较慢，使得倾听和记笔记比较从容。但板书不适合演示多媒体的内容，难以把讲解信息直接传递给听众，由于书写而导致整体效率有限，所以目前只有数学课等较少的专业课上，教师和学生青睐板书。

对于上述这些演示方式，还有一些值得补充的说明：

混合使用　上述各种演示手段是可以混合使用的，在此不妨举个比较极端的例子。在实验室里讲授实验课时，主要用黑板和投影进行讲解，也用实物展台来展现实验装置，并通过网络来直播，这就同时引入了上述五种演示方式。当然，并不是说在演示的时候运用的演示形式越多越好。引入较多的工具的确使主讲者拥有了更大的自由度，但也就要求主讲者能熟练操纵更多的工具。最适宜的演示形式根本上取决于需要演示的内容。

新兴工具 随着技术的进步，更多的新工具被引入演示。譬如带有触摸屏技术的大型平板显示屏正在逐渐登上舞台，它除了可以呈现各种媒体内容，也可以让使用者直接用手或笔在屏幕上书写绘画，并支持把书写绘画的内容存档共享，这带来了很大的便利。虚拟现实（Virtual Reality，VR）等技术，使观众可以随主讲者一起，在虚拟的3D环境中观看演示素材。这种曾经仅出现在科幻影视作品中的技术，现在已经逐渐成熟，接近实用状态了。

2. 电子投影演示方式的优势与弊端

在这么多演示形式中，基于电子投影的形式毋庸置疑是主流，而且在未来几年里应仍然占据统治地位。究其原因，并不仅仅在于"技术进步会淘汰古老的手段"，而在于这种形式自身的诸多优势：

（1）**预防跑题遗漏** 只要以电子演示文档为主线，把关键信息和内容都呈现在页面上，那么演示中的表述就基本完整和有序。

（2）**降低口才门槛** 锻炼出好的口才是很不容易的事情，对于将大量精力投入研究的科研人员尤其如此。而在学术场景中，让口拙的人当众进行演示并不罕见。口才略有欠缺的人在登台之前可花费较多时间来打造比较像样的电子演示文档，从而弥补自己登台后可能的表现不足。

（3）**媒体美观丰富** 不管是哪种电子演示文档的制作工具，在其中嵌入丰富的媒体内容（音频、视频、动画等）都已经是标准配置，而且做法一般也极为简捷。借助互联网，各种素材几乎应有尽有。即使对于没有美术功底的人来说，制作出精美的电子演示文档也不困难。尽管在三四十年前已经有些学术场合（譬如学校里的多媒体教室）开始使用"电视机+录像"来播放一些视频，或使用透明胶片幻灯片来制作图像,但这样的场合比较少,更主要的是制作不方便、获取素材也太难,音视频多媒体内容多由专业人士制作。

（4）**制作效率较高**　当使用者掌握基本的技能之后,制作电子演示文档的效率可以很高。学术演示中,"呈现必要信息和内容"是底线,而"精致美观优雅高级大气上档次"是相对高远的目标。实事求是地说,要做到后者殊为不易。但保证底线并不难,实际上,制作电子演示文档的瓶颈多半在于主讲者"尚未想清楚怎么讲"。

（5）**信息承载量大**　在电子演示文档中可以呈现非常大的信息量,远远超过板书和实物展示等手段。不过很多新手可能会在演示文档中呈现过多的内容。

（6）**便于分工合作**　当演示以团队形式展开时,电子演示文档就成为一个重要的枢纽。团队成员各司其职,分别为演示文档提供素材、整理思路、美观优化等,最后呈现最佳的演示。当一个人的时间和资源不足时,在学术伦理允许的范围内寻求他人的合作,往往能制作出更优质的演示文档,提升演示的效果。值得一提的是,在互联网时代,突破地理限制的合作已成为常态,Microsoft、Google 等信息时代的巨头都力推团队合作的编辑器。

（7）**众多模板可用**　当自己技术不足又难以寻求他人帮助时,互联网上也有非常丰富的免费或付费模板可以利用。付费模板的品质相对较高,而且在遇到问题时可提供一定的技术支持。使用他人制作的模板的最大好处,就是主讲人可以节省不少修饰外观的时间,而把较多精力用于整理演示文档的内容和逻辑。

（8）**多次重复使用**　有一些学术性演示是会重复很多次的,譬如教师讲同一节课、专家就同一个话题开设的多次讲座等。电子演示文档在制成之后,就能多次重复使用。当然,也可以在每次使用时略作修改,从而不断完善。因此,一旦电子演示文档制作完成,就能大幅度地减少主讲者后续的重复劳动,使其能专注于内容和表述的改进。

（9）**易于分享传播**　这是所有电子文档的共性。文档的复制、分享、备份、传播都易如反掌,尤其是在互联网已经普及的时代。现在人们更担心的反而是太容易传播,导致自己的版权动辄就被别人侵犯,或者自己不小心就会侵犯别人的版权。

(10) 内容化繁为简 对于多数人来说,突然遇到四五段文字、十几行公式、包含几十个环节的流程图或结构图、上百个数字或一堆符号,都会出现畏难情绪。而在电子演示文档中,可以引入动画,分拆原本静态、繁复的内容,然后在演示时逐步显示。这种做法虽然简单,却能够立竿见影地缓解听众的抵触心理,还能梳理出层次,非常有利于听众的学习、理解、记忆。正因为这种做法很有效,有的学校在进行教师授课比赛时,会把这种"内容渐显"操作作为考核项目,当然在实际运用中不必这么教条。

电子投影演示形式拥有上述诸多优势,同时也存在缺点,譬如:

(1) 设备不能出现故障。

(2) 演示文档可以引导讲解内容,但也约束了主讲者临场应变的自由发挥。

(3) 合作制成的演示文档,如果风格不统一、连接不顺畅,或者合作者之间并未达成共识,那么演示时可能会造成尴尬。

(4) 如果精心挑选了有独特风格的模板,却在登台前发现前面的主讲者也使用了相同的模板,多少会有些"撞衫"的苦恼。

(5) 重复使用的演示文稿,如果听众听过多遍却发现主讲者不能与时俱进,则不利于维护主讲者的形象。

(6) 化繁为简的内容渐显方式如果运用不当,会在听众的理解过程中造成大量断层,有损观感。譬如主讲者未注意到各部分内容之间的联系、因为准备不充分而在每部分内容呈现之后还需要考虑片刻等。

瑕不掩瑜,电子投影仍然是学术演示中最重要的形式。

3. 演示环境中影响演示效果的因素

当演示依赖工具和环境时,与之相关的多种因素就会影响到演示效果。多数情形下,主讲者并不能挑选或改变演示环境,只能被动地根据环境来调整和策划演示的流程细节。为了达成尽可能理想的效

果,演示者应该提前熟悉演示环境和演示工具并进行相应的准备。一些需要提前向组织者或管理方了解的问题包括:

(1)演示的设备。

如果是公用计算机,那么该计算机支持哪些演示软件?各是什么版本?有没有规定格式或模板?是否允许使用自带字体?什么时候传递演示文档给主办方?主办方是否会做格式的测试?自己在登台前是否有试讲的机会?

如果由主讲者自带笔记本电脑,详见下文。

(2)演示现场的投影仪接口。

目前,绝大多数会场提供的主要是 VGA(15 针 D-sub 公头)、HDMI 中的一种,或两种都有,如图 13-5 所示:

(a) VGA 电缆接头　　　　(b) HDMI 电缆插头

图 13-5　投影仪常用接口:VGA 和 HDMI

其中,VGA 年代稍微久远一些,电缆传递的是模拟信号,在线缆较长或者质量不好、画面像素较高、插头中插针连线松动的时候,画面显示质量下降或出现问题的可能性会大许多;而 HDMI 电缆传递的是数字信号,相对而言画质更可靠一些。

(3)讲台的音频线接口。

如果没有音视频接口,演示文档中自然就没必要设定音乐和音效了。目前传输音频的线缆主要是 φ3.5 mm 的双声道耳机线。不过,HDMI 线缆也可以传输音频,这需要在笔记本中设置输出到 HDMI 线缆,在会场的调音台或连线中,把 HDMI 线缆中的音频部分连接到会场扬声器公放。

(4) 投影仪或显示屏的长宽比。

如果演示文档与投影仪或显示屏的长宽比不匹配,则画面会偏小且出现黑边。早年的投影仪与大多数计算机显示屏的分辨率相配,长宽比是 4∶3,常见的分辨率是 800×600、1024×768、1280×960。而近几年新建的演示场地,主流的显示屏是 16∶9 的投影仪或大显示屏,常见的分辨率是 1280×720、1600×900、1920×1080。还有一些舞台显示屏采用的分辨率是量身定制的,一般说来越大的舞台显示屏就越扁,譬如长宽比达到 20∶9 甚至 32∶9。

(5) 演示显示装置的种类。

幕布投影、大型平板显示器和 LED 屏幕是常见的显示装置,后两者不能使用激光笔指示,因此需要指示的内容通过预先在演示文档中制作动画来凸显。

如果是幕布投影,还要看投影幕布是一块还是多块。有些占地面积较大的会场原本没有投影设施,后来改造装修时,分散地安装了多个投影仪和小幕布,以便室内所有人都能看清楚。对于多幕布的场景,用激光笔指示的效果会大打折扣,因为激光笔只能在其中一块幕布上进行指示。

使用幕布投影的另外一个小细节是,投影机是放在桌面还是挂在房顶。由此可以大致确定演示时的站位离幕布有多近,以及是否可以使用教鞭等。

(6) 现场黑板或白板的块数。

对于某些演示,将投影与黑板或白板结合,并充分地利用多块黑板,能共同发挥二者的优势。不过,有些高校要求教师在参加教学基本功竞赛时,必须使用"PPT 和板书"这两部分,这就又有点死板了。一方面电子演示文档可以融入黑板大部分的作用;另一方面很多教室中为了投影清晰就需要关灯,而为了黑板清晰就需要开灯,设计得不合理的教室不一定能很好地解决这对矛盾。

(7) 现场的麦克风。

如果有无线麦克风,演示者就可以在讲台上相对自由地移动,甚至可以走到听众中互动。一般说来,握着或佩戴无线麦克风在讲台上边踱步边演说,确实会比站在讲桌后面发言更能吸引眼光,但要求主讲者使用合适、有效的肢体语言。

(8)现场的提词器。

目前,越来越多的演示场合中会使用提词器(Teleprompter)。提词器有多种类型,如图13-6所示:(a)这种提词器是架设在摄像机镜头上的,当演示需要摄像而主讲者需要正面面对镜头发言时,用这种提词器可以让主讲者一直注视着镜头。(b)这种提词器一般会设置多个,放在讲桌和观众之间,顶部为一块45度角倾斜的透明玻璃。当主讲者站在讲桌处面对观众时,能够通过反射看到底部的提词信息,而观众可以透过玻璃看到主讲者。① (c)这种提词器一般放在讲台前沿和第一排观众席之间,倾斜向上,以便主讲者眼光稍稍下移即可看到提词信息。其实目前还有一些大型会场使用另一种提词方式:在会场正后方设置巨大的屏幕来显示提词信息。这种做法虽然成本比较高,且现场观众回头就能看到提词,但如果有大量场外观众观看直播或者录像的话,那么效果是最好的。

(a)摄像机罩式提词器　(b)立式透明提词器　(c)地面提词器
图13-6　各种提词器

如果演示现场有提词器的话,那么主讲者最好和主办方提前沟通,获悉提词器所需要的文本格式。

---

① 玻璃上还有房顶的镜像,所以在这种场景中,房顶不能有高亮的灯光。

（9）现场的照明及听众席设置情况。

有一些演示的场景是不提供充足的照明的，甚至像影院、综艺节目现场那样把观众席的照明调得非常暗，以凸显舞台的明亮、光鲜，譬如一些产品发布会、TED 演讲现场等。在这种场景中，自然就没必要向观众发放辅助的阅读材料。

反之，如果照明充足，而且可以在演示现场入口发放材料，那么就需要考虑发放哪种形式的资料，以及发放的形式。譬如是单独的简装讲稿，还是带有完整封面的装订本？统一装进一个手提袋，甚至附带些小纪念品？如果演示现场观众席有桌面的话，是否再加一支笔？等等。当然，大多数学术演示没有这么多讲究，带有商业性质的活动更有可能设置这些环节。

此外，如果大型的演示用到了高等级的讲台或舞台，还需要注意给主讲者的灯光是泛光灯、射灯（聚光灯）还是追光灯，在演讲过程中能否看清背景画面、提词器上的内容等。不过这种级别的演示，一般都会有提前的彩排，主讲者可以根据彩排进行相应的调整。

总之，当主讲者可以选择或调整演示环境时，自然应该根据演示内容和自己擅长的演示方式来进行合理的设定；而主讲者只是参与者之一时，就应该尽可能积极地与主办者进行沟通，获得演示场地尽可能全面的信息。

三、 演示文档的编排

1. 学术演示文档的内容组织

正如前文所罗列的，学术演示可以有很多形式，这些形式的目标也不尽相同：有的是论道型的演示，讲述"这是什么""为什么""情况怎样"，或者"我是怎么想的"；而有的则是要向别人论证"为什么我适合来做这件事"，或证实"这件事我做得还不错吧"；还有比较有挑战性的，如"为什么别人是错的而我是对的""我比别人强在哪里"。

尽管目的差别很大，但在学术交流的领域里，演示的基本目标都是"让听众听得清楚明白并认同",所以绝大部分的电子演示文档采用了大众化、常规的套路。从某种程度上讲,几乎所有学术演示都有点儿八股的感觉。"八股"或"套路"这两个词似乎有些贬义,但人们在学术交流中采用相同的框架来表达、讨论和思考,用相同的术语和论证手段,可以看成在本质上都用了一种共同的语言——学术的语言。这实实在在地省掉了许多不必要的麻烦,使得说者和听者都能够更加专注于实质内容。

因此,相对于古人作诗时讲究的"起承转合"四个字,学术演示的套路略有不同,可以概括为"起承顺合"。具体如图13-7所示:

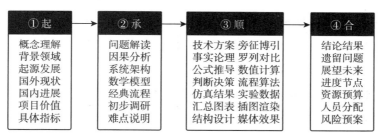

图13-7 学术演示文档的典型结构"起承顺合"

起 开端。这部分需要说明:到底是什么概念、此事此物源自哪里、有些什么变化、当前的研究状况如何、为什么值得去做、如果要做的话需要做成什么样。

承 承接。这部分是对问题进行剖析和解读,为展开第三部分的内容做铺垫。需要哪些预备的知识和术语、准备使用什么工具和手段?如果主题是要"做探索",那么切入点在哪里?如果主题是要"延续别人的研究",那么如何破、如何立?如果主题是准备做或已经做完的"具体的事情",那么难点、亮点、关键点是什么?

顺 论述。古人作诗讲究"转",是因为"文似看山不喜平"。与之相反,学术交流中一般不会故意设置回转和起伏,而是尽可能用流畅的逻辑、清晰的条理、充分的论述、严密的逻辑,一气呵成地讲述内容,使听众能最大限度地理解主讲者的观点、结论。为此,在这个环节需要摆出足够充分的证据来论证主题,不论主题是"我打算做什么",

还是"我已经做了什么"。

合 收尾。要把所有的头绪收拢，归于结论。根据演示的目的、用途，收尾中最重要的核心自然是"这个东西、道理就是这样子的""请相信我能做好这件事""我所说和所做的没错吧"。但也有不少情形，适合根据第三部分的详述，在这部分给出"推论""自然而然的结果""可能美中不足的地方"等等述。

当然，需要再次强调，图13-7中所罗列的是"可能涉及的内容"，对于具体的演示而言，内容自然只是其中一个子集，只需包含"能够论证结论"的那一部分。

2. 演示文档的典型风格

用于演示的电子演示文档，目前有几种迥然不同的典型风格。

（1）幻灯片风格。

演示内容逐页呈现，且页面布局大多采用横屏的方式，这是目前的主流风格。这种风格制作起来最为方便，在采用"撰写大纲—充实文字—贴入图片并排版—插入媒体—试演调整"的流程时，制作效率非常高，而且与演示者的思考顺序基本吻合。

使用幻灯片风格的演示软件很多，譬如微软公司的 Powerpoint、苹果公司的 Keynote、金山办公的 WPS 演示、LibreOffice 的 Impress、谷歌公司的 Google Slides 等。这些软件多数可以单机运行，也有不少是通过网页浏览器进行在线编辑的。后者几乎不需要在计算机上安装软件，在任何联网的计算机上都可以运行，只不过一般功能稍弱，而且在网络状态不佳时，使用体验堪忧。

值得单独一提的是 LaTeX Beamer，这是学术界常用的 LaTeX 排版软件的一个文档类，有不少学者喜欢用它来制作幻灯片式的演示文档。不过它遵循的是"内容与形式分离，有利于专注于内容"的原则，更强调学术内容而非交流过程。

（2）画布浏览风格。

演示内容主要放在一个巨大的画布页面上。随着演示的行进，观众看到的是这个画布上的各个不同的局部,即俗称的"摇镜头"效果。伴随着不断的缩放、旋转、画面弹跳,用户可以一气呵成地看完所有的预设内容。

这种演示方式在十年前出现时,对清一色的幻灯片风格演示市场形成了强大的冲击,因为这种方式很大程度上提升了幻灯片风格最缺乏的"全局感"和"连续感"。甚至微软公司立即就推出插件 pptPlex,试图为 Powerpoint 增加这种演示模式,可惜因用户体验不佳而废止。

目前采用这种风格的演示软件主要是 Prezi 公司和 Focusky 公司的同名招牌软件。

(3) 视频风格。

整个演示文件就是一个视频文件,随着演示过程的行进,主讲者不断地暂停和继续播放视频,以便插入自己的解说。当然,如果视频的无旁白时间正好与演说者的口头语言相配合,播放过程中不暂停也是可以的。

这种做法主要有两个好处。其一,跨平台只要使用了比较主流的视频编码格式,譬如 H.264 编码的.MP4 文件,就几乎能在任何平台显示得一模一样;其二,视频连续的动感画面更容易聚集听众的注意力。但这种风格的劣势也很明显,就是调整和编辑起来非常麻烦。

(4) 结构化图漫游风格。

一些图有非常典型的特征,譬如思维导图(Mind Map)、流程图(Flowchart)、组织结构图(Hierarchy Diagram)等。如果演示内容完全和这类图契合,那么制作完整的内容之后,动态地进行展示,比如逐步显示或者从一个局部浏览到另一个局部,就是一种快捷有效的做法。

(5) 连续文档风格。

有的学术活动是围绕着书面文档展开的,譬如拟定标准协议的工作会议、起草公告的内部会议、研习论文的讨论会等。在这些场景中,往往直接用大屏幕呈现核心文档,而与会者各抒己见,由一个执笔者操作键盘,负责对文件进行编辑,或在修订模式下进行修改。随着新技术的成熟,这类活动也逐步开始使用"合作修订在线共享文档"的方式来完成,多个参会者各自使用自己的计算机或平板对文档进行修改,这样可以大幅度提升协商的效率。

(6) 电子杂志风格。

电子杂志(网志)是21世纪初互联网1.0时代的自媒体的产物,大多数这类平台和软件是基于当时的 Macromedia Flash 来制作的。经过几年的繁荣和大量互联网公司的投入,包括静态图片页面、支持互动的动态页面在内的大量杂志页面模板广为流传。对于多数学术界人士而言,呈现精美恰当的画面一直是他们梦寐以求却没有能力实现的。而使用电子杂志的模板库,经过挑选适宜的模板来呈现学术的内容,可以说是两全其美。可惜的是,大多数那个年代的电子杂志公司已经倒闭,所以目前的操作系统大多不支持这类软件了。目前仍有一些公司在经营电子杂志,但因为相对小众,所以收费颇高。

(7) 其他风格。

随着技术的进步和繁荣,其实对于"演示风格"已经没有真正的约束和限制了,演示风格的呈现仅仅取决于演示者的想象力。譬如,2020年,有一位美国加州的老师就在联网的VR射击游戏"Half Life:Alyx"中,找到了某个楼顶上的玻璃温室,利用游戏中所提供的彩笔和板擦,在脏乎乎的窗户玻璃上给学生们讲了节关于邻角和补角的数学课。

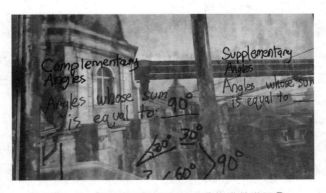

图 13-8　利用联网的 VR 射击游戏讲数学课①

---

① 画面来自 https://www.youtube.com/watch?v=R3g9jrqjOZs。

笔者本人也使用 RPGmaker 之类的工具制作过教学用的课件。制作起来并不麻烦，而游戏工具本身提供的交互功能使学生在地图上行走时，通过满足预设触发条件，能不断地看到课程内容的图片。如图 13-9 所示：

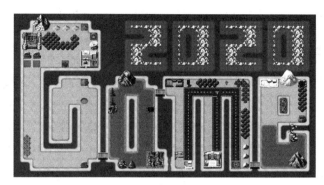

图 13-9　利用游戏制作软件设计的课件

需要说明的是，这里列举的"风格"是指各个软件的默认形式，用一个软件去模拟别的风格也是可行的。譬如有些设计师，在每次苹果公司的产品发布会和开发者大会（WWDC）后，都会把理应是 Keynote 制作的苹果的演示文档用 Powerpoint 制作一遍，作为日常的练手。这些软件之间也是不断互相"学习"的，譬如 Powerpoint 多年前推出的 pptPlex 和缩放定位功能，都是对画布式演示的一种模仿。

3. 提升全局感和连续感

前文提到，基于幻灯片风格的电子演示文档有两个大问题，即相对缺少全局感和连续感。当学术演示的时间较长时，这两个问题更为严重，亟待解决。

缺乏连续感的原因很明显：幻灯片一页一页地替换，而绝大部分演示文档的前后页面之间几乎没有公共部分，因此页面切换经常会造成思维的断层。其实这个断层在行与行之间也会出现。如果主讲人对演示的内容比较生疏，以至于每次出现新的段落、内容或页面之后，都需要稍作思考才能继续表述，则这种断层感尤为明显。

对于这个问题的典型解决办法有如下几种：

(1) **画面顺接** 在特别需要注重连续感的几个页面里,在每次页面切换时,保留前一个页面的一部分。然而,这种做法相对比较麻烦,尤其还要考虑给听众提供不同版本的打印稿。

(2) **画面外归纳** 当演示场地除了投影外还有黑板时,可以在解读每页幻灯片之后,将其主题词或关键词写到黑板上,并在讲完一个完整主题前一直累积、不擦黑板。

(3) **口头顺接** 在每个页面的末尾准备翻页前,主讲人提前想清楚下一页的主题,然后用口头语言进行适当的逻辑连接,譬如:"在讲完第二个优点之后,我们接着讲……"或者"虽然这个现象有非常多的优点,但是……"在语句讲到省略号的位置处,操作演示软件翻到下一页。然后完成后半句"……接着讲第三个优点",或者"但是它也存在重大的缺点"。

经多年试验,上述三种方式对 PPT 演示的效果改观非常显著。

缺乏全局感的原因也不难想象:幻灯片的每一页都是个小小的内容模块,当听众不能在单独页面上看到全局的架构时,容易产生"每一页听起来都言之有物,但总体的观点不明朗"的感觉。

相对而言,当人们阅读书本的时候,根据页面翻开在什么位置,大概可以知晓正在阅读的页面是在书本中的哪个部分;根据页面上的章节标签,可以知晓当前页面所属的章节。如果书本还使用了侧边印、书口画之类的书口设计,或者阅读者用即时贴制作了书口标签(如图 13-10),则阅读时的全局感会更好。

图 13-10 书口标签

对于这个问题的解决办法也有很多种。其中最常见的使用"目录页+标题编号"的做法如图 13-11 所示：

图 13-11　用目录页+标题编号来提升全局感

从图 13-11 可以一目了然地看到幻灯片的全局架构，各个页面的标题也明确了当前内容的主题。而除了正式内容（背景 3 页、方案 4 页、结果 3 页）之外，还单独增加了三个目录页。这种做法简洁易用，已经成为最广泛采用的手段，各个演示文稿设计公司提供的模板也专门给出"普通页面"和"目录页"。

另一种相对灵活且直观的方法，就是模拟前面所说的书口标签，制作演示文档的简易标签，如图 13-12 所示：

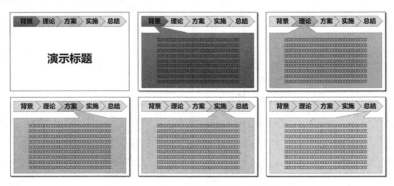

图 13-12　用页内标签来提升全局感

这种做法把所有顶层大纲的内容用最简要的词语制作成标签，对于具体的页面，用简易的指示方法来标明所述的章节。这种做法对观众全局感的提升效果更好，如果制作者比较熟悉演示文档的模板制作，也没有什么难度，是非常值得推广的做法。另外，这种做法也经常使用丰富的颜色、亮度、饱和度、阴影的区分来增强美感或凸显内容。

除此之外，还有如下做法：

在页面左侧或右侧留出较大的空间（譬如 1/6 的页面）来制作略详细的目录，而具体页面内，使用箭头或颜色来指示当前内容所处的位置，如图 13-13 所示。

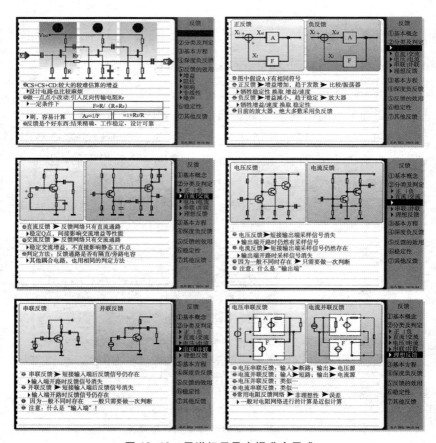

图 13-13　用详细目录来提升全局感

对于较大的复杂表格/图谱/程序算法,可引入"缩略图(雷达图)",在画面一个角落显示当前内容在大图中的位置,如图 13-14 所示。

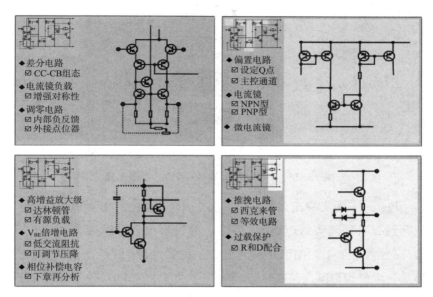

图 13-14　用雷达图(缩略图)来提升全局感

缩略图(雷达图)这种做法已经被众多电子游戏使用了,尤其是那些内含巨大地图的游戏。这种做法可以让玩家清楚地了解其当前所在的位置。经过几十年的发展,电子游戏对人机界面(User Interface,UI)进行了相当大的优化,将其借用到演示文档中来也合情合理。

后面所述的几种做法制作过程虽然复杂一些,但效果还比较理想。只要对全局感有所把控,读者也可以找到最适合自己的解决办法。

四、演示中的动画

1. 动画的原则

使用幻灯片进行演示时,动画是一种常用的功能,其效果也是传统的板书等演示手段所难以企及的。目前主流演示软件的动画种类已经非常丰富,以 PowerPoint 为例,见图 13-15:

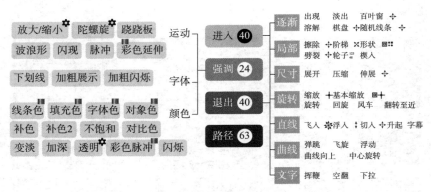

图 13-15 PowerPoint 2019 版中的动画类型

PowerPoint 支持四大类动画:进入动画(未显示在页面上的图形从无到有);强调动画(已经在页面上的图形出现某种变化);退出动画(已经在页面上的图形从有到消失);路径动画(已经在页面上的图形从一个位置沿某条路线运行到另一个位置)。其中,各类动画的数量众多,如图 13-15 中圆圈内数字所示。进入动画有七个子类,在动画过程中,有的整体逐渐出现,有的从某个角落或局部开始逐步显示,有的尺寸发生变化,有的产生旋转,有的是从画面外沿某种路径飞入,有的只适用于文字;许多动画还有详细的参数(如方向、数量)等可以设定(参见图 13-15 中的小标记)。退出动画可以说是进入动画的逆转,所以子类和数量都基本一致。强调动画主要分为运动、字体变化、颜色变化三类。路径动画虽然种类繁多,但常用的只有两个:直线路径动画、自定义路径动画。前者是直线的运动,自己设定起始和结束位置,后者可以详细设定精确的移动路径,但并不能详细设置整条路径上各处的速度。

使用动画也非常简单,选择图形对象后,直接选择动画的类型和参数即可。对于需要精细设置的情形,演示软件也提供了丰富的参数,如表 13-1 所示:

表 13-1　动画参数表

动画可控制量(参数)	可选项	简要说明
启动条件	鼠标单击；与前一动画同时；在前一动画结束后	动画发生的参考时刻
延迟时间	以秒为单位，精确到 0.1 秒	动画实际的启动时刻为参考时刻+延迟时间
持续时间	以秒为单位，精确到 0.1 秒	设定动画快慢
重复次数	可自由重复次数；直到鼠标点击才停止；永不停止，直到演示结束	可附加选择"快退"条件，选择动画是单向进行还是往复进行
触发条件	选择点击触发的敏感图形(可以不是发生动画的图形本身)	只有当点击该敏感图形后，该动画才能发生
动画的善后	无变化(保持末状态)；完成动画后自动隐藏；完成动画后变暗；完成动画后转为某颜色	大量图形和动画存在时，合理运用可以省很多事，同时能凸显最新显示的图形内容
文本动画的延迟量	全部一起显示；按段落延迟显示(以回车分段)；逐字母延迟显示	可设定百分比延迟量
运动动画的特殊参数	缓变(非匀速运动)；回弹(运动末尾增加小幅往复)；快退(运动后自动返回原位置)	使运动动画的控制更精细、准确

除了上述可用于普通图形的动画之外，较新版本的演示软件对演示中的特殊素材还支持其他的动画和控制效果：

媒体控制。媒体包括视频和音频，它们是否自动播放，以便快速跳转。

页面切换。从前一个页面到下一个页面的过渡(Transition，也可翻译为转场)过程，本质上也是动画。

墨迹动画。当计算机配置了绘图板或触屏时，绘图软件允许用这类绘图硬件来输入图形，这被称为墨迹(ink)。墨迹的具体内容，可以是书写的文字、画的简笔画、录入的公式,也可以是在原本的演示内容上简单的勾画、圈涂和标注。较新的演示软件能记录墨迹的书写过程,并进行逐渐的复现,这种功能非常强大且有效,以往需要录制屏幕才能做到。

然而,丰富且便利的动画功能却经常被滥用,甚至到了"乱用动画让听众反感"的地步,也因此让一些人产生了"学术交流没有必要做得花里胡哨"的意见。客观地说,动画的功用并非只有花哨而已。那么,动画的实际功效和价值到底是什么呢?如何才能有的放矢地使用动画呢?

在演示中,运用动画最有价值的目的大致有如下几类:

(1)化繁为简。

当某个话题需要阐述的内容非常多、流程比较长时,如果用多个页面来陈列,那么整体的完整感会有所欠缺,而如果将内容集中在单个页面,那么所有内容骤然出现的一瞬间,可能会吓到一部分听众。

在这种左右为难的情况下,把内容模块集中在一个页面上并按逻辑关系进行排版,然后引入动画,在最终演示时逐一呈现内容模块并进行讲解,就可以循序渐进地消除内容太多带来的恐慌感;而当讲述完毕时,页面上呈现了完整的内容模块及其关系,这又保持了完整感。

(2)凸显重点。

学术演示时,经常会遇到"概述总体,强调局部"的情况。例如,某个话题所涉及的内容虽然多,但想让观众留下印象的只是很小一部分。那么,在页面呈现总体内容后,在演示时只做简略的讲解,而把需要强调的局部通过动画凸显出来,譬如采用改变文字颜色、显示下划线、增加荧光背景等手段,并在演示时专门进行详细的讲解,就可以实现"有面有点"的观感。

(3)汇聚焦点。

当页面上呈现多个内容时,演示者可以用激光笔指点正在讲解的内容。使用动画可以代替这种做法,在屏幕上仅有一处有动画发生时,观众会默认这是主讲者正在讲解的部分。

越来越多的场合使用平板显示器来替代投影幕布,而在前者难以使用激光笔,且动画可以做得比较精致的情况下,使用动画来引导观众的注意力焦点就更加显得合理了。

(4)活跃气氛。

别出心裁、巧妙设计的动画,可以体现演示者的幽默感与活泼感,甚至性格和灵气。在相对枯燥的学术演示中,这是很好的点缀和装饰,往往能活跃现场气氛,使听众能更持久地保持注意力。

当然,传递灵动感是没有什么固定的章法可循的,达到这个阶段也显然是不容易的,它需要演示者对动画工具运用娴熟,对学术内容有独特的心得。而这种锦上添花的东西,自然还需要有充裕的准备时间才能精雕细琢。

坦率地说,"灵气"这个层次的确很难做到,所以在学术演示中运用动画的根本准则,就是要**合理**。如果说得更详细一些,就是三个词:精心、精粹、精准。**精心**这个词不必赘述;**精粹**是指在使用动画凸显重点和焦点的时候,不宜使用过多或过慢的动画分散观众的注意力,不应让观众觉得冗余累赘,甚至每个动画都要拷问自己"这样做是必须的吗";**精准**是指动画应该与图形对象的"身份"相吻合。文字内容使用容易看清楚的动画,譬如淡入、由左向右的擦出,普通内容用普通动画,与邻近内容有关联的要注意动画的方向性,动画顺序与讲解顺序应完全吻合。

2. 公式的推演

在学术演示中,公式的呈现司空见惯。由于公式编辑器的普及和便利,目前并没有多少人会觉得"输入公式"是件困难的事。然而,使用 PowerPoint 等软件来演示公式的推演很困难,令大部分人头痛。

下面简要介绍几种做法,适用于不同的场景:

(1)矢量分解法。

某些公式编辑器录入的公式,可使用矢量格式将其复制到剪贴板，然后在 PowerPoint 中使用"选择性粘贴 > 增强型图元文件"贴入 PPT，而后使用"取消组合"将其分解成各个符号，最后重新整理排版并为各个符号添加动画。

这种做法说来简单，其实鲜有人采用。因为很多公式编辑器并不支持矢量方式贴入剪贴板；图元文件在取消组合后，格式会错乱，整理排版可能会很累；还需要添加动画、设定动画顺序、记住动画顺序以便演示，当公式比较复杂时，这种做法是不太可取的。

（2）重叠覆盖法。

为了减轻分解公式之后重新排版的工作量，一种相对巧妙的做法就是把同一个完整的公式复制很多份，每份用不同的配色来强调某些符号。在不修改尺寸或统一调整尺寸时，这些公式可以非常方便地对齐。对齐之后，这些公式就完全相互覆盖了。最后全部选中后添加动画效果，并将动画开始的条件全部修改为"鼠标单击"即可。

对于这种做法，有一些小小的变形：

A. 可以逐个符号强调，也可以累进式地变化。差别只是复制公式时，是从同一个公式复制，还是复制刚刚修改过颜色的公式。

B. 若希望效果是"无中生有"地逐步呈现公式，那么只需要第一个公式的符号颜色和背景相同，而变色采用累进的方式。

C. 当公式非常庞大时，需要复制的份数太多。此时可以考虑对公式进行少量拆解，譬如拆为每行一个公式，这样可以大大降低重叠覆盖的复杂度。

（3）遮挡消去法。

另一种思路，就是完整输入整个公式之后，使用和背景色相同的图形块来遮挡公式。然后为这些图形块逐个添加"消隐"动画，在演示时让它背后的公式符号显露出来即可。

这种动画比较简洁、流畅，不过也有少许变形：

A. 如果演示文档采用了纯色背景，则上述图形块只需要使用纯色即可。

B. 如果演示文档的背景是渐变过渡色或者有其他图案，则上述图形块需使用"背景填充色"。

C. 如果希望在演示时能稍稍提示自己，那么上述图形块可以呈现为半透明。

D. 如果希望演示推导公式，且推导并不具有固定的顺序，而是根据情况，讲到哪里显示到哪里，那么图形块的消隐动画设置其触发条件为"鼠标点击"即可。

（4）笔迹重现法。

前文说到，使用绘图板或触屏，可以在演示软件中输入墨迹，其中墨迹可以是书写的公式。而新版本的演示软件里，重现书写过程，只需要下列简单的步骤：如果连续书写得较长，可以先取消组合，拆分成多个墨迹笔划段；添加墨迹独有的"重现"动画；根据情况选择墨迹动画的停顿点，在每个停顿点设置墨迹重新的启动条件为"鼠标单击"，其余墨迹的启动条件均为"上个动画之后"。

事实上，如果演示现场的计算机上带有绘图板或触屏，自然也可以在演示的过程中直接书写。但提前输入的公式相对比较整齐、规范，也避免了现场书写时的迟疑和错误。

除了公式以外，学术演示中还有不少内容也有相同的性质：本身比较繁复、需要边显示边解读、非纯文字或完全图形化了……对于这些内容，也可以采取和公式推演的动画相仿的技术手段。

3. 平滑切换

平滑切换是 PowerPoint 在 2018 年之后的版本中引入的功能，虽然本身完成的功能是页面之间的切换，但这种切换功能有非常独到的用途，可以非常快捷地实现强大的动画功能。平滑切换的本质很简单：

以 PPT 页面作为关键帧（Key Frame）；当在前后相邻的两个页面之间切换时，如果两个页面上有相同名称的图形[1]，但它们又有不同

---

[1] 对于不熟悉图形名称的读者，可以在 PowerPoint 中打开菜单：开始 > 选择 > 选择窗格来查看页面内的图形列表。

的参数属性,则 PowerPoint 在页面切换时,自动完成二者之间的平滑过渡。目前版本的 PPT 所支持的平滑过渡,包括:

对象位置:从前一页面所在位置,自动过渡到下一页面中的位置;

对象颜色:从前一页面所具有的颜色,自动过渡到下一页面中的颜色;

对象旋转:从前一页面的倾角,自动过渡到下一页面中的倾角;

对象尺寸:从前一页面的长宽尺寸,自动过渡到下一页面中的长宽尺寸;

三维空间内的旋转:平面图形在三维空间中的旋转(可使用透视效果);

文字自动排列:当文本外框大小发生变化时,文字可以在横排和竖排间过渡;

图形曲线:演示文档中的图形都由多个顶点组成,当同名的图形曲线有差异时,支持逐顶点的自动过渡;

三维模型旋转:当演示文档中使用了三维模型时,它可以在三维空间中旋转。

上述平滑切换可以相互结合使用,有时能产生很神奇的效果。使用时还需注意两点:其一,如果在前一个页面末尾图形已经隐藏了,或在下一个页面开始时图形并未显示,需要做后续动画才能显示,则 PPT 并不支持这种平滑切换;其二,有的图形是自动命名或者重名的,PowerPoint 的平滑功能不能自动识别,这时需要将图形命名为"!! abc""!! x1234"这种风格,即以两个半角惊叹号开头,后面续上图形特定的名称。

五、 演示前的自检清单

为了能在登台进行学术演示时内容呈现清晰明确,表述时有条不紊,从容应对,尽可能避免各种意外,特编制表 13-2,以备主讲者登台前进行逐项确认。

表 13-2 演示前的自检清单

清单类别	细目	主客观	详细说明
格式	文件类型	客观	应提前确认公用计算机支持的文件格式； 难以确认的,使用相对普及的文件类型(如PPT),并提前准备备用类型(如PDF)
	版本	客观	应提前确认公用计算机支持的文件的版本； 不能提前确认的,表述过程不应依赖新版本的新功能
	画面长宽比	客观	最好提前获悉会场的显示画面比例(投影或平板显示器),以便获得最佳显示效果。目前大部分学术会议使用4∶3或16∶9的画面长宽比
	模板	客观	若主办方要求使用规范性的模板或标志,应遵照
	尺寸限制	客观	若会议/网站对文件篇幅(页数、字节数等)有要求,应符合要求
接口	接口兼容	客观	本项针对自带计算机参会的场景； 目前大多数会场提供VGA(D-sub)或HDMI接口
	切换操作熟练	主观	在连接会场投影/显示器后,能快速呈现画面
引用	学术引用规范	客观	使用他人的学术数据、图表等,须指明来源(参考文献)。可使用完整文献名或简称
文字	易阅读	客观	助讲文档中的文字(含图表中的文字),尺寸均需适于阅读。一般情况下字体不宜小于24磅； 不需观众阅读的装饰性文字不受此限制
	文字数量	半客观	文字不宜过多,以免观众耗费过多精力于阅读； 必须逐字讲解的文字不受此限制； 若担心报告时遗漏或讲错,文字可以稍多一些,但应多加练习,尽量避免
	字体兼容	客观	尽量使用常见字体。在必须使用非常见字体时,可以考虑将文字转为图片,或提前与联络人沟通,提前在现场试验
	文字准确性	半客观	用字用词需经过推敲,尽量便于理解(甚至记忆); 杜绝错别字

续表

清单类别	细目	主客观	详细说明
图表	清晰度	半主观	注意线条曲线的粗细、图形的尺寸、透明度和层叠关系等,确保需要观众看到的图表内容均清晰可见
	区分度	半客观	图表中需要以颜色、形状、线型等特征来区分的图线和符号,差异应足够显著; 不宜使用过多的颜色、形状等,以免影响阅读、观看
	明确	客观	使用明确的图例来说明图表中的线条、形状的指示;若相应领域中有惯例,则遵照惯例绘制图表,不一定要使用图例
	图表效率	主观	对于较复杂的图表,凸显需观众关注的部分,或遮掩/模糊不需关注的部分
	一致性	主观	若报告演示有相对应的文稿,则使用相仿的外观和风格为佳
	美观	主观	适宜地装饰和美化图表
媒体	兼容	客观	助讲文档中的多媒体(音频、视频、动画等)需能够正常呈现。尽可能与联络人沟通,提前在现场试验
	版权	客观	使用图片、动画、视频素材时不侵犯他人版权(含发表权、署名权、修改权等)
	音量	客观	音频和视频文件的音量应提前设定。视频中不必要的背景音应提前设置/编辑为静音
	裁剪	客观	不宜在报告过程中再调节音视频的起始与结束时刻,最好提前设定好
	动画	半客观	动画/转场/特效的数量、长度应适宜,以免影响主题内容的表达
语言举止	着装	主观	符合学术场合的惯例、举办地点的习俗
	专注主题	半客观	在学术场合,不引入不必要或具挑衅的讨论、观点、案例
	无歧视	半客观	不使用带有歧视性意味的语言和肢体语言

续表

清单类别	细目	主客观	详细说明
过程	预演	半客观	正式报告前需经过排练预演。演示报告的重要性越高,熟练程度应越高
	时长	半客观	预演时长应符合报告/会议要求。不应超时,也不宜比要求时间短太多
	详略	主观	报告演示中的主要时间应用于呈现核心内容
	备案	主观	对于可能的提问,有所准备。演示报告的重要性越高,准备的问题应越广泛和充分

表 13-2 主要针对学术报告或会议中的表达过程,包括用于助讲文档,例如使用 Powerpoint、Keynote、Beamer、Prezi 等软件所生成的文档,以及报告展示的过程。

结束语

虽说演示中最有力的"工具"是自带的谈吐口才、表情手势、风度、肢体语言,但用好演示工具依然十分重要。本章中,我们学习到场合与设备等硬件条件决定了学术演示可用的工具;为了配合不同的学术内容,且让听众听得懂、听得开心,在准备演示的时候也有千差万别的考虑。最后,别忘了在演示前照着文末的清单核查一遍,相信你会发表一场精彩的演说。

后 记

为了全面提升学生的学术写作能力,包括科学文献的运用、逻辑思维的锻炼以及表达展示能力的提高,自 2020 年春季学期起,北京大学特开设了"学术写作与表达"课程。该课程着重于基础写作技能的锤炼,旨在为学生后续的专业论文撰写奠定坚实的基础。作为北京大学首门面向全体本科生的学术写作通识课程,"学术写作与表达"课程每学期均开设,至今已历经十个学期的持续实践与优化。自 2022 年秋季学期起,该课程被正式列入北京大学通识教育核心课程。

该课程的主要特色是模块化、分组制、高互动、注重写作能力和表达能力的培养,旨在围绕学术伦理规范、文献检索与运用、逻辑思维训练、语法句法精进,以及表达展示技巧等核心模块,系统提升学生的学术写作与表达能力。同时,通过小组讨论、个性化预约指导、学习档案袋管理、写作沙龙交流、写作通讯分享、自查清单辅助以及作业查重工具使用等多元化方式,为学生提供丰富的学习资源与个性化的成长支持。

为了满足模块化教学的需求并实现对特定主题的深入讲解,我们组建了一支"学科交叉、结构合理"的高水平教学团队。课程团队成员包括教务长办公室兼教师教学发展中心主任孙华教授、心理与认知科学学院苏彦捷教授、信息管理系张久珍教授、哲学系陈波教授(授课至 2021 年)、哲学系邢滔滔教授(2021 年授课至今)、中国语言文学系宋亚云长聘副教授、信息科学技术学院陈江教授,他们各自发挥专业特长和资源优势,共同为课程注入活力。课程建立了集体备课制度,每月一次的线下备课会,进一步加强了多元化授课团队的工作合力。

本教材作为该课程的配套资源,凝聚了课程团队的心血与智慧。课程团队充分整合了五年来积累的教学案例以及学生学术写作的常见问题。孙华教授负责课程及教材的统筹设计,以及第一章"学术写作入门"的编写。苏彦捷教授负责第二章"学术伦理与学术规范"和第三章"论文选题与文献综述"的撰写。张久珍教授精心打造了第四章"参考文献与文献利用的学术规范"和第五章"图书馆与文献信息资源检索利用"。陈波教授撰写了第六章至第八章,涵盖思维逻辑、推理形式以及论证构建等内容。宋亚云长聘副教授关注语法、词汇与修辞在学术写作中的应用,撰写了第九章至第十一章。陈江教授撰写了第十二章"表格、公式与插图"和第十三章"学术演示"。冯菲副研究员负责协助课程团队完成全书统稿工作。

在此,我们衷心感谢所有参与、支持与关心这本教材编写工作的朋友。特别感谢曹文轩教授为本教材撰写代序,他在代序中着重阐述的"术语"概念及"归纳与演绎"的思维方式,深刻地阐释了学术写作的独特魅力与核心特点。感谢邢滔滔教授、冯雪松副研究员对这门课程建设的贡献;感谢莫言教授、陈平原教授、陈向明教授、马莉萍长聘副教授、清华大学写作与沟通教学中心耿弘明老师、复旦大学中文系陶寰教授、中国科学院大学袁军鹏教授、香港理工大学陈小华博士,以及哈佛大学写作中心资深教师 Lusia Zaitseva 博士、威斯康星大学麦迪逊分校 Bradley Hughes 教授、中国科学院大学 Torsten Juelich 副教授等为本课程所做的学术讲座。同时,感谢课程助教靳澜涛、王甄仪、徐韫琪、崔汭、范凯旋、王昕阳、刘贞伶、董开妍、王彦琳、林华钊、李丹清、衣兰波等同学的辛勤付出,以及北京大学出版社编辑韩月明、周丽锦老师对本书的编辑和出版做出的努力。

学术写作与表达对高等教育阶段学生的重要性不言而喻。我们不仅致力于上好每一堂课、编好每一本教材，更关注学生的学习进展，不断更新教学内容与方法。我们期待与更多高校和机构携手合作，共同推动大学学术写作与表达教学的创新发展。

"学术写作与表达"课程团队

2024 年 12 月

教师反馈及教辅申请表

北京大学出版社本着"教材优先、学术为本"的出版宗旨,竭诚为广大高等院校师生服务。

本书配有教学课件,获取方法:

第一步,扫描右侧二维码,或直接微信搜索公众号"北大出版社社科图书",进行关注;

第二步,点击菜单栏"教辅资源"—"在线申请",填写相关信息后点击提交。

如果您不使用微信,请填写完整以下表格后拍照发到 ss@pup.cn。我们会在1—2个工作日内将相关资料发送到您的邮箱。

书名		书号	978-7-301-	作者	
您的姓名				职称、职务	
学校及院系					
您所讲授的课程名称					
授课学生类型(可多选)	☐ 本科一、二年级 ☐ 高职、高专 ☐ 其他_____			☐ 本科三、四年级 ☐ 研究生	
每学期学生人数	_____人			学时	
手机号码(必填)				QQ	
电子邮箱(必填)					
您对本书的建议:					

我们的联系方式:

北京大学出版社社会科学编辑室

通信地址:北京市海淀区成府路205号,100871

电子邮箱:ss@pup.cn

电话:010-62753121 / 62765016

微信公众号:北大出版社社科图书(ss_book)

新浪微博:@未名社科-北大图书

网址:http://www.pup.cn